PODER, RIQUEZA E MOEDA
na Europa Medieval

Mauricio Metri

PODER, RIQUEZA E MOEDA
na Europa Medieval

A preeminência naval, mercantil e monetária
da Serreníssima República de Veneza nos séculos XIII e XV

Copyright © 2014 Mauricio Metri

Direitos desta edição reservados à
Editora FGV
Rua Jornalista Orlando Dantas, 37
22231-010 | Rio de Janeiro, RJ | Brasil
Tels.: 0800-021-7777 | 21-3799-4427
Fax: 21-3799-4430
editora@fgv.br | pedidoseditora@fgv.br
www.fgv.br/editora

Impresso no Brasil | Printed in Brazil

Todos os direitos reservados. A reprodução não autorizada desta publicação, no todo ou em parte, constitui violação do copyright (Lei nº 9.610/98).

Os conceitos emitidos neste livro são de inteira responsabilidade do(s) autor(es).

Este livro foi editado segundo as normas do Acordo Ortográfico da Língua Portuguesa, aprovado pelo Decreto Legislativo nº 54, de 18 de abril de 1995, e promulgado pelo Decreto nº 6.583, de 29 de setembro de 2008.

1ª edição – 2014

Copidesque: Fernanda Mello
Revisão: Laura Zúñiga e Aleidis de Beltran
Projeto gráfico de miolo e capa: Ilustrarte Design e Produção Editorial
Imagem da capa: "Netuno oferecendo presentes a Veneza" de Giambattista Tiepolo. Pintada em 1758 aproximadamente. Localizada atualmente no Aposento das Quatro Portas do Museu do Palácio do Doge em Veneza, Itália.

Ficha catalográfica elaborada pela Biblioteca Mario Henrique Simonsen/FGV

> Metri, Mauricio
> Poder, moeda e riqueza na Europa medieval: a preeminência naval, mercantil e monetária da seréníssima República de Veneza nos séculos XII e XV / Mauricio Metri. – Rio de Janeiro: Editora FGV, 2014.
> 288 p.
>
> ISBN: 978-85-225-1487-8
> Inclui bibliografia.
>
> 1. Moeda – Europa – Séc. V-XV. 2. Poder (Ciências sociais) – Europa – Séc. V-XV. 3. Riqueza – Europa – Séc. V-XV. I. Fundação Getulio Vargas. II. Título.
>
> CDD – 332.4

Para Luisa, Laura e Luana.

O homem é a tal ponto afeiçoado ao seu sistema e à sua dedução abstrata que está pronto a deturpar intencionalmente a verdade, a descrer de seus olhos e seus ouvidos, apenas para justificar a sua lógica.
DOSTOIÉVSKI
(Notas do subterrâneo)

SUMÁRIO

INTRODUÇÃO 13

PARTE I – Moeda: uma construção do poder 25
   Capítulo 1 – Notas sobre algumas interpretações consagradas 27
   Capítulo 2 – Moeda para Alfred Mitchell Innes 40
   Capítulo 3 – A *Teoria estatal da moeda*, de Georg Friedrich Knapp 51
   Capítulo 4 – Comentários ilustres e uma inevitável conclusão 71

PARTE II – Moedas e guerras na Europa Medieval 93
   Capítulo 5 – O ponto de partida da análise histórica 95
   Capítulo 6 – O debate consagrado sobre o Renascimento econômico e a remonetização do espaço europeu a partir do século XI 101
   Capítulo 7 – Reinterpretando a história: guerras, tributos e moedas 114

PARTE III – A geografia monetária e a acumulação de riqueza
na Europa Medieval 145
Capítulo 8 – Considerações sobre a acumulação de riqueza
na Idade Média: origens e características 147
Capítulo 9 – Das Ilhas Monetárias à *exchange per arte*:
o nascimento das altas finanças 160
Capítulo 10 – Os circuitos de comércio de longa distância:
a lógica mercantil-monetária do tráfico de cabotagem 175

PARTE IV – Poder, riqueza e moeda da Sereníssima
República de Veneza 199
Capítulo 11 – As guerras e as cidades italianas 201
Capítulo 12 – A Veneza bizantina dos séculos V a X 207
Capítulo 13 – Veneza, um império de bases navais 214
Capítulo 14 – A acumulação acelerada de riqueza
e a internacionalização da moeda de Veneza 245

CONCLUSÃO 274
BIBLIOGRAFIA 281

ÍNDICE DE FIGURAS

FIGURA 1 – As guerras de reabertura e de reconquista:
séculos XI a XIII ... 108
FIGURA 2 – As Cruzadas europeias ... 111
FIGURA 3 – Os circuitos e rotas comerciais de longa distância
nos séculos XI a XIV ... 178
FIGURA 4 – A expansão marítima de Veneza nos
séculos X a XIII ... 224
FIGURA 5 – Rotas de Veneza e Gênova no Mediterrâneo
ao longo dos séculos XIII a XV ... 232
FIGURA 6 – As principais rotas das frotas de galeras
mercantes de Veneza no século XV ... 240

ÍNDICE DE TABELAS

TABELA 1 – O mosaico monetário europeu no início
do século XVI   162
TABELA 2 – As finanças da República de Veneza em 1500   268

INTRODUÇÃO

Pensar sobre moeda é refletir a respeito de um objeto que há tempos possui enorme importância e simbologia, sobretudo como fonte de atenção e cobiça, motivo de disputas e conflitos. Na vida cotidiana, poucos estão livres de sua realidade e quimera. Seu manuseio transformou-se em um imperativo generalizado.

Tanta importância na vida cotidiana atrai a atenção de muitos para as questões monetárias. Na Grécia Antiga, há mais de dois milênios, alguns pensadores trataram do assunto,[1] e, como eles, fisiocratas, mercantilistas, autores da ciência econômica clássica, historiadores, entre tantos outros, dedicaram capítulos específicos de suas principais obras ao tema.[2]

Para a maioria deles, é comum associar o conceito de moeda, direta e exclusivamente, aos temas econômicos, sobretudo à dinâ-

---

[1] Ver, por exemplo, Aristóteles (384-322 a.C., *Política*, livro I, capítulo III).
[2] Ver, por exemplo: o livro *Da moeda*, do mercantilista Ferdinando Galiani (1751); o capítulo XIV do livro *Tratado dos impostos e contribuições*, de William Petty (1662), pai da economia moderna de acordo com Marx; "Da origem e do uso do dinheiro", de Smith em sua obra maior, *A riqueza das nações*, Smith (1776, v. I, livro I, capítulo 3); e "Mercadoria e dinheiro" em *O capital*, de Marx (1890, Livro Primeiro, v. I, Parte Primeira)); o capítulo 7, "A moeda", do volume 1, "Estruturas do cotidiano", da obra *Civilização material, economia e capitalismo* do historiador Fernand Braudel; entre tantos outros.

mica das trocas e ao desenvolvimento dos mercados. Esse é o caso do debate que trata, mais notadamente, da natureza das moedas, das suas origens, do seu criador e, também, para que e a quem serviram ao longo da história.

Economistas e historiadores têm assumido como fato histórico a noção de que a moeda emergiu como um veículo facilitador das trocas em detrimento das relações de escambo, como um instrumento de auxílio à atividade mercantil que apareceu junto com o desenvolvimento dos mercados, voltado principalmente à redução de custos e de dificuldades transacionais. As palavras de Aristóteles resumem a essência dessa visão e evidenciam sua antiguidade, ou seja: "Efetivamente, o objetivo original do dinheiro foi facilitar a permuta (...)" (Aristóteles, 1997:28).

Assim, a moeda é entendida como uma construção coletiva, realizada ao longo de séculos e manifesta em diferentes sociedades e épocas. Constitui-se num bem público, uma espécie de linguagem, uma técnica cuja utilização está à disposição de qualquer indivíduo. "Tal como a navegação de alto-mar ou como a imprensa, moeda e crédito são técnicas, técnicas que se reproduzem, se perpetuam por si próprias" (Braudel, 1979a:436).

Essa visão tradicional sobre moeda, ao restringi-la às dinâmicas de mercado, apresenta dificuldades e vícios historiográficos que comprometem as análises dos fenômenos que de algum modo abordam o tema. Deixa de identificar hierarquias e vantagens decorrentes de seu uso, favoráveis principalmente a quem tem a faculdade de criá-la e arbitrá-la. Não deveria ser surpreendente que a moeda, em diversos momentos, tenha se mostrado "íntima" e imbricada aos desafios e dilemas próprios do poder.

No entanto, há trabalhos que sugeriram caminhos distintos, com destaque para a teoria *cartal* da moeda de Georg Friedrich Knapp. Determinado a descobrir o que chamou de *alma da moeda*, o autor julgou que, para tanto, seria necessário recorrer à ciência política, pois considerava a política como parte constitutiva de qualquer sistema monetário e de pagamentos, como também da moeda em particular (Knapp, 1905:viii e ix).

A ideia *cartalista* fundamental é a de que todo padrão monetário de valor depende da ação deliberada de um poder político-territorial já estabelecido, que o escreve e, ao longo do tempo, quando lhe é conveniente, o reescreve. Isso equivale a dizer que o *mercado* por si mesmo não é capaz de realizar um empreendimento dessa natureza, ou seja, não é apto a definir a unidade de conta usada no espaço geográfico em que se localiza. Apenas o poder político, cuja legitimidade funda-se no domínio dos mecanismos de violência e coerção física, tem aptidão para fazê-lo.

Decerto, o *cartalismo* foi um importante contraponto à tradição convencional no contexto da primeira metade do século XX,[3] perdendo força na segunda, com exceção das contribuições de Abba Lerner sobre *finanças funcionais* (Lerner, 1947). Nas últimas décadas, contudo, alguns autores resgataram grande parte das ideias seminais de Knapp e, em alguma medida, reabriram uma promissora agenda de pesquisa. Nesse movimento, muito embora haja outras importantes referências,[4] destaca-se Randall Wray, cujos trabalhos têm apresentado expressivos avanços, seja para o debate macroeconômico (Wray, 1998), seja para pesquisas sobre moeda na história (Wray, 2004).

Ao contrário de uma pesquisa sobre as origens das moedas,[5] a ideia do presente livro é retrospectiva, um mergulho ao passado a partir do reconhecimento de um problema contemporâneo: têm-se tornado cada vez mais claros os papéis que a moeda vem

---

[3] Ver, por exemplo, Weber (1920), Keynes (1930) e Ellis (1934).
[4] Ver, também, Ingham (1994), Goodhart (1998), entre outros.
[5] Embora haja esforços nessa direção (ver Hudson, 2004; Gardiner, 2004; Wray, 2004), tal debate remeter-nos-ia a uma série de estudos ainda inconclusos de diferentes períodos históricos com suas distintas especificidades políticas, econômicas, culturais etc.

cumprindo enquanto instrumento estratégico tanto nas *disputas interestatais* quanto na competição *intercapitalista*.[6]

Como alegoria, recorre-se às palavras do ex-secretário do Tesouro norte-americano no governo Nixon, John Connally, quando afirmou que "a moeda é nossa, mas o problema é de vocês" (ver Eichengreen, 1996:183). Tais palavras, admitidas por quem ocupou posição privilegiada nas estruturas de poder da autoridade central com maior capacidade de coerção e violência, ilustram o fato de que a moeda não se assemelha propriamente a um bem público, e revelam sua capacidade de estabelecer vantagens e definir hierarquias sistêmicas a partir do arbítrio unilateral.

Com efeito, o que se busca é o "momento" anterior à ascensão da moeda a essa posição contemporânea de destaque nas questões de poder e riqueza. Trata-se, como dito, de um movimento retrospectivo. Para esse fim, a história da Europa Ocidental é bastante reveladora, pois durante os séculos X e XI houve um desuso generalizado dos instrumentos monetários. A moeda, a despeito de existir, não se configurava como a principal expressão da riqueza nem era usada em sua plenitude como instrumento de poder pelas autoridades centrais; a terra estivera ao centro de ambos os processos. Nesses séculos, a Europa Ocidental era marcada por uma considerável fragmentação de sua configuração política e encontrava-se numa situação de relativo isolamento e de estagnação econômica.

A partir de então, ao longo da Idade Média Plena e Tardia,[7] observa-se a formação de unidades político-territoriais maiores, cir-

---

[6] O reconhecimento de que a moeda tem sido utilizada como instrumento de poder para definição de hierarquias, sobretudo na economia internacional, pode ser encontrado em diferentes e importantes trabalhos. Vale citar, por exemplo: Helleiner (1994); Tavares e Melin (1997); Cohen (1998); Helleiner e Kirshner (2009); Eichngreen (2011); entre outros.

[7] Assume-se a seguinte periodização em relação à História Europeia, a saber: i) Idade Média Antiga ou Antiguidade Tardia (séc. V-X); ii) Idade Média Plena ou Clássica (séc. XI-XIII); e iii) Idade Média Tardia ou Baixa Idade Média (séc. XIV-XV).

cunscritas, contíguas e com maior poder de violência física, isto é, um processo de expansão de poder e de fortalecimento da função central, responsável pelo nascimento dos primeiros Estados territoriais característicos do século XVI. Estas transformações, iniciadas no século XI, foram acompanhadas, por um lado, pela remonetização do espaço europeu, cujo significado é a ascensão da moeda a uma posição de destaque tanto nos sistemas de pagamentos de tributos quanto nos mercados locais, e, por outro, por uma recuperação da vida econômica em geral, manifesta pelos expressivos crescimentos populacional, urbano, agrícola, comercial e manufatureiro da época.

O objetivo deste livro é, de certa forma, investigar o processo de remonetização do espaço europeu durante os séculos XI-XV, reinterpretando-o a partir de uma perspectiva não convencional, mais propriamente a da teoria *cartal* da moeda. De outra forma, pretende-se analisar o papel das moedas nos processos de acumulação de poder e de riqueza característicos da Europa Ocidental na Idade Média Plena e Idade Média Tardia, interpretando-o também com base numa perspectiva não convencional, no caso a teoria do poder global. É com base nesses processos de acumulação (poder e riqueza) que se pretende evidenciar (i) a natureza da moeda (enquanto uma construção do poder); (ii) as razões de sua (re)utilização (financiamento da guerra); e (iii) as implicações decorrentes de seu uso (conformação da própria geografia monetária do medievo).

Explicitamente, a moeda é pensada como instrumento estratégico da autoridade central para alavancar sua capacidade de financiamento da guerra por meio da monetização dos tributos (ato de criação da moeda). Investiga-se também como a própria guerra no espaço europeu moldou a geografia monetária do medievo, responsável pelas feições do jogo de acumulação acelerada de riqueza da época, sobretudo em relação às práticas (mercantis e financeiras) de circulação de letras de câmbio na Europa e no que se refere ao comércio de longa distância entre esta e outras regiões.[8]

---

[8] Deve-se observar que a busca retrospectiva por essa "gênese" a partir do que se evidencia no período mais recente torna a investigação refém de uma história por

Indiretamente, apontam-se as inconsistências teóricas e históricas das interpretações de viés *metalista*, há tempos postas em xeque, e associado a isso se avança em relação ao tratamento conferido à *dimensão do poder* em temas monetários, dificuldade comum não só à historiografia. Isso ocorre porque, seja no debate da economia internacional, da economia política internacional, ou da história econômica, a categoria analítica do *poder* aparece, nas abordagens sobre temas monetários, apenas como *condição histórica*, e não como *dimensão teórica relevante*. Por outro lado, a identificação de uma geografia monetária própria do medievo permite repensar as origens medievais das *altas finanças* internacionais, associando-as ao jogo cambial daqueles tempos (destaque para as operações de *exchange per art*) em detrimento do "comércio de dinheiro" baseado em operações de empréstimos a juros.[9] Nesse contexto, identifica-se que no centro das origens das altas finanças estivera a Igreja Católica de Roma.

Definidos o tema, o objetivo e os aspectos relativos ao espaço e à temporalidade da análise histórica, fazem-se necessários ainda alguns comentários mais específicos sobre o "fio condutor" do livro, ou seja, observações sobre os processos de acumulação de *poder* e de *riqueza,* pois, como já se afirmou, é com base nestes que se pretende evidenciar a natureza da moeda (uma construção do poder), as razões de sua (re)utilização (financiamento da guerra) e

---

demais eurocentrista. Isso não implica, porém, que essa transformação da moeda tenha sido inequívoca àquele espaço, tampouco que seus povos detivessem atributos particulares que lhes garantissem a realização de tal feito. Por outro lado, o que interessa não são as origens de experiências "nacionais" específicas, ou melhor, de suas respectivas moedas (por exemplo, da libra esterlina), mas as origens do processo responsável pela transformação da moeda em geral em um precioso instrumento de poder nas lutas interestatais e de valorização da riqueza em escala internacional. Com efeito, é ao espaço e à história europeia que será dado o foco principal das atenções.

[9] Para uma leitura sobre o tema diferente da sugerida, ver, por exemplo, Arrighi (1994:98-111).

as implicações decorrentes de seu uso (formação de uma geografia monetária específica).

Emprega-se, como principal referência para leitura e organização da informação histórica do medievo, a teoria do *poder global*, de José Luís Fiori (2004 e 2007), na qual ambos os processos de acumulação em questão, *poder* e *riqueza*, são definidos de modo articulado, hierarquizado e dinâmico. Em sua teoria, é assumida como pressuposto básico a ideia de que a acumulação de poder tem dinâmica própria, isto é, de que *poder* é um objetivo em si mesmo, inclusive quando uma unidade político-territorial alcança posição de destaque e de liderança em relação aos competidores. Ademais, assume-se que, além de um *resultado* natural do sistema, as guerras e seu estado permanente de preparação atuam como o *motor das transformações* e o *princípio organizador* do tabuleiro político, econômico e monetário, uma vez que determinam sua hierarquia principal, condicionando o sucesso daqueles que participam da acumulação *acelerada* de riqueza.

Por outro lado, a dimensão do *poder* aparece como o mais importante meio para essa acumulação, seja através das oportunidades que se abrem com o financiamento das autoridades centrais e com os gastos inerentes à atividade militar de defesa e de conquista, seja em razão dos espólios que as guerras oferecem aos vencedores, seja, ainda, através da construção política de posições privilegiadas (monopolistas). Estas se constituem no cerne da acumulação *acelerada* de riqueza, e são elas que permitem a consolidação de "lucros supranormais" e uma expressiva rentabilidade. É a característica principal do que Braudel (1979a, 1979b e 1986) definiu como *terceiro andar* de seu esquema tripartido para a análise da vida econômica europeia desde o século XI até o XVIII.[10]

---

[10] O que o historiador Fernand Braudel não explorou foram os desdobramentos e as implicações de suas proposições, uma vez que tais posições privilegiadas (monopolistas) subtendem a existência de uma função central consolidada, de um poder preestabelecido, que as crie, expanda e as garanta como tal ao longo do tempo.

Em termos metodológicos, desdobram-se dois movimentos articulados. Primeiro, como as guerras e os dilemas de segurança que as dinamizam ao longo do tempo organizam a narrativa principal, utiliza-se uma vasta literatura secundária disponível, sobretudo na forma de atlas históricos, principais referências inclusive para elaboração e uso de representações espaciais (mapas) ao longo do livro. Segundo, há uma redefinição da *informação histórica relevante* para pesquisa monetária. Em detrimento das moedas cunhadas, privilegiam-se as moedas de conta. Nesse caso, também serão utilizadas informações disponíveis em fontes secundárias, embora muitas vezes tais informações estejam descritas no bojo de interpretações de viés *metalista*. Trata-se, portanto, de um exercício de reinterpretação de informações disponíveis em literatura secundária de fácil acesso. Seu estímulo e valor não decorrem da descoberta de novas fontes primárias, mas de uma ruptura radical com a prática da historiografia tradicional sobre assuntos monetários.

O livro está estruturado em quatro partes. Na primeira, examinam-se, em termos teóricos, as relações que existem entre a moeda e o poder político; em outras palavras, analisa-se o papel da autoridade central na construção e no controle do padrão monetário estabelecido e utilizado dentro do território sobre o qual exerce poder e dominação. Depois de uma breve síntese introdutória sobre o conceito de moeda e sua relação com a dimensão do poder político em algumas teorias e autores consagrados na literatura econômica em geral, debatem-se as principais referências a serem utilizadas posteriormente neste trabalho. O primeiro é Alfred Mitchell Innes, muito desconhecido e negligenciado pela literatura especializada, cujos principais artigos são "What Is Money?", de 1913, e "The Credit Theory of Money", de 1914, ambos publicados no *The Banking Law Journal*;[11] em seguida, Georg Friedrich Knapp (1905), com o livro também pouco lembrado, *A teoria estatal da moeda*, de 1905,

---

[11] Ambos os artigos, Innes (1913 e 1914), foram reeditados em Wray (2004).

e decerto a mais importante referência sobre o tema. Por fim, antes de se apresentar uma conclusão acerca das relações entre poder e moeda, investigam-se outros autores que comentaram ou fizeram outras contribuições explícitas ou indiretas às análises de Innes e Knapp; destaque para Max Weber, John M. Keynes e Randall Wray.

Definido o marco teórico no que diz respeito às questões monetárias, na segunda parte do livro volta-se, retrospectivamente, com base na teoria do poder global, ao momento da história europeia em que a moeda passou a ser utilizada a um só tempo nos processos de acumulação de poder e de riqueza; em outras palavras, quando começou a atuar simultaneamente: i) como instrumento da autoridade para alavancar sua capacidade de financiamento da guerra; e ii) como a mais importante forma de expressão da riqueza, portanto, principal alvo de sua valorização e acumulação. Retorna-se, com efeito, ao princípio da Idade Média Plena, momento em que ocorreu um desuso da moeda, não se configurando como a principal expressão da riqueza nem sendo usada como instrumento do poder, contrapartida da tributação. A partir de então, busca-se investigar as transformações por que passou o espaço europeu ao longo das Idades Médias Plena e Tardia responsáveis pela ascensão da moeda a uma posição de destaque. Como será visto, trata-se de reinterpretar o processo de remonetização da Europa Ocidental a partir do século XI, em cujo centro estavam os desafios e dilemas próprios das guerras da época.

Depois, na terceira parte, voltamos a atenção às possibilidades de enriquecimento acelerado que se consolidaram ao longo do século XI ao XVI na Europa Ocidental e no Mediterrâneo. O reconhecimento de uma geografia monetária resultante da configuração política dos espaços em análise será a diretriz principal da investigação. Essa geografia compunha-se de três diferentes níveis: o das "ilhas" monetárias consideradas individualmente; o do espaço de circulação intraeuropeu; e o dos grandes circuitos de comércio de longa distância. O primeiro corresponde aos espaços monetários individuais, cada um com sua própria moeda de conta, cujas fronteiras seguiam exatamente o alcance dos instrumentos de tributação, coerção e violência de determinada autoridade soberana. O segundo nível da geografia monetária em proposição diz respeito ao mosaico de unidades de conta que se consolidou no espaço de circulação intraeuropeu ao longo dos séculos XI-XVI. Este se constituía do conjunto dessas ilhas monetárias (unidades de conta) circunscritas e contíguas, e moldou em grande medida as possibilidades de enriquecimento através da arbitragem monetário-financeira. O último e mais amplo nível da geografia monetária em análise é composto pelos mais importantes circuitos de comércio de longa distância dos séculos XI-XV, que estiveram de alguma forma em contato com o circuito europeu: uma área que abrangia a massa eurasiana, além do Norte da África e de parte da Oceania. Nesse espaço, como será visto, as relações de troca se pautavam pela *lógica mercantil-monetária da navegação de cabotagem*, ou seja, em uma operação casada entre exportação e importação intermediada pela moeda local. "Nessa cabotagem de longas distâncias, uma dada mercadoria comanda uma outra, esta vai à frente de uma terceira, e assim sucessivamente" (Braudel, 1979b:198). Deve-se, com efeito, advertir que não eram apenas oportunidades de lucro provenientes do jogo das trocas que justificavam essa dinâmica característica da cabotagem. Havia também uma questão monetária, que, em última instância, viabilizava as operações mercantis, pois as moedas europeias não tinham conversibilidade no Norte da África e no Médio e Extremo Oriente. Seus valores nominais não eram reconhecidos nesses espaços, tampouco existia algum centro de compensação financeiro (como as feiras de Champagne, por exemplo) que permitisse a circulação de instrumentos de dívida e conversibilidade de valores entre territórios monetários distintos.

Por fim, na quarta parte, as atenções recaem sobre a experiência da Sereníssima República de Veneza, que dominou o jogo de acumulação acelerada de riqueza na Europa naqueles tempos. Seria enganoso supor que esta dominação tenha ocorrido à revelia de um processo de acumulação de poder inerente à problemática da guerra e da paz característica daqueles tempos. A história da Sereníssima República é bastante explícita no que diz respeito à relação íntima entre seu poder militar naval e sua experiência mercantil e monetária, a despeito de ser uma unidade política tão desprovida de população e território (de poder, em sua forma mais característica ao longo de toda a Idade Média). De tal modo, pensar especificamente a história veneziana, além de evidenciar o papel decisivo da acumulação de poder e da geografia política para as oportunidades históricas que lhes foram abertas, ajuda a elucidar as questões monetárias que permeavam uma cidade tão dedicada ao jogo do comércio e das finanças, sobretudo no que se refere à natureza *cartal* e à internacionalização de sua moeda. Nesse sentido, o passado de Veneza tem muito a contribuir. Em suma, busca-se refletir: i) como se deu e sobre quais alicerces se assentou a acumulação de poder nesse tipo de unidade política específica (cidades-estados); ii) como atuavam os mercadores-banqueiros na geografia monetária apresentada; e iii) que papel a moeda veneziana cumpriu nos processos de acumulação de poder e riqueza em Veneza e em que medida se impôs como uma *moeda expansiva*, alargando seu espaço de validade e circulação para além das fronteiras políticas de origem. Para tanto, a história de Veneza é descrita com base em três períodos bem característicos do ponto de vista da formação e da expansão de seu poder naval, sendo cada um analisado em seção própria.[12]

---

[12] Este recorte foi sugerido por Lane (1973:2).

PARTE I

MOEDA: UMA CONSTRUÇÃO DO PODER[13]

---

[13] Versões preliminares e resumidas de partes de alguns dos capítulos apresentados a seguir foram publicadas em anais de congressos e revistas acadêmicas. Ver Metri (2012a).

CAPÍTULO 1

NOTAS SOBRE ALGUMAS INTERPRETAÇÕES CONSAGRADAS

> *"The market" is exalted; "the government" is derided as interventionist. Fundamental change (evolution), if it exists at all, is transactions-cost reducing except where government interferes to promote inefficiencies.*
>
> RANDALL WRAY
> *(Credit and State Theory of Money)*

A história convencional sobre as origens da moeda

A ideia de que a moeda tem funcionado há tempos como veículo de circulação da riqueza é bastante difundida e assimilada, sobretudo em manuais de economia. Por conta dessa interpretação, a natureza mais particular de toda moeda em diferentes espaços e épocas encontra-se no papel que esta cumpriu enquanto instrumento de auxílio às trocas. De acordo com essa história, a princípio, teriam existido as moedas-mercadorias, que exerceram essa função circulatória nos mercados locais, solucionando de tal modo os problemas dos "desejos coincidentes" característicos às relações baseadas no escambo.[14]

---

[14] A questão dos desejos coincidentes é inerente às relações de escambo e se refere à situação em que o produtor de determinado bem (A), que, necessitando

Nesse contexto, de acordo com os manuais, todo agente econômico interessado em adquirir bens e serviços de que não dispusesse poderia consegui-los no mercado, mas precisaria obter primeiramente o meio de troca (moeda). Teria, com efeito, que vender o excedente de sua produção pela mercadoria que fosse utilizada como moeda. Com a posse desta, o agente retornaria ao mercado e adquiriria os bens e serviços de que necessitasse, mediante a entrega da moeda. Além de funcionar como meio de troca, essa mercadoria específica poderia ser empregada para uso próprio, de acordo com seus atributos naturais, definidos pela sua utilidade prática. Com a contínua evolução e crescimento dos mercados, os meios de troca teriam convergido historicamente para os metais preciosos, em razão de suas características particulares, como durabilidade e divisibilidade, que os permitiram atuar de modo mais eficaz do que as demais mercadorias.

Como se supõe que o valor da moeda decorria de sua composição, pureza e peso metálico, eram, então, definidos graus e padrões específicos com o intuito de se estabelecer um padrão de valor geral e estável. Teriam surgido então as moedas cunhadas. Nesse contexto, caberia à autoridade central cunhar moedas com certas especificidades e zelar por elas, além de estampá-las com seus brasões a fim de tornar mais fácil sua identificação e dificultar sua falsificação.[15]

A partir desse momento, logo começaram a surgir formas mais modernas de moeda, como o papel-moeda, viabilizando o desenvolvimento de instrumentos de crédito em geral, que eram ferramentas de auxílio ao meio de troca, pois funcionavam como substitutos provisórios das moedas metálicas ao permitir a realização das transações que envolviam somas elevadas com maior segurança.

---

adquirir outro produto específico (B), precisaria ter a sorte de encontrar no mercado alguém em situação oposta, ou seja, que possuísse (B) e desejasse (A).

[15] Por *metalisas*, compreendem-se justamente aqueles que defendem a ideia que o valor da moeda dependia *exclusivamente* de seu valor intrínseco, ou seja, do seu conteúdo metálico.

Portanto, deve-se notar que, para a teoria convencional, toda transação representa uma permuta entre meio de troca, de um lado, e bens e serviços, de outro. Considera-se implicitamente que o objetivo do agente econômico é a aquisição de produtos e serviços e que, para tanto, a moeda, mesmo através de formas primitivas e em épocas muito distantes, foi inventada justamente para viabilizar esse desejo, essa vontade inerente ao ser humano de permutar para adquirir as mercadorias de que não dispõe. Observa-se que, ainda de acordo com os manuais, o papel da autoridade central se restringe à padronização e defesa da moeda, uma criação do mercado.

Vale sublinhar também que essa interpretação convencional, ou, mais especificamente, essa história estilizada, não é exclusiva da ortodoxia do *mainstream* econômico; pelo contrário, é compartilhada em grande medida por diferentes escolas do pensamento econômico, ortodoxas e heterodoxas.

No caso da "tradição monetarista", há uma enorme convergência com relação à história convencional sobre as origens da moeda. A moeda é definida como um veículo facilitador das trocas, um "óleo" para as "engrenagens" do sistema econômico. É uma criação do mercado; um bem público edificado ao longo do tempo, como resultado da incessante busca dos agentes privados pela minimização dos custos e das dificuldades próprias das relações de troca. Sua gestão deve sofrer o mínimo de interferência possível das autoridades centrais (Estados), pois, além de as autoridades costumarem causar distorções ao bom funcionamento dos mercados, inclusive do monetário (ou seja, inflação, quando abusam de seu poder de emissão), considera-se que o mercado, através das próprias forças, tende à situação de equilíbrio eficiente e de bem-estar.

Moeda para Marx

Karl Marx construiu seu conceito de moeda ligado à sua teoria do valor, presente, em grande parte, no volume I de *O Capital*, no qual se propôs, entre outras coisas, a: "(...) elucidar a gênese da forma dinheiro" (Marx, 1890:55). O autor partiu da ideia que toda mercadoria é portadora de trabalho abstrato e de que a magnitude do valor de uma mercadoria corresponde à quantidade de trabalho nela contido.

Ao se indagar como seria possível dar concretude a esse valor, como torná-lo observável e, com efeito, mensurável (do contrário, não haveria jeito de viabilizar o jogo mercantil das trocas), Marx sugeriu que a resposta estaria na correspondência entre duas diferentes mercadorias, pois a "condição de valor" de uma apareceria na relação que pode estabelecer com outra.[16]

O problema desse tratamento consiste em tornar o conceito de moeda constitutivamente definido em torno de "algo que tem existência material". Assim, faz-se um movimento bastante similar ao dos manuais de economia, pois a forma-mercadoria é colocada no centro do conceito de moeda.[17]

Seguindo o argumento de Marx, o processo de criação e desenvolvimento da forma geral de valor (a moeda) aparece como uma obra do mundo das trocas, quando da escolha do equivalente geral como expressão de valor de todas as mercadorias, tornando a figura *física* de uma mercadoria a própria forma de valor das demais. Para o autor, historicamente, essa função foi sendo cada vez mais monopolizada pelo ouro, que, "pouco a pouco, passou a desempenhar em círculos mais ou menos vastos o papel de equivalente geral" (Marx, 1890:78).

Em suma, se por um lado Marx conseguiu resolver o problema de como tornar observável e mensurável o valor trabalho contido nas mercadorias, dando forma corpórea ao "trabalho humano",

---

[16] "Para expressar o valor de qualquer mercadoria como massa de trabalho humano, temos de expressá-lo como algo que tem existência material diversa da própria mercadoria em questão e, ao mesmo tempo, é comum a ele e a todas as outras mercadorias. Fica assim resolvido o nosso problema" (Marx, 1890:58).
[17] Sobre o debate a respeito da natureza da moeda para Marx, ver Moseley (2005).

por outro, amarrou a noção do que é mais elementar de uma moeda à forma-mercadoria. Ou seja, "(...) a forma mercadoria, isto é, a mercadoria equivalente da forma simples do valor, é o germe da forma dinheiro" (Marx, 1890:79).

Este é um tratamento que não se restringiu ao primeiro volume de *O Capital*, mas se preservou ao longo de toda a obra. Como afirmou Anita Nelson, "Em nenhuma parte de 'O Capital' Marx modificou sua proposição inicial de que existe uma moeda-mercadoria no capitalismo" (Nelson, 1999:101). Isso ocorre mesmo quando a análise incorpora os instrumentos de crédito e o papel-moeda.

Assim como a história convencional, os instrumentos de crédito para Marx surgiram como instrumentos de auxílio ao meio de troca. Seu aparecimento decorreu do próprio desenvolvimento da esfera de circulação, devido a situações específicas de mercado, em que houve a necessidade de separação da circulação de mercadorias e da circulação de moeda, isto é, entre a "alienação da mercadoria" e a "realização do seu preço", criando, então, as posições credoras e devedoras, portanto, a função de meio de pagamento da moeda. Com efeito, torna-se possível compatibilizar as formas de crédito com o conceito de moeda-mercadoria. Por essa razão, segundo Claus Germer:

> A opinião de que a moeda (...) na teoria de Marx pode ser alguma outra coisa diferente de uma mercadoria ou que, depois de surgir como mercadoria, pôde evoluir para formas não mercadorias, choca-se com a ausência de qualquer evidência dentro da obra de Marx que indique essa posição (Germer, 2005:22).

O papel-moeda é entendido, pelo autor, como um símbolo representativo do metal precioso ou, em termos mais gerais, da moeda-mercadoria. É apenas por cumprir essa função simbólica que o papel-moeda consegue estabelecer uma relação com os valores das demais mercadorias, ou seja, com a quantidade de trabalho abstrato nelas contido. Mas a garantia de sua circulação assenta-se no curso forçado. Como o poder de coerção da autoridade central restringe-se, sobretudo, às suas fronteiras territoriais, ficam assim definidos os limites de circulação do papel-moeda. É nesse ponto que a dimensão do poder adquire alguma relevância, pois torna possível a separação entre a existência funcional pura da moeda, enquanto meio de troca e circulação de mercadoria na forma de papel-moeda, e sua substância metálica. No entanto, de qualquer modo, por se tratar de sua representação simbólica, o papel-moeda ainda permanece preso indiretamente à forma mercadoria.

De modo contrário, no âmbito internacional, reaparece a moeda-mercadoria (metal precioso) em detrimento de suas formas representativas, papel-moeda sobretudo. Isso ocorre porque, para Marx, trata-se de um espaço que está fora do "curso forçado", do poder de interferência e arbítrio da autoridade central. Aí, a dimensão do poder desaparece, e a moeda restitui sua capacidade de expressar o valor das mercadorias como massa de trabalho humano com base em algo que tem existência material, metais preciosos sobretudo. Nesse sentido, trata-se de um espaço onde ocorre uma convergência integral entre forma (metal precioso) e conceito (moeda-mercadoria).[18]

Moeda para Keynes

Em sua obra *A Treatise on Money*, de 1930, que, de acordo com os interesses deste livro, é a mais importante contribuição do autor, John Maynard Keynes estabeleceu uma distinção conceitual entre

---

[18] "Para circular fora da esfera nacional, despe-se o dinheiro das formas locais nela desenvolvidas de estalão de preços, moeda, moeda divisionária e símbolo de valor, e volta à sua forma original de barra de metais preciosos. No comércio mundial, as mercadorias expressam seu valor universalmente (...). Só no mercado mundial adquire plenamente o dinheiro o caráter de mercadoria cujo corpo é simultaneamente a encarnação social imediata de trabalho humano abstrato. Sua maneira de existir torna-se adequada a seu conceito" (Marx, 1890:157).

a unidade de conta e o que chamou de *money proper*. Por um lado, essa delimitação pode parecer irrelevante, mas evidencia o fato que de tempos em tempos a descrição (unidade de conta) pode não corresponder mais à "coisa" que a representa (*money proper*), ou porque a moeda foi alterada, ou porque a própria descrição mudou. Por outro lado, já que os próprios contratos de dívidas e de preços expressam-se primeiramente em termos da unidade de conta, antes que possam ser de fato liquidados pelo *money proper*, essa distinção permite evidenciar a centralidade do conceito de unidade de conta para a análise monetária.

Por fim, essa diferenciação torna possível depreender a primazia que a autoridade central detém em assuntos monetários, seja para definição da moeda de conta, seja do *money proper* usados em seu território. Nesse sentido, o autor se afastou radicalmente do tratamento convencional (metalista), inclusive no que diz respeito à determinação do valor de uma moeda, pois se a autoridade central pode editar o dicionário, isto é, arbitrar a própria moeda de conta, seu valor nominal, seja moeda-mercadoria ou fiduciária, não decorre de um "padrão objetivo" de valor, metálico ou qualquer outro (Keynes, 1979:4).

Ainda em seu livro *A Treatise on Money*, o autor descreveu a existência de uma hierarquia monetária internacional, quando abordou o dilema característico do sistema econômico: como compatibilizar a estabilidade entre as moedas nacionais e a autonomia de cada país na condução de sua política econômica. Para Keynes, a questão principal, nesse caso, é que a economia internacional funciona de modo assimétrico e hierarquizado, com diferentes graus de autonomia para gestão monetária doméstica em contextos externos desfavoráveis.

Em seu livro mais famoso, *Teoria geral do emprego do juro e da moeda*, publicado em 1936, Keynes alterou o foco e a abordagem no que se refere ao conceito de moeda e à relação entre esta e a autoridade central (no caso, o Estado). Nessa obra, formulou a "Teoria da Preferência pela Liquidez", na qual definiu a moeda como um ativo com características próprias, assim como os físicos ou financeiros, todos à disposição dos agentes econômicos para composição de suas carteiras. A vontade dos investidores em adquirir a moeda reflete, em parte, a preferência destes por liquidez, sendo este o atributo próprio e por excelência da moeda e também fundamental para o enfrentamento dos contextos de crise. Nesse sentido, a moeda passou a ser pensada como um ativo que rivaliza com todos os outros quando da escolha do portfólio. Sua natureza mais elementar, ou, de outro modo, a distinção entre a unidade de conta e o *money proper*, deixou de ser objeto de investigação do autor.

Como a preferência ou a preterição da moeda tem implicações decisivas para os níveis de renda e emprego da economia como um todo, a questão que o preocupou estava nas decisões dos agentes privados em relação à melhor estratégia que seriam capazes de formular para seguir na busca permanente pela valorização e pela defesa de sua riqueza patrimonial. O papel da autoridade central restringe-se, no caso, a como induzir as preferências dos agentes econômicos, suas decisões de portfólio, através dos instrumentos de política monetária, podendo, também, atuar como agente anticíclico no que se refere à demanda agregada por meio da política fiscal, de modo a afetar a preferência pela liquidez dos agentes privados. Dessa maneira, como o autor centrou a pesquisa na questão da determinação dos níveis de emprego e renda, sua análise sobre o papel do poder político nos assuntos monetários limitou-se, nessa obra, a de um ator cuja função é corrigir aquilo que o mercado não consegue sustentar, ou seja, o crescimento da renda, a preservação dos níveis desejados de emprego e o controle da inflação.

Algumas contribuições sobre as moedas de referência internacional

Em geral, a moeda de referência internacional nos manuais de economia é vista como uma espécie de linguagem capaz de interligar povos que, de outro modo, encontrar-se-iam separados e dispersos. Para muitos autores, trata-se de um bem público à disposição de qualquer agente econômico, pois não se constitui em uma exclusividade do país que a emite; outros países e agentes podem dela se utilizar como meio de troca, unidade de conta e reserva de valor. Teria sido este o papel da moeda "internacional" no Ocidente desde os ducados venezianos na Idade Média até o dólar norte-americano na atualidade.[19]

Por conseguinte, o próprio entendimento dos Sistemas Monetários Internacionais (SMI) também fica ligado a essa percepção. Comumente interpretados como expressão de cooperação entre diferentes economias nacionais, como instituições harmonizadoras de interesses e facilitadoras de trocas entre os que atuam nos mais diversos mercados internacionais, os SMI teriam surgido como solução para a instabilidade natural dos mercados e as dificuldades que se somam quando da presença de diferentes unidades de conta.

Nessa perspectiva convencional dos livros-texto, a questão central decorrente é que a problemática dos SMI e de suas respectivas moedas de referência se reduziria ao modo pelo qual tais dificuldades e instabilidades poderiam ser mitigadas, como, por exemplo, através da criação de convenções e instituições voltadas para a integração e a coordenação das políticas dos Estados que compõem o SMI. A estes caberia a função de administrar, conjuntamente, um bem público internacional, de modo a permitir o desenvolvimento dos mercados e das trocas. Por essa razão, para alguns, o SMI acaba por assumir uma forma contratual e negociada.[20]

---

[19] "Como bem público, a moeda tem sido comparada aos idiomas que auxiliam as relações nacionais e internacionais. O italiano foi o idioma comercial do Mediterrâneo na Idade Média Tardia e no Renascimento; e o idioma holandês, o do comércio báltico nos séculos XVII e XVIII; assim como o inglês é atualmente o idioma comercial. Pelos mesmos indícios, os Ducados Venezianos e os Florins Florentinos foram os dólares da Idade Média Tardia, e a moeda holandesa, o dólar do século XVII" (Kindleberger, 1993:20).

[20] "O sistema monetário internacional é a cola que mantém ligadas as economias dos diferentes países. Seu papel é dar ordem e estabilidade aos mercados cambiais, promover a eliminação de problemas de balança de pagamentos e proporcionar

Diferentemente, alguns trabalhos no campo da economia internacional têm dado contribuições importantes ao apontar, como característica principal dos SMI, a presença de hierarquias monetárias, no que diz respeito ao modo pelo qual a gestão do sistema tem sido conduzida pela unidade político-territorial (Estado) emissora da moeda de referência internacional, como também ao destacar os efeitos assimétricos sobre as diferentes economias nacionais, causados pelos processos de ajustamento dos desequilíbrios externos.[21] Trata-se de um resgate de importantes ideias de Keynes (1930) relacionadas à percepção de que o SMI é moldado por distintos "poderios financeiros" (Belluzzo e Almeida, 2002) das economias nacionais que o compõem, cujo significado são assimetrias nos processos de ajustamento das contas externas.

No campo da economia política internacional (EPI), o debate é bastante similar, organizado sobretudo em torno da determinação da moeda de referência internacional ou, mais especificamente, sobre o futuro do dólar hoje. Nesse debate, há os trabalhos com um "recorte baseado no mercado", em que se atribui maior importância aos atores econômicos, em razão dos atributos de uma moeda "candidata" em termos de confiança, liquidez e redes transacionais nela baseadas. Existem os trabalhos de "recorte instrumental", em que se atribui aos estados participantes do sistema econômico internacional maior relevância nessa escolha, os quais se pautam por critérios relativos às vantagens econômicas, formais ou informais (diante de seus dilemas macroeconômicos), em se "atrelar" a uma determinada moeda "candidata". Por fim, há os trabalhos de "recorte geopolítico", que se esforçam em pensar e incluir aspectos

---

acesso a créditos internacionais em caso de abalos desestruturadores" (Eichengreen, 1996:23). Ver também Ferguson (2001, capítulo 11).
[21] Ver, por exemplo, Hicks (1989), Minsky (1993) e Kindleberger (1993). Nessa mesma linha, podem ser citados Belluzzo e Almeida (2002), Cintra e Prates (2007) e Metri (2003).

mais amplos de natureza geopolítica e militar para explicar as escolhas dos diversos estados à determinada moeda.[22]

O ponto importante a se observar é que algumas dessas linhas de reflexão sobre a moeda internacional e o SMI, acima descritas, comungam em reconhecer corretamente a existência de uma relação direta entre os contextos políticos e as ordens monetárias vigentes em âmbito internacional. A dificuldade comum, no entanto, mesmo para os trabalhos de "recorte geopolítico", está no tratamento conferido à dimensão do poder, pois em geral esta acaba por aparecer apenas como *condição histórica* e não como *dimensão teórica relevante*. Por *não* partirem de um conceito de moeda que incorpore constitutivamente o poder, as análises ou se tornam reféns de hipóteses *ad hoc* para incluir as configurações geopolíticas, de forma a moldar os processos de formação de sistemas monetários; ou as conclusões a que se chega ficam restritas às únicas variáveis dinâmicas em consideração, no caso, as de natureza econômica.

Por fim, cabe destacar os trabalhos de Maria da Conceição Tavares (Tavares, 1985; Tavares e Melin, 1997), pois apontam para caminhos bastante promissores. Uma de suas originalidades está na tentativa de articulação do movimento expansivo no plano geopolítico da diplomacia das armas (do governo de Ronald Reagan) com o do campo monetário da diplomacia do dólar e da globalização financeira para, assim, explicar o processo de reafirmação da hegemonia dos EUA após a crise dos anos de 1970. Tratou-se de um exercício analítico de articulação entre poder e moeda dentro de uma perspectiva que se propõe dinâmica.

Por outro lado, mais especificamente no trabalho de 1997, os autores propuseram a ideia de que a moeda de referência internacional sofreu uma transformação desde a década de 1970, deixando de ser uma *moeda reserva* para se tornar uma *moeda financeira* (Ta-

---

[22] Para maiores detalhes sobre o debate atual sobre o futuro do dólar como moeda de referência internacional, ver Helleiner e Kishner (2009).

vares e Melin, 1997:64), no sentido que se caracteriza fundamentalmente pela função de denominação de contratos nos mercados monetários e cambiais nacionais, e financeiros internacionais. Esta interpretação permitiu aos autores uma explicação sobre o porquê da preservação do dólar norte-americano enquanto moeda de referência internacional apesar da variação excessiva de seu valor nos mercados de câmbio e de seu poder de compra em termos de quaisquer ativos ao longo das últimas décadas. Nesse sentido, ao desenvolver este conceito, Tavares e Melin (1997) resgataram a noção mais elementar de toda moeda (a de unidade de conta) e a colocaram no centro do debate sobre a moeda de referência internacional. Esse ponto será amplamente explorado adiante.

No entanto, de algum modo, permaneceu presente nos trabalhos de Maria da Conceição Tavares a dificuldade descrita anteriormente, relativa à articulação entre os movimentos geopolíticos e as hierarquias monetárias em termos *teóricos*. A dimensão do poder continuou sendo tratada, sobretudo, como *condição histórica* para a reflexão da moeda internacional, mas não como *dimensão teórica relevante*. Não foi por outra razão que a característica principal do conceito de *moeda financeira* proposto pelos autores aparece como novidade histórica e não como característica elementar a toda e qualquer moeda, o que permite esclarecer, inclusive, sua relação *constitutiva* com o poder político em diferentes espaços e tempos. Também por essa razão os autores não exploraram as implicações potenciais do próprio conceito formulado, o de *moeda financeira*, como, por exemplo, o fato de as unidades de conta (de denominação de contratos) precisarem, em qualquer circunstância, ser escritas, arbitradas e proclamadas por alguma autoridade que as impõe efetivamente sobre determinada coletividade por meio de algum instrumento compulsório.

Não por outra razão, a ênfase desses trabalhos acabou por se restringir aos aspectos *conjunturais* de caráter monetário-financeiro do duplo movimento sugerido (armas e moeda), isto é: as mudanças por que passaram os mercados financeiros internacionais; as transformações sofridas pela moeda de referência internacional – de moeda reserva para moeda financeira; a centralidade adquirida pelos títulos da dívida pública dos EUA no sistema; e, por fim, o comportamento dos movimentos de capitais à política monetária do FED.

Com o intuito de aproveitar alguns dos caminhos apontados e avançar em relação a algumas dificuldades, faz-se necessário buscar outros referenciais teóricos que permitam compreender a relação *constitutiva* da moeda com a dimensão do poder de um ponto de vista lógico.

CAPÍTULO 2

MOEDA PARA ALFRED MITCHELL INNES

> *Innes provided one of the most concise, logical and empirical critiques of the ortodox economic position.*
> GEOFFREY INGHAM
> (*The emergence of capitalist credit money*)

Neste capítulo serão analisadas algumas das contribuições de Micthell Innes ao debate monetário, sobretudo a inversão sugerida de que as evidências de dívidas (débitos e créditos) antecedem lógica e historicamente ao meio de troca; fato que altera os horizontes das pesquisas históricas sobre as moedas.

A definição de moeda

Alfred Mitchell Innes, em seus dois artigos, "What is Money?" e "The Credit Theory of Money", publicados no início do século XX, sugeriu uma interpretação diferente da convencional sobre as questões monetárias e, mais particularmente, sobre a definição de moeda. O ponto de partida foi o que chamou de "erro de Smith". Segundo Innes, esse autor se equivocara ao considerar que o meio de troca era um elemento central para a efetivação das trocas de modo geral. Tal erro decorrera da visão distorcida sobre o que vem a ser um ato de compra e venda, que, para Smith, significava a permuta entre bens e serviços, de um lado, e meio de troca, de outro (Smith, 1776:29-37).

Quando formulou o princípio teórico de sua "The Credit Theory of Money", o autor propôs algo diferente para o que vem a ser em essência um ato de compra e venda. Toda transação econômica não representa a permuta de uma mercadoria (ou serviço) por um meio de troca (uma moeda), mas, sim, a troca de uma mercadoria (ou serviço) por um crédito, isto é, por um direito a receber, por um haver. Para o autor, todas as transações baseiam-se em relações de débito-crédito. Nem se faz necessária a participação de um meio de troca sonante para que as transações ocorram, pois podem ser concretizadas com base apenas no reconhecimento comum das obrigações (dívidas) assumidas. Na carência de um meio de troca, não é provável nem lógico que as transações deixem de acontecer, ou que o escambo "reapareça" como solução à sua escassez ou inexistência (Innes, 1913:29-30).

Ao partir dessa interpretação do que vem a ser um ato de compra e venda, aparentemente pouco diferente do sugerido por Smith, Innes alcançou desdobramentos bem distintos ao da teoria convencional.

Por considerar que a essência de uma transação econômica são as relações de débito-crédito, o autor tornou secundária a noção de um meio de troca físico (sonante), como definido pela teoria convencional. Defendeu a ideia de que todas as moedas são em essência créditos, ou seja, evidências de dívidas. A efetivação de qualquer transação requer acima de tudo poder de compra, qualidade e atributo de todo crédito, não implica necessariamente a presença física de uma moeda metálica, ou de qualquer outra moeda mercadoria (Innes, 1913:31).

As moedas são, portanto, obrigações contra quem as emite e, simultaneamente, direitos para quem as possui; são declarações de dívidas, promessas de pagamento futuro; direitos reconhecidos que compensam débitos emitidos. Nas palavras de Innes, "*Money, then, is credit and nothing but credit. A's money is B's debt to him, and when B pays his debt, A's money disappears. This is the whole theory of money*" (Innes, 1913:42).

Para quem as possui, moedas são créditos que podem ou ser acumulados ou usados para compensar obrigações emitidas ou, ainda, servir para aquisição de algum bem ou serviço. Para quem as emitiu, moedas são mais do que promessas de pagamento futuro, são o reconhecimento de que seus créditos podem ser liquidados.

Em síntese, o autor deslocou o conceito de moeda para a direção das evidências de dívida (crédito), tendo sido a noção de poder de compra a "pista" perseguida. Isso porque o poder de compra é um atributo não apenas das moedas sonantes, mas de todo instrumento de crédito. Com efeito, o autor não limitou sua definição a algum tipo de mercadoria que atuasse como meio de troca nos mercados, como fizera Smith; tampouco restringiu seu conceito a determinado objeto emitido pela autoridade central, que fosse garantido por lei.

Seguindo a argumentação, é evidente que, para o autor, o mecanismo mais importante para a efetivação contínua das trocas é o jogo de compensação de débitos e créditos. Um crédito cancela um débito, esta é a essência da *Primitive Law of Commerce*.[23]

O objetivo do comércio nunca foi a aquisição de um produto ou serviço, com vista a realização do desejo pautado no seu consumo, mas a acumulação de créditos que possam, ao longo do tempo, compensar débitos criados.

A princípio, poder-se-ia pensar que todo devedor tivesse que adquirir direitos sobre a mesma pessoa que detém a obrigação por ele emitida, de forma a compensar seus débitos emitidos. Mas, na prática, o que ocorre é que todos os agentes são ao mesmo tempo

---

[23] "The constant creation of credits and debts, and their extinction by being cancelled against one another, forms the whole mechanism of commerce and it is so simple that there is no one who cannot understand it" (Innes, 1913: 31).

devedores e credores, de forma que a compensação pode ser feita por toda a comunidade de negócios através de um centro comum de compensação.

Nesse "jogo", lugar de destaque foi adquirido pela instituição que se responsabilizou pelo cancelamento de débitos e créditos acumulados ao longo do tempo, *The Clearing House of Commerce*. Segundo o autor, em tempos passados, foi a própria Igreja que assumiu esse papel, e, nos últimos séculos, tem sido a atividade mais característica dos atuais banqueiros.

O ponto decisivo encontra-se no fato de que, se as moedas são evidências de dívidas, como argumentado acima, seu conceito relevante funda-se na função de unidade de conta, em detrimento da geralmente sobrevalorizada função de meio de troca, já que dívidas são sempre nominais, e nunca efetivamente "metálicas" ou com base em qualquer outra mercadoria; de fato, elas precisam ser escritas.

Por sua vez, *toda unidade de conta, inclusive a monetária, é uma denominação arbitrária, um padrão abstrato de medição, que, no caso da moeda, serve para mensurar débitos e créditos (abstrações também), assim como o valor das mercadorias e serviços*. No entanto, qualquer unidade monetária nunca foi uma mercadoria em si mesma e não pode ser personificada através de nenhuma delas. As unidades de conta, justamente por serem abstrações, não podem ser vistas fisicamente, concretamente. Um "metro", um "quilo" ou uma "hora", assim como as unidades monetárias (real, dólar, *pounds*, denário, ducado etc.), não são coisas palpáveis; muito pelo contrário, são construções abstratas e arbitrárias, escritas em algum momento da história e reescritas em outras oportunidades.

Caberia, então, indagar a respeito do que vem a ser, mais precisamente, uma nota de "um dólar" ou de "um real" ou, ainda, uma moeda metálica de "denário" dos tempos de Carlos Magno. Uma nota de um real, diria Innes, nada mais é do que uma evidência de dívida do governo brasileiro no valor de uma unidade monetária de real; ou seja, é uma dívida emitida pelo governo brasileiro de valor unitário, medido com base no padrão monetário deste país, o real. O mesmo vale para as moedas metálicas e demais papéis-moedas; todas são (ou eram) evidências de dívida, cujos valores se expressam (ou se expressavam) em determinada unidade monetária (real, dólar, denário, *pounds*, ducado etc.).

Portanto, se a moeda emitida pela autoridade central é também um crédito que se expressa na unidade monetária, ela não difere em essência das demais dívidas emitidas pelos outros diferentes atores sociais e econômicos. Todas, em tese, gozam do mesmo atributo característico a qualquer moeda, a saber: o poder de compra inerente aos instrumentos de crédito. Assim, a emissão de moeda não é um privilégio da autoridade central, mas uma prática comum aos mercadores, banqueiros e agentes econômicos de um modo geral que conseguem emitir dívidas com base na unidade de conta estabelecida.

Por isso, de acordo com o autor, não faz sentido falar de monopólio legal de cunhagem ou emissão de moeda (evidência de dívidas), como também não ocorreria nenhuma catástrofe caso o monopólio da emissão estabelecido em lei fosse desconsiderado.

Hierarquia monetária e o valor das moedas

Ao focar a capacidade de se criar poder de compra dentro de uma economia, Innes imputou pouca importância às distinções que possam existir entre as obrigações emitidas pela autoridade central e as dos agentes privados. A circulação (criação e destruição) permanente de débitos e créditos foi o ponto central, em um primeiro momento. Contudo, isso não significa que o autor tenha se aproximado de um *modelo de crédito puro*, caso-limite em que a moeda de emissão pública não detém importância alguma, podendo os bancos e demais instituições privadas criarem crédito sem qualquer restrição, como as causadas pela perda de reservas (moeda emitida pelo governo).[24]

O reconhecimento de uma hierarquia monetária aparece quando o autor se volta para o debate acerca da determinação do valor dos diferentes créditos, entre eles a moeda sonante. Segundo a teoria *metalista*, o valor da moeda depende, sobretudo, do valor intrínseco do objeto que atua como meio de troca, ou seja, de seu conteúdo metálico. Diferentemente, Innes sublinhou a "qualidade" do emissor do crédito como critério central para a determinação de seu valor. Como todas as moedas são, em última instância, direitos capazes de compensar deveres, os valores dos créditos vão depender do alcance de sua circulação e da confiança de que tais créditos poderão liquidar dívidas, ou seja, de que serão aceitos pela comunidade de negócios, e do tamanho dessa comunidade em que circula. Não é difícil perceber, a partir de então, a relação que existe entre o valor de um crédito e a hierarquia monetária, uma vez que seu valor pode se alterar conforme seu emissor.[25]

Com o auxílio de um exemplo sobre um conjunto de ordens de pagamento à vista com mesmo valor de face, Innes ilustrou sua argumentação. Para um cidadão de Nova Orleans, os depósitos em

---

[24] No caso, não haveria a possibilidade de saques a descoberto, já que todas as transações ocorreriam como base em débitos e créditos e não em moeda sonante (cunhada), de tal modo que um banco poderia continuar "alavancando" sua estrutura patrimonial, concedendo empréstimos sem nenhuma contrapartida de entrada de reservas, pois não existiria o risco de lhe faltar liquidez (moeda cunhada, papel-moeda, reservas).

[25] Innes fez menção histórica a situações em que nem sempre a moeda de emissão do poder político é a que se encontra no topo de tal hierarquia. "In France not so long ago, not only were there many different monetary units, all called by the same name of *livre*, but these *livres* – or such of them as were used by the government – were again often classified into *forte monnaie* and *faible monnaie*, the government money being *faible*. This distinction implied that the government money was of less value than bank money, or, in technical language, was depreciated in terms of bank money, so that the bankers refused, in spite of the legal tender laws, to accept a *livre* of credit on the government as an equivalent of a *livre* of credit on a bank" (Innes, 1914:53).

conta bancária de uma ordem de pagamento emitida pelo Tesouro e de outra emitida por outro banco bem conhecido da mesma cidade serão feitos, muito provavelmente, pelo mesmo valor de face. Por sua vez, a de um banco de Nova York talvez seja feita com algum ágio, e a de um mercador de Chicago, mesmo com deságio. Por fim, sobre o crédito de um comerciante obscuro do subúrbio de New Orleans, Innes considerou que "*my banker would probably give nothing without my endorsement, and even then I should receive less than the nominal amount*" (Innes, 1914:55).

Do ponto de vista do debate de sua época, mais precisamente, em relação à escola *metalista*, o autor enfatizou que o valor de um crédito (moeda) não depende do valor intrínseco do metal utilizado para sua cunhagem. Por outro lado, é justamente com base na hierarquia acima mencionada que se determinam os valores das moedas, entendidas aqui como títulos (evidências) de dívidas, ou seja, o valor das dívidas emitidas passa pela credibilidade do emissor.

Contudo, no caso do poder público, há um elemento adicional que deve ser levado em consideração para a determinação da posição de suas dívidas emitidas na hierarquia monetária de uma economia. Este diz respeito à função predominante que as moedas emitidas pelo poder público detêm no fechamento das operações de liquidação e compensação diárias entre os diferentes atores que participam dos negócios privados e públicos.

Segundo Innes, as pessoas preferem usar as dívidas emitidas pelo governo para realizar suas "compras" do que emitir dívida própria, pois sua aceitação está garantida pelo mecanismo de tributação generalizada. No caso, a tributação é justamente a forma pela qual o governo liquida seus débitos emitidos. O governo não precisa participar necessariamente de nenhum tipo de atividade econômica para auferir os créditos de que carece para compensar seus passivos emitidos. A tributação cumpre essa função. Através da imposição de tributos aos seus "súditos", a autoridade central alcança uma posição de credor que lhe permite compensar as dívidas por ela emitidas. É mediante a entrega de moeda sonante que os súditos pagam tributos. Na "estrutura patrimonial" da autoridade central, as moedas cunhadas são dívidas emitidas que são liquidadas mediante os créditos a receber na forma de tributos.[26]

Randall Wray resumiu esse ponto da seguinte forma: "Innes insisted that even government (or sate) money is credit. Note, however, that he recognized it is a special kind of credit, redeemed by taxation" (Wray, 2004:243). Esse é um dos aspectos que permitiu a Wray aproximar a "The Credit Theory of Money" de Mitchell Innes à "Teoria Estatal da Moeda" desenvolvida anteriormente, em 1905, por Georg Friedrich Knapp, como será visto mais à frente.

Em resumo, o que garante a aceitação ampla das moedas emitidas pelo governo, inclusive papel-moeda e moedas cunhadas em metal, é a extensão das atividades do governo, sobretudo as relacionadas à cobrança de impostos. A tributação é o mecanismo pelo qual o governo resgata suas obrigações emitidas. Diferentemente dos demais atores da economia, que são obrigados a participar da atividade econômica de alguma forma para obter os créditos que lhes permitam compensar seus débitos, o governo utiliza-se dos impostos para viabilizar a compensação de seus débitos.

Cabe observar que, alguns anos mais tarde, Schumpeter (1954) resgatou partes das ideias e do debate feitos por Mitchell Innes, porém sem citá-lo. Resumiu a controvérsia ao distinguir a *monetary theory of credit* da *credit theory of money*. No primeiro caso, o crédito é entendido como substituto temporário da moeda sonante. Na *credit theory*

---

[26] Na passagem abaixo, está exposto o que há de comum às moedas privadas e às emitidas pelo poder soberano e, por outro lado, o que existe de particular a esta última que lhe garante posição de destaque na hierarquia monetária. "The dollar of government money in America is equal to that of bank money, because of the confidence which we have come to have in government credit, and it usually ranks in any given city slightly higher than does the money of a banker outside the city, not at all because it represents gold, but merely because the financial operations of the government are so extensive that government money is required everywhere for the discharge of taxes or other obligations to the government" (Innes, 1914:55).

of money, toda moeda é crédito. No entanto, o ponto fundamental que o diferencia de Innes reside no fato de que, para Schumpeter, o caráter legal atribuído à dívida emitida pelo governo de "moeda de curso forçado" é o que lhe garante posição de destaque na hierarquia monetária, enquanto que, para Innes, a chave está na tributação.

Por fim, vale realizar algumas considerações sobre as possibilidades de mudanças no valor de uma moeda. Para os teóricos *metalistas*, as desvalorizações da moeda emitida pelo poder político decorrem da prática abusiva e irresponsável de aviltamento do seu conteúdo metálico, com o propósito de produzir mais moedas por unidade de metal, de modo a expandir sua capacidade de gasto, mecanismo conhecido na literatura como *senhoriagem*. A solução desse problema seria a cunhagem de moedas "plenas" de metal precioso, ou notas totalmente lastreadas por moedas "plenas"; isto é, a adoção rigorosa do um padrão-ouro, por exemplo.

Para Innes, não obstante, o valor nominal das moedas era anunciado pela autoridade central e mantido nos escritórios do governo para o pagamento de tributos. Por sua vez, a prática de aviltamento da moeda como descrita pela tradição *metalista* nunca tivera fundamento histórico. Porque o valor nominal da moeda era puramente arbitrário sem nenhuma relação com seu conteúdo material, a desvalorização não significa alteração de seu conteúdo metálico, mas, sim, uma redução do valor nominal das moedas. Na prática, a desvalorização da moeda era uma política de tributação disfarçada, pois, ao reduzir o valor nominal das moedas já emitidas, as autoridades centrais obrigavam a população a ter que adquirir uma quantidade maior de dívidas do governo para poderem saldar suas obrigações tributárias, que permaneciam no mesmo valor.

Innes insinuou que havia um limite para esse mecanismo de tributação disfarçada, embora não tenha dado muitas explicações sobre qual seria. A cunhagem se justificava para Innes não em razão da defesa do valor intrínseco da moeda, mas como uma forma de se evitarem falsificações das dívidas emitidas pela autoridade central.

Em relação ao debate sobre as causas dos processos inflacionários, Innes não avançou significativamente, ficando preso de certa forma à essência quantitativista reinante em sua época.[27] A inflação decorria fundamentalmente do excesso de endividamento do governo em relação aos créditos que poderiam ser enxugados mediante tributação. Em outras palavras, era o déficit do governo o responsável pelo processo inflacionário. A despeito de se considerar a emissão de dívidas e não a moeda sonante (como faz a Teoria Quantitativa da Moeda), em essência a interpretação de Innes se aproxima muito desta, pois, para ambos, a inflação é um fenômeno que decorre da excessiva emissão monetária. Para Innes, uma expansão do endividamento do governo acompanhada de um aumento de impostos, capaz de absorver a expansão dos débitos do governo, não acarretaria inflação. Por esse motivo, o autor afirmou que "we are accustomed to consider the issue of money as a precious blessing, and taxation as a burden which is apt to become well-nigh intolerable. But this is the reverse of the truth. It is the issue of money which is the burden and the taxation which is the blessing" (Innes, 1914:65).

Os mecanismos de transmissão inflacionária considerados pelo autor foram, por um lado, o efeito multiplicador dos gastos do governo (mecanismo direto); e, por outro, o da expansão das reservas bancárias sobre o comportamento dos bancos para expansão do crédito com os demais agentes do sistema (mecanismo indireto).

---

[27] A tradição quantitativista tem como ponto central a proposição de que o nível de preços de uma economia varia diretamente com a quantidade em circulação de moeda sonante emitida pelo governo. A ideia é a de que existe uma identidade entre o fluxo de pagamentos em moeda e o fluxo de mercadorias, decorrente da própria interpretação de que todo ato de compra e venda representa uma troca de moeda por mercadoria. Com efeito, considera-se que, dada uma velocidade de circulação da moeda e um fluxo geral de trocas, definido a partir de um dado nível de produto, qualquer aumento na quantidade de moeda terá como consequência um aumento proporcional do nível de preços.

Por fim, cabe observar que Innes criticou a ancoragem ao ouro das moedas dos governos como política para a estabilização dos preços, pois, de acordo com suas premissas, quando o governo compra ouro de forma a estabilizar seu preço, em contrapartida seu endividamento passa a ser a variável de ajuste para a estabilização do preço do ouro. Como dito antes, quando há um aumento do endividamento do governo sem um enxugamento adequado desses débitos por meio dos tributos, o resultado é uma pressão inflacionária. Por isso, o autor foi um crítico da fixação do preço do ouro. Para ele, o resgate de papel moeda por moeda metálica não é um resgate em si, mas uma simples troca de uma forma de obrigação por outra de natureza idêntica. Cabe, finalmente, notar que o autor considerou relevantes as forças de mercados para a determinação do processo inflacionário, no sentido de excessos de demanda e/ou restrições de oferta acarretarem pressões sobre os preços.

De um ponto de vista geral, ao enfatizar a função de unidade de conta da moeda, e o fato de esta ser uma construção abstrata e arbitrária, Mitchell Innes apresentou uma possibilidade de releitura de processos históricos ligados a temas monetários. Essa foi sua maior contribuição ao debate. Apesar de ter apontado os mecanismos de tributação como peça importante para a determinação da posição que detém as moedas (dívidas) emitidas pelas autoridades centrais na hierarquia monetária, ele o fez de modo invertido, visto que tal hierarquia é definida com base na avaliação do mercado no que diz respeito à qualidade das dívidas emitidas pelos mais diferentes agentes econômicos. Não considerou que a decisão relevante é o que a autoridade central aceita como pagamento de tributo, e não o que os agentes dos mercados aceitam e avaliam de acordo com a reputação ou credibilidade do emissor. Esse outro tratamento foi desenvolvido mais adequadamente por Knapp, tema do próximo capítulo.

CAPÍTULO 3

A *TEORIA ESTATAL DA MOEDA*, DE GEORG FRIEDRICH KNAPP

> *O livro, tanto pela forma quanto pelo conteúdo, é uma das grandes obras-primas da literatura alemã e um modelo da agudeza do pensamento científico.*
>
> MAX WEBER
> *(Economia e sociedade)*

Na virada do século XIX, Georg Friedrich Knapp debruçou-se sobre o debate monetário a partir de uma perspectiva distinta e original em relação à tradição da época. Partiu da crítica à tradição *metalista*, mais precisamente aos seus princípios teóricos. Edificou em seu lugar outro marco analítico.

Seu livro mais importante, a *Teoria estatal da moeda*, é uma obra complexa e bastante original. Provavelmente, por introduzir o poder político no centro de sua teoria, Knapp tenha sido deslocado do debate, sobretudo depois da II Guerra Mundial. No entanto, pode-se afirmar que a *Teoria estatal da moeda* põe em discussão ainda hoje, mais de 100 anos depois da primeira edição, os fundamentos da teoria econômica de modo geral, seja ela clássica, neoclássica, ortodoxa ou heterodoxa. Isso porque, independentemente do viés teórico em moda nos últimos 60 anos, os economistas continuam relativizando ou mesmo desconsiderando o papel do poder e de suas lutas para o entendimento dos fenômenos históricos, econômicos e monetários.[28]

O reconhecimento social do meio de pagamento e o caráter nominal da unidade de valor

Georg Knapp iniciou sua argumentação a partir do conceito de meios de pagamento. Segundo o autor, para a tradição *metalista*, o conceito mais simples e comum são as *exchange-commodities* (mercadorias de troca), que se caracterizam tanto pela satisfação "real" proveniente do uso de seus atributos particulares quanto pela satisfação "circulatória" quando a mercadoria assume a função de meio de troca. Assim, toda mercadoria por definição, seja qual for, é um meio de pagamento *em potencial*. Ademais, a capacidade de proporcionar uma satisfação real é condição necessária para que determinada mercadoria torne-se um meio de pagamento, já que seu valor advém de suas propriedades intrínsecas.

Em seguida, a análise volta-se às razões que explicam a eleição de determinada mercadoria como meio de pagamento em detrimento de todas as demais, isto é, ao que garante o reconhecimento social do meio de pagamento.[29] Para os *metalistas*, os atributos

---

[28] Em grande medida, o debate monetário anterior ao pós-guerra presenciou um confronto entre *quantitativistas* e *metalistas*, de um lado, e a *Teoria Estatal da Moeda*, de outro. "The development of monetary theory in German literature during the past thirty years [1904-1934] may profitably engage the attention of economists generally. In the first place, beginning with Knapp's challenging *State Theory of Money* in 1905, a spirited discussion arose as to the essential character of money and its value. Although the issues were not news, this preoccupation with metaphysical questions concerning money is without parallel in the history of economics" (Ellis, 1934:vii). O interessante é que, após a derrota alemã, o debate monetário restringiu-se, *grosso modo*, àquele entre *monetaristas* e *keynesianos*, ambos, em sua maioria, ingleses e norte-americanos.

[29] Por meio de pagamento socialmente reconhecido compreende-se aquele usado (reconhecido) por *toda* uma comunidade de pagamento, não se restringindo às relações específicas e circunstanciais entre agentes privados.

mais adequados à função de meio de pagamento, como divisibilidade, durabilidade, por exemplo, garantiram em determinadas épocas posição de destaque aos metais.

Porém, para Knapp, mesmo levando em consideração o universo dos *metalistas* e dos manuais de economia, a questão mais importante nunca foi a dos atributos e qualidades de determinada mercadoria em relação às demais, mas, sim, a ação deliberada da autoridade central para o reconhecimento social da mercadoria como meio de pagamento.[30]

Sua tese é a de que uma mercadoria de troca socialmente reconhecida pelo poder político é sempre um meio de pagamento; porém, rompendo com os preceitos *metalistas*, não se pode afirmar que o contrário seja verdadeiro, isto é: que todo meio de pagamento reconhecido socialmente pelo poder político é uma mercadoria de troca. Afirmar isso seria, na prática, desconsiderar a existência das moedas fiduciárias, por exemplo, e de tantas outras formas de meio de pagamentos que existiram ao longo da história (moedas bancárias, por exemplo). Em suma, "The soul of money is not in the material of the pieces, but in the legal ordinances which regulate their use" (Knapp, 1905:2).

A princípio e em termos bem gerais, meio de pagamento é um objeto móvel que tem a propriedade legal de ser portador da unidade de valor. *Autometalism* representaria exatamente a situação em que determinado metal é reconhecido socialmente como meio de pagamento, e *Authylism* seria a generalização desse conceito a qualquer outra mercadoria (Knapp, 1905:7).

---

[30] Knapp usou ao longo de todo o livro o conceito de *Estado* para se referir a uma vontade soberana, a uma autoridade suprema. No entanto, a fim de se evitar a utilização de um conceito que, por um lado, padece muitas vezes de uma definição não controvertida do ponto de vista histórico e sociológico, e que, por outro, exclui diferentes experiências históricas que não a dos Estados Nacionais, julgou-se mais adequado utilizar aqui o termo *poder político soberano*, o que não compromete o desenvolvimento da argumentação.

Em ambos os casos (*Autometalism* e *Authylism*), a ideia de que existe um uso "real" e outro "circulatório" inerente à mercadoria em questão permanece sendo condição necessária, mas não suficiente para que esta seja definida como um meio de pagamento socialmente reconhecido, pois ainda se faz necessária a proclamação da autoridade central em relação à sua validade, ponto esse desconsiderado pela escola *metalista*.

Observa-se, com efeito, que Knapp partiu deliberadamente do mundo dos *metalistas* com o intuito de expor o que julgou ser o equívoco fundamental da literatura econômica de modo geral: a exclusão da dimensão do poder das questões monetárias, desde o conceito mais elementar de moeda.

Assim, desde o primeiro momento, o autor chamou atenção ao fato que o reconhecimento social de uma mercadoria como meio de pagamento em uma comunidade depende de a autoridade central declará-la como tal. Isso não fora ponderado pelos *metalistas*, que só fizeram deferências ao conteúdo material da mercadoria e atribuíram ao mercado a faculdade de eleger "consensualmente" o meio de pagamento.

Feita a primeira crítica aos preceitos *metalistas*, o autor pôs em discussão o conceito de unidade de valor, ao mostrar que não é possível defini-la tecnicamente com base no conteúdo material do meio de pagamento, como arguiram os *metalistas*. Para Georg Knapp, unidade de conta é também uma construção do poder político, definida historicamente. "(...) the existence of debts gives the reason why it is not always possible to define the unit of value technically, but is always possible to define it historically" (Knapp, 1905:11).

Geralmente, dívidas expressam-se em unidade de conta, com base na qual o montante do pagamento é declarado, e são saldadas mediante entrega dos meios de pagamento socialmente reconhecidos, quando do seu vencimento.

De acordo com os *metalistas*, dívidas são sempre reais, pois a unidade de valor que as denomina é definida em termos do material que compõe a mercadoria usada como meio de pagamento. Por conseguinte, "the material in which the debtor is bound to discharge his debt can always be named" (Knapp, 1905:12). Ter uma dívida denominada em alguma unidade de conta significa receber sempre, quando de seu vencimento, a mercadoria indicada na face da dívida, mercadoria essa que é exatamente o meio de pagamento. Portanto, existe uma correspondência inequívoca entre o que está escrito a se receber e o que se recebe em termos reais e materiais, quando do vencimento e liquidação da dívida.

O problema para o qual os *metalistas* não deram atenção é que, historicamente:

> (...) the State always maintains only the relative amount of debts, while it alters the means of payment from time to time (...). If the State declares silver to be the material for payment instead of copper, the relative amount of the existing debts remains unaltered, but anyone might think that, judged on the old basis of copper, the debts have changed" (Knapp, 1905:13).

Quando a autoridade central altera de tempos em tempos o meio de pagamento socialmente reconhecido (faculdade sua), dois momentos são separados no tempo. Se a autoridade central declara que todo pagamento não deverá mais ser feito com base em *pounds* de cobre, mas, sim, em onças de prata, a partir de então, as dívidas pendentes, denominadas na antiga unidade de conta (*pounds* de cobre), devem ser liquidadas na nova moeda, onças de prata, ou seja, mediante a entrega de uma correspondente quantidade, definida de acordo com a taxa de conversão (entre a antiga e a nova moeda de conta) proclamada pela autoridade central.

De tal modo, as dívidas pendentes não são mais dívidas reais, como dito acima, e sim nominais. Não existe a correspondência sugerida entre o valor de face e a mercadoria que se recebe em termos reais. A autoridade central, após a proclamação, passa a tratar a dívida pendente como se a unidade de valor nela escrita, *pounds* de cobre, fosse somente um nome através do qual uma quantidade de dívida se expressa, não significando a entrega da quantidade de bronze indicada em sua face. Ao inserir uma taxa de conversão entre onças de prata e *pounds* de cobre, as dívidas deixaram de ser reais.

Comumente, omite-se o "detalhe" de que "The State reserves to itself the right to order that a *pound of copper* should now mean that a given weight of silver was to be paid" (Knapp, 1905:14). As consequências dessa omissão não são triviais, pois a autoridade central, após declarar o novo meio de pagamento, passa a tratar a unidade de conta anterior sem mais qualquer relação com o material que ela representava; e, por outro lado, passa a reconhecer que toda a dívida antiga é uniformemente convertida em valores da nova unidade de conta.

> Each alteration of the means of payment implies that the unit of value, at least at the moment of transition, should be regarded as "nominal" (…). The nominality of the unit of value (…) is not a new, but a very old phenomenon which still exists today and which will continue for ever. It is compatible with any form of the means of payment, and is nothing but the necessary condition for progress from one means of payment to another (Knapp, 1905:19).

A partir do caráter nominal alegado por Knapp, pode-se notar que, mesmo partindo-se do "mundo" dos *metalistas*, a unidade de conta não é definitivamente uma questão técnica e "real", pois à autoridade central é garantido o direito de escrever e reescrever as dívidas outrora reais, tornando-as nominais. Ou seja:

> In general there is no other definition of the new unit value. The historical definition signifies that so many of the new units represent
ed in the new means of payment are legally valid for the

discharge of an existing debt in the old unit (…). The definition of the new unit therefore consists in the declaration as to how many new units are legally equivalent to one old unit. This definition has absolutely nothing to do with the material in which the old means of payment consisted, nor yet the new. It only contains the proportion of the new to the old unit of value, i. e. it relates the new unit back to the old one (Knapp, 1905:21 e 22).

Em suma, mesmo considerando apenas o sistema monetário simplista da tradição *metalista*, deve-se observar que, mediante dois movimentos, Knapp apontou quais "pistas" irá seguir: por um lado, a escolha do meio de pagamento socialmente reconhecido é uma decisão livre da autoridade central; por outro, a capacidade de alterar de tempos em tempos a unidade de conta é também uma faculdade da autoridade central, o que revela o caráter nominal e não real das unidades de conta.

O meio de pagamento cartal

Ao se focar no papel do poder nas questões monetárias, a validade do meio de pagamento passa a não mais depender do peso e da qualidade do seu conteúdo material. Isso porque a faculdade de alterá-lo de tempos em tempos faz com que ele não se limite a nenhum material em particular, como também expõe o caráter nominal da unidade de conta. As dívidas pendentes, a partir de tais alterações, passam a ter uma relação nominal com a nova unidade de conta, que é definida a partir de uma taxa de conversão declarada, proclamada por quem dispõe de poder para tanto.

Nessa perspectiva, o anúncio da autoridade central é o ponto relevante, e não o conteúdo material real do meio de pagamento. A isso Knapp chamou de "validade por proclamação". Ela anuncia o meio de pagamento e detalha suas características em termos de sinais e formas. O que importa são exatamente esses sinais e formas anunciados, que revelam o caráter *fiat*[31] do meio de pagamento e o modo de sua identificação para seu reconhecimento social.[32] A questão central para Knapp é que a unidade de valor e o próprio meio de pagamento socialmente reconhecido são definidos por proclamação.

A validade por proclamação não está restrita a nenhum material. Ela se expressa através do "valor de face" do meio de pagamento, em contraste ao "valor intrínseco" considerado pelos *metalistas*.[33]

Os meios de pagamentos, se moeda sonante ou se papel impresso, possuem todas as características acima mencionadas por Knapp, ou seja: "they are pay tokens, or tickets used as means of payments" (Knapp, 1905:32). A esses meios de pagamentos, o autor chamou de *cartal*: moedas cuja validade e reconhecimento são definidos por leis e estatutos.

> "Perhaps the Latin Word 'Charta' can bear the sense of ticket, and we can form a new but intelligible adjective – 'Chartal'. Our means of payment have this token, or Chartal, form" (Knapp, 1905:32). Em outras palavras: "Charlity, then, is simply the use in accordance with proclamation of certain means of payment having a visible shape" (Knapp, 1905:35).

---

[31] De ordem oficial dada pela autoridade legal.

[32] É interessante observar que o anúncio dos sinais e formas relevantes para a determinação do meio de pagamento pode se basear, exatamente, no peso e no conteúdo material de algum metal, por exemplo. No entanto, esta é apenas uma das possibilidades entre tantas outras que o soberano pode escolher.

[33] Um exemplo usado por Knapp, muito citado na literatura, ajuda a descrever a essência da ideia de proclamação de valor. "When we give up our coats in the cloak-room of theatre, we receive a tin disc of a given size bearing a sign, perhaps number. There is nothing more on it, but this ticket or mark has legal significance; it is a proof that I am entitled to demand the return of my coat.(...) The ticket is then a good expression, which has long since been naturalized, for a movable, shaped object bearing signs, to which legal ordinance gives a use independent of its material." (Knapp, 1905: 31 e 32).

O conteúdo material dos objetos que são escolhidos como moeda não representa uma questão relevante, visto que bastam as formas e os sinais que nelas se encontram estampados para que haja um reconhecimento social do meio de pagamento utilizado. O autor sugere uma evolução histórica e estilizada dos meios de pagamentos, seguindo precisamente a própria argumentação feita acima. Primeiro, em forma primitiva, o conteúdo material do meio de pagamento parecia ser relevante. Posteriormente, valendo-se de seu poder de alterar de tempos em tempos o material, a autoridade política expõe o caráter nominal da unidade de valor. Finalmente, a mesma autoridade abandona o conteúdo material do meio de pagamento e passa a proclamar seu valor e as formas e sinais para seu reconhecimento social.[34] Cabe observar ainda que, nessa narrativa, o autor não excluiu o fato de que diferentes formas de moedas, primitivas (metálicas) ou modernas (cartais), podem conviver lado a lado dentro de um mesmo sistema monetário.

Portanto, moeda para Knapp é um conceito que traz consigo a noção de meio de pagamento *cartal*, isto é, cujo valor dá-se por declaração e cujo reconhecimento, por sinais e formas estabelecidos em lei. "Money always signifies a Chartal means of payments. Every Chartal means of payment we call money. The definition of money is therefore 'a chartal means of payments'" (Knapp, 1905:38).

A hierarquia monetária dentro do território da autoridade central

A pergunta que se coloca nesse momento é sobre o que garante a aceitação do meio de pagamento e de sua unidade de valor corres-

---

[34] Como será visto adiante, essa evolução sugerida por Knapp não tem tanta relevância do ponto de vista histórico quanto a apresentada por Innes, que vem sendo apoiada por pesquisas históricas mais recentes. Para maiores detalhes, ver Wray (1998), Hudson (2004) e Gardiner (2004).

pondente, ambos declarados pela autoridade central. Comumente, quando se põe no centro da teoria o caráter proclamatório do valor da moeda, atribui-se à circunstância legal de curso forçado do meio de pagamento emitido a razão principal de sua aceitação e de seu uso generalizado. No entanto, Knapp sugeriu uma perspectiva diferente e original para delimitar e, com efeito, hierarquizar o sistema monetário válido em um espaço político territorial definido.

É a decisão da autoridade central quanto à forma de recebimento de tributos que define a posição de destaque no sistema monetário ao meio de pagamento escolhido. Em outras palavras, a capacidade de o poder político impor dívidas tributárias aos seus súditos lhe garante a faculdade de definir o meio de pagamento socialmente reconhecido e escrever a unidade de conta, através da escolha do que aceita como pagamento de tributos. Os efeitos dessa decisão quanto ao recebimento dos tributos são decisivos também para definição do meio de pagamento na comunidade *privada* de negócios.

Porém, antes de se prosseguir na argumentação, faz-se necessário expor algumas classificações conceituais criadas pelo autor. Primeiramente, os diferentes tipos de moeda foram classificados de acordo com a participação ou não da autoridade central nas transações. Existem os pagamentos *cêntricos*, quando há o envolvimento do poder político, e os *paracêntricos*, quando o negócio ocorre entre agentes privados.

Os pagamentos *cêntricos* ainda se dividem em: i) *epicêntricos*, pagamentos feitos à autoridade central (recebedor); e ii) *apocêntricos*, pagamentos feitos *pela* autoridade central.

O recorte funcional sobre moeda mais comum baseia-se na existência ou não de um caráter legal de curso forçado. Com base nele, a moeda é definida como *obrigatória*, quando há, ou como *facultativa*, quando não há esse caráter. Além disso, quando um pagamento é concluído (liquidado) simultaneamente para o pagador, para o recebedor e para o emissor da dívida (crédito; moeda), este é então caracterizado como *definitivo*; do contrário, *conversível*.

Entre os *definitivos*, aqueles com o qual a autoridade central faz pagamentos e aceita para liquidação de tributos, chama-se *moeda valuta*. Certamente, este é o conceito mais importante em sua análise. Esclarecidas as definições, pode-se apresentar o ponto principal no que se refere à hierarquia de um sistema monetário. Ao fazer a declaração de qual moeda será a *valuta*, a autoridade central define, de fato, a moeda de referência de todo o sistema e, mais precisamente, a unidade de conta usada nas transações privadas.[35]

---

[35] "An obligation expressed in marks, francs or rubles signifies an obligation to be performed in the then existing valuta money of the countries concerned (...) The means of payment which the creditor is compelled to accept is always that which the State has put in the position of valuta" (Knapp, 1905:111). Randal Wray apontou uma suposta inconsistência nos conceitos de moeda definitiva e *valuta*, que ajuda a compreender melhor a classificação proposta. Segundo Wray, moeda *valuta* deveria ter sido definida em termos dos pagamentos epicêntricos (ao poder soberano) e apocêntricos (pelo poder soberano) e não em referência às noções de pagamentos apocêntricos e de moeda definitiva. Com suas palavras: "Um dinheiro pode ser ao mesmo tempo definitivo e *valuta* se o Estado faz pagamentos nele e o aceita nos guichês de pagamentos. Note-se que há alguma inconsistência no argumento de Knapp, porque o que é importante é a 'aceitação' nos guichês de pagamentos públicos. Ele deveria portanto definir *valuta* para indicar ao mesmo tempo a aceitação pelo Estado e o uso pelo Estado em seus próprios pagamentos" (Wray, 1998, nota 4, capítulo 2). Decerto que a definição exposta por Randall Wray é de mais fácil assimilação. No entanto, analisando com atenção, não parece haver inconsistência na conceituação de Knapp. Como dito, a moeda só pode ser considerada definitiva para o soberano quando é aceita no pagamento de tributos, de forma que a moeda emitida seja liquidada terminantemente para o pagador (por exemplo, para quem pagou impostos), para o recebedor (o soberano, no caso do exemplo) e para o emissor (o soberano). Com efeito, moeda definitiva para o soberano implica pagamentos epicêntricos (ao soberano), ou seja, exatamente o que foi requerido por Wray. Isto pode ser esclarecido de outra forma: toda moeda emitida e usada pelo poder soberano é inicialmente *valuta*, pois sua aceitação dá-se justamente graças ao compromisso do soberano em aceitá-la posteriormente quando do pagamento de tributos. Assim, moeda *valuta* corresponde exatamente à definição reclamada por Randall Wray: a moeda usada pelo soberano para seus pagamentos e por ele aceita no recebimento de tributos. O que Knapp chamou atenção é que em determinados momentos a moeda pode perder seu caráter de *valuta* e continuar sendo definitiva, isto é, quando o soberano deixa de usá-la para os seus pagamentos, porém continua aceitando-a para o pagamento de tributos. Assim, *valuta* seria um subconjunto da definitiva. "(...) the concept

É absolutamente decisivo para o autor destacar que esta não é uma decisão legal nem técnica, mas política, de uma vontade soberana, manifesta em sua capacidade de impor tributos e de definir o que usará e aceitará em suas transações (recebimentos e pagamentos).

Os bancos, por serem capazes de criar poder de compra por meio da emissão monetária, têm lugar de destaque em qualquer sistema. Não é difícil perceber que estes não se limitam a operar apenas com base em suas reservas (moeda *valuta*).

Comumente, as moedas bancárias, as notas emitidas pelos banqueiros são definidas como um documento através do qual o banco compromete-se a pagar ao portador seu valor de face quando de sua entrega, isto é, uma promessa de pagamento à vista.

Deve-se destacar, porém, dois pontos importantes. O primeiro é que tal promessa baseia-se usualmente na unidade de conta estabelecida pela autoridade soberana, sua liquidação dá-se em moeda *valuta*. O segundo é que as notas bancárias também são documentos cartais, pois "they are pay tokens, or tickets used as means of payments" (Knapp, 1905:32).

Knapp se perguntou, no entanto, se as notas bancárias seriam de fato, em essência, uma promessa de pagamento. Qualquer moeda bancária pode ser sacada, isto é, trocada por moeda *valuta*, ou usada para fazer pagamentos ao banco. Isto quer dizer que a aceitação do dinheiro bancário não provém necessariamente da promessa de sua conversão em moeda *valuta*.

'valuta money' is a sub-class of definitive money" (Knapp, 1905:106). A narrativa histórica a seguir exemplifica bem o caso. "In Austria about 1870 the silver gulden were completely accessory, for the State did not hold them in readiness for apocentric payments in spite of the intention of the monetary system of 1857 to give silver gulden the position of valuta. We do not regard good intentions. Was the State, in fact, prepared to pay in silver gulden? In 1870 it was not. From the political causes the silver gulden had, in fact, lost their position as valuta and had become accessory, however much we may regret the fact" (Knapp, 1905:109).

A obrigação do banco, definida em lei, é aceitá-la como pagamento, permitindo que os clientes possam compensar relações de débito e crédito entre eles, como uma comunidade privada de pagamentos. Como disse o autor, uma moeda bancária inconversível não é uma nulidade, pois sua aceitação na comunidade de pagamentos, representada pelo banco emissor, lhe garante algum valor.

Não sendo uma nulidade, mesmo quando inconversível, o valor das notas bancárias decorre fundamentalmente de seu uso na comunidade privada de pagamentos, o que significa dizer que elas dependem, fundamentalmente, de sua aceitação pelos bancos no jogo das compensações privadas. Esse é o mesmo raciocínio usado pelo autor no caso da moeda emitida pela autoridade central, pois seu valor decorre do fato de poder liquidar as dívidas tributárias e assim permitir que seu portador a utilize na comunidade pública de negócios.

Cabe lembrar que esse ponto é semelhante ao sugerido por Mitchell Innes, visto que o valor de uma moeda depende, sobretudo, de sua aceitação, ou seja, da qualidade do emissor, podendo ser trocada com ágio ou deságio.

Porém, isto não significa que, para se tornarem o que são, não tenha sido decisivo que as notas bancárias atuassem como promessas de pagamento, ou seja, fossem conversíveis em moeda *valuta*. A advertência de Knapp diz respeito ao fato de que essa propriedade pode ser descartada, como foi em diversos momentos da história, sem que as notas deixem de circular.

Do ponto de vista da hierarquia do sistema monetário, as decisões relevantes para a atividade bancária são aquelas da autoridade que arbitra as questões monetárias, o anúncio de que as notas bancárias desses e daqueles bancos serão aceitas no pagamento de tributos. Dessa forma, os bancos passam a ter acesso à mais ampla comunidade de pagamentos dentro do espaço em que a autoridade central exerce poder, pois nenhum outro ator é capaz de realizar tal façanha dentro desse espaço. Apesar de edificar comunidades de pagamentos privadas e emitir evidências de dívidas próprias, o banqueiro não é capaz de *impor* a condição de devedor como faz o poder político, obrigando o conjunto da coletividade a operar dentro de sua comunidade de pagamentos. Ele não detém poder para tanto.[36] Essa talvez seja a mais importante pista sobre a relação entre poder e moeda, pois evidencia que o decisivo nessa relação é a capacidade de criar comunidades fechadas de pagamentos em torno de sua unidade de conta.

Para o banqueiro, resta-lhe a graça de ser aceito pela autoridade central dentro de seu sistema monetário: "For the bank, this [sua aceitação na comunidade de pagamentos da autoridade central] means an enormous increase in its profits, for now everybody is glad to take its bank-notes, since all inhabitants of the State have occasion to make epicentric payments (*e. g.* for taxes)" (Knapp, 1905:137).

A partir de então, essas notas bancárias tornam-se parte da mais importante comunidade de pagamentos, do "State monetary system", e permanecem lá enquanto a autoridade central assim declarar. Mais uma vez, cabe observar que não é a conversibilidade em moeda de ouro ou em moeda *valuta* que garante sua aceitação, mas a participação no jogo de compensações privadas e públicas. Isso não quer dizer, porém, que tal participação seja incompatível com a conversibilidade; na prática, essas propriedades são complementares na maioria das situações.

Deve-se notar que a conversibilidade das notas bancárias em moeda *valuta* é, para o banco, por razões óbvias (devido à ampliação dos negócios), de enorme importância. Inversamente, a exigência de conversibilidade é também importante para a autoridade central, pois:

> (...) so long as the bank is obliged to redeem its notes in money issued by the State, the State does not need to take any further steps in order to keep the bank-notes in their accessory position

---

[36] Este poder assenta-se, sobretudo, no domínio dos instrumentos de violência e coerção física.

(...) [Ou seja] The convertibility of the bank-notes is then one of the measures by means of which the State assures a superior position to the money which it issues itself, certainly a very important object (Knapp, 1905:139 e 140).

Em suma, a conversibilidade evidencia a hierarquia monetária dentro de um espaço político territorial, pois, se os bancos ampliam a base de negócios em razão da expansão da aceitação de suas notas quando há conversibilidade das notas bancárias em moeda *valuta*, também não recusam moeda *valuta* em razão da posição inferior que sua moeda se encontra em relação a ela. O poder da autoridade central, ao impor a conversibilidade e definir a aceitação das notas bancárias nos pagamentos de tributos, consolida a hierarquia monetária existente em qualquer sistema monetário, em cujo topo está exatamente a moeda aceita em seus guichês e por ele emitida para seus pagamentos.

Os limites territoriais e o valor externo de uma moeda cartal

Não é difícil perceber que, se a definição e a aceitação do meio de pagamento estão relacionadas às decisões do poder político quanto à sua proclamação e aos mecanismos de tributação, o espaço de validade de toda e qualquer moeda cartal é, a princípio, justamente o espaço político sobre o qual a autoridade central exerce domínio, no exato alcance dos seus instrumentos de tributação (Knapp, 1905:40-41).

Essa é uma conclusão original e decisiva para os propósitos deste trabalho, já que expõe a ideia central (égide) da relação constitutiva entre o poder político e as moedas. Além disso, a proposição permite desenvolver a ideia de geografia monetária ao articular a validade e circulação das moedas a espaços político-territoriais bem definidos.

De fato, torna-se interessante indagar a respeito do que ocorre num espaço composto por diversas unidades político-territoriais soberanas. Nesse caso, não é possível haver a proclamação de uma moeda cartal, cuja validade perpasse esses diferentes espaços, da mesma forma como ocorre dentro de cada território político, haja vista que não há nenhuma autoridade que se imponha sobre todas as demais.[37]

Observador atento ao acirramento das rivalidades *interestatais* de sua época, Knapp percebeu que, num espaço onde as relações entre poderes são fundamentalmente baseadas na rivalidade, competição e, muitas vezes, na própria guerra, a validação da moeda de uma única autoridade central para além de suas fronteiras torna-se complexa, e sua dinâmica explica-se fundamentalmente através da ciência política e da história, e não pelo entendimento do funcionamento dos mercados e do comportamento dos agentes privados.

A *Teoria Estatal da Moeda*, ao fundamentar-se nas decisões do poder político para determinação do sistema monetário e de pagamentos de um espaço político coerente, revela as contradições entre as circulações interna e externa da moeda, ou seja, entre dois espaços absolutamente distintos no que se refere à sua forma de organização *política*. Sobre isso, Knapp observou o seguinte:

> The question, therefore, why we have no international money in the countries of our civilization is easily answered. It is because the Chartal form prevails everywhere, and this essentially excludes the idea that there should be a money common to two independent states.
> The person who demands inter-political money opposes the Chartal form, with small prospects of success.

---

[37] Em tese, "The Chartal form can never be effective 'internationally', or, rather, it can never be effective from State to State, as long as States are totally independent of another" (Knapp, 1905:41).

(...) It is a completely perverted idea to demand 'international' money for independent states which are not even allied. On the other hand, it is always permissible to wish for monetary arrangements which hinder international dealings as little as possible (Knapp, 1905:42).

É clara a ideia de que, em princípio, a validade de uma moeda está condicionada aos limites políticos (territoriais) da autoridade central que a emitiu. Em suma, Knapp pôs na pauta do debate monetário não o processo de formação dos mercados, mas, sim, o das unidades político-territoriais soberanas, responsáveis pela proclamação dos padrões monetários vigentes em seus respectivos territórios.

Caberia indagar a respeito do que dependeria então o valor externo de uma moeda *valuta*. Para o autor, externamente, para além das fronteiras dos "príncipes", as moedas têm seu valor definido em bolsa como o de uma mercadoria, ou melhor, como o de um ativo sujeito às especulações e às pressões de mercado. Se, por um lado, o poder emissor não é capaz de determinar a validade de sua moeda no exterior, por outro, não há nenhuma paridade natural entre as moedas *valutas* ou entre as mercadorias que as representam (metais preciosos, por exemplo). No exterior, o valor da moeda *valuta* está submetido aos determinantes econômicos e especulativos das bolsas de valores, dos mercados de câmbio. Se a autoridade central assim desejar, pode fazer intervenções nesses mercados de modo a influenciar o valor de sua moeda em termos da moeda estrangeira. O que ocorre é a decisão do poder político em estabelecer os objetivos, a administração e o método para se buscar determinada paridade *inter-valuta*, podendo ser ou não bem-sucedido na empreitada. A essas ações, Knapp denominou *exodromic*.

Deve-se notar que a atuação da autoridade central é também requerida quando as moedas estão presas a algum padrão metálico de valor. Nesse caso, o que importa é que a autoridade central deve ser superior aos demais operadores do mercado de câmbio (do metal em questão). No caso em que não há um padrão metálico, "the case with *exodromic* control", ocorre o mesmo processo, vale dizer, a autoridade central precisa ser forte para sustentar e influenciar o valor praticado da moeda por ele emitida em relação à moeda estrangeira no mercado de câmbio. Para ambos os casos, no padrão metálico ou no *exodromic control*, apesar de o objeto de atuação ser diferente (o preço do metal ou a paridade *inter-valuta*), o método é o mesmo, isto é: "the State, in both cases, deliberately intervenes to fix the price by its superior strength" (Knapp, 1905:255). É importante observar que a sustentação da paridade subordina-se à capacidade e à força econômica de sua autoridade central, pois, no caso dos endividados, que dependem de financiamento externo, tal empreendimento fica provavelmente comprometido.

Na teoria *metalista*, como visto, a unidade de conta de uma moeda corresponde a uma dada quantidade de metal. Como o valor da moeda é determinado tecnicamente, não pode haver a noção de *exodromy* para os *metalismos*, ou seja, de uma atuação da autoridade central no mercado de câmbio para lograr uma paridade por ele desejada.

Para o *cartalismo*, diferentemente, a unidade de conta define-se historicamente, em razão das modificações feitas de tempos em tempos pela autoridade central mediante proclamação. O ponto central é que o valor de toda moeda não é determinado em razão de seu conteúdo material, metálica ou não, ou de sua conversibilidade, mas da importância da comunidade de pagamentos em que circula. Ter ativos denominados em uma unidade de conta específica, ou, mais precisamente, possuir a correspondente moeda *valuta*, garante acesso aos mercados que operam com base em tal unidade de conta. Internamente, o mecanismo da tributação é a base para a criação da comunidade de pagamento público, e os bancos (atores que não dominam os instrumentos de coerção física), além de formar o núcleo mais importante das comunidades privadas de pagamentos, são obrigados a se inserir de modo subordinado à comunidade de pagamento da autoridade central que domina o espaço político territorial em que desejam operar.

A administração *exodromic*, de que falou Knapp, refere-se ao ordenamento entre diferentes comunidades de pagamentos, que naturalmente existem num sistema formado por diferentes unidades políticas soberanas, cada qual com sua respectiva moeda *valuta*.

Knapp apontou ainda algumas sugestões acerca da moeda de referência internacional. O sucesso de uma única autoridade central em transformar sua moeda *cartal* na de referência internacional está no seu domínio dos mais relevantes mercados internacionais; em outras palavras, na imposição de sua moeda como a de denominação, cotação e liquidação das operações internacionais econômico-financeiras mais importantes. A obsessão dos que buscaram alçar sua moeda *cartal* a essa posição singular foi a de tornar esses mercados comunidades de pagamentos "fechadas" em sua moeda de conta. E essas comunidades nunca foram uma obra dos mercados, tampouco surgiram espontaneamente entre os agentes econômicos. Ao contrário, resultaram das "*lutas interestatais*" que buscaram tornar sua moeda a de referência internacional, através de movimentos *geopolíticos*, sejam diplomáticos ou militares.[38]

A escolha de um padrão monetário não significava uma decisão teórica ou técnica que envolvia as vantagens de um metal em relação ao outro, tampouco questões relativas a fenômenos espontâneos de mercado. Referia-se, sim, a uma hierarquia monetário-financeira internacional. No caso, o elemento mais importante seriam as relações de hierarquia, força e dependência de um país em relação a outro.

Para Knapp, estava claro que os metais não representavam uma tentativa de se erigir um bem público internacional na forma de uma

---

[38] Como será visto na parte IV, a posição de destaque da moeda de Veneza na Idade Média, em especial nos séculos XIII e XV na porção do Mediterrâneo Oriental, é um exemplo disso.

unidade de conta ou mesmo uma moeda de referência internacional que facilitasse as trocas e demais transações econômicas, evitando as interferências promíscuas de um poder político. Os padrões internacionais metálicos impediam que a moeda *valuta* de determinada autoridade central ficasse explícita na hierarquia; dava-se um tom harmonioso, e não conflituoso, ao sistema.

Do ponto de vista geral, Knapp pôs ao centro de sua teoria monetária a dimensão do poder. O decisivo para a criação de um padrão monetário de valor é a capacidade de a autoridade central impor a condição de devedor de tributos ao conjunto da coletividade sobre a qual exerce poder e dominação. Sua decisão relevante é sobre qual evidência de dívida aceita em seus guichês para recebimento de impostos e usa em seus pagamentos. Dessa forma, cria a mais importante comunidade de pagamentos dentro do seu território, garantindo a si o poder de escrever e, de tempos em tempos, reescrever a unidade de conta, quando lhe é conveniente. Ademais, tal feito lhe assegura o poder de determinar o reconhecimento social do meio de pagamento. Assim, hierarquiza o sistema monetário válido em seu território político, em cuja base está sua moeda.

Do ponto de vista histórico, a pista sugerida implicitamente por Knapp é o processo de concentração de poder responsável pela criação das estruturas de tributação monetária, e não aquele de formação dos mercados, como geralmente se considera.

Por fim, o conceito de moeda *cartal* ajuda a compreender a problemática dos valores interno e externo de uma moeda, pois que a proclamação da autoridade central no que se refere à definição de sua moeda não ultrapassa, a princípio, as suas fronteiras políticas, ou seja, está no exato alcance de seus instrumentos de tributação, ou, em outras palavras, no espaço em que detém o domínio dos instrumentos de violência física.

CAPÍTULO 4

COMENTÁRIOS ILUSTRES E UMA INEVITÁVEL CONCLUSÃO

> *– Do not try to bend the spoon. That is impossible. Instead, only try to realize (...) that there is no spoon.*
>
> SPOON BOY
> *(The Matrix)*

Mitchell Innes e Georg Knapp tiveram alguns interlocutores contemporâneos, como John M. Keynes e Max Weber. Apesar das controvérsias decorrentes de seus trabalhos, Innes e Knapp permaneceram um longo período no esquecimento ou à margem do debate monetário, sobretudo após a II Guerra Mundial. Não obstante, nos últimos anos, alguns estudiosos, em especial Randall Wray, vêm resgatando suas teorias. Antes de serem apresentadas as conclusões relativas ao marco teórico, serão expostos comentários e críticas de Weber, Keynes e Wray à *Teoria Estatal da Moeda*, de Knapp, e à *Credit Theory of Money*, de Innes.

Diálogo entre alemães

Um ilustre interlocutor de Knapp foi Max Weber, que, na obra *Economia e sociedade*, de 1920, dedicou algumas páginas à *Teoria esta-*

tal da moeda. Em primeiro lugar, considerou correto o tratamento conceitual conferido à moeda, sobretudo por defini-la adequadamente em relação ao poder político.

Para Weber, a despeito de reconhecer que a autoridade central pode determinar o monopólio da organização do sistema monetário por meio de estatutos e da emissão de dinheiro, o ponto decisivo para a definição da moeda em circulação são as decisões da autoridade central em relação ao que aceita e impõe como moeda, uma vez que é quem mais recebe e efetua pagamentos (Weber, 1920:111).

Weber chamou atenção também à natureza *cartal* da moeda, destacando que o conteúdo da moeda não é relevante; a autoridade central pode declarar o objeto que considerar mais conveniente para funcionar como moeda, pois o que importa é a declaração.

Portanto, no que se refere à determinação e à conceituação da moeda, o autor concordou com as proposições de Knapp, por atribuir centralidade ao poder político, assim como à sua gerência sobre o sistema monetário e de pagamentos válido no território político em que exerce poder e dominação.

Porém, para Weber, essa perspectiva conceitual e teórica não é exaustiva, pois existem questões tratadas de modo bastante inadequado na *Teoria estatal da moeda*. A abordagem dada à questão inflacionária, denominada de validez material do dinheiro, em oposição à noção de validez formal (proclamada) do meio de pagamento, foi a que recebeu as maiores críticas (Weber, 1920:113).

Fora justamente porque Knapp partira das dívidas e, com efeito, do conceito de moeda como unidade de conta, cujo valor nominal é definido historicamente, que teria dado pouca atenção para algo decisivo: a moeda enquanto meio de troca e, por conseguinte, sua possibilidade de perder valor como tal em razão de processos inflacionários.

Visto estar escrevendo no contexto da hiperinflação alemã do início dos anos 1920, Weber dedicou considerável espaço de seu livro a essa questão, que intitulou de *Excurso sobre a Teoria Esta-*

tal do Dinheiro (Weber, 2004:125-130). Demonstrou relutância e preocupações com os desdobramentos das proposições de Knapp de um ponto de vista conjuntural em relação aos objetivos e à condução da política monetária. Em geral, proposições com outros objetivos distintos ao controle de preços preocupavam o autor, pois reconhecia como fundamental a relação entre expansão monetária e alterações nos níveis de preços.

É neste ponto *[validez material do dinheiro, isto é, inflação]* que começa a ser incompleta a "teoria estatal do dinheiro" de G. F. Knapp, teoria que em todos os demais aspectos pode ser considerada *correta* e simplesmente brilhante, além de definitivamente fundamental (Weber, 1920:113).

Tal interpretação crítica e elogiosa decorria do fato de Weber ter tido simpatia pela centralidade atribuída por Knapp ao poder nas questões monetárias, mas ter sido fortemente influenciado pelas ideias de Von Mesis,[39] membro da *Currency School*.[40] A discussão sobre a validade formal e material do dinheiro resume adequadamente a posição de Weber em relação à obra de Knapp, cuja conclusão pode ser apresentada na seguinte passagem: "Os acontecimentos [hiperinflação alemã] não têm desmentido em ponto

---

[39] "Para mim, a teoria material do dinheiro mais aceitável é a de Mises" (Weber, 1920:47). Cabe observar que Von Mises teve forte influência de Carl Menger, o "pai" da Escola Austríaca de Economia. O artigo "On the Origin of Money", Menger (1892), é até hoje referência para a interpretação tradicional sobre as origens históricas da moeda, em que relaciona o surgimento da moeda à busca dos agentes pelo interesse próprio no contexto do livre mercado, anteriormente discutida.

[40] A *Currency School* defendia a ideia de que o dinheiro deveria tomar a forma de moedas de ouro e prata e notas totalmente lastreadas por metais. A quantidade de moeda deveria ser controlada de acordo com a quantidade de metal, caso contrário, a expansão da quantidade de moeda em circulação acarretaria pressão inflacionária. O nível de preços é proporcional à quantidade de dinheiro emitida. Por conta disso, um padrão-ouro com notas totalmente lastreadas em moedas metálicas seria a situação ideal para permitir a estabilidade dos preços.

algum a teoria de Knapp, mas mostram o que, de qualquer modo, era indiscutível: que ela é incompleta quanto ao aspecto da validade material do dinheiro" (Weber, 1920:124).[41]

Um crítico inglês

Em seu livro *A Treatise on Money*, de 1930, Keynes seguiu algumas das pistas sugeridas por Knapp. Como visto, distinguiu conceitualmente a unidade de conta do *money proper*. A unidade de conta foi definida como o meio pelo qual débitos, preços e poder de compra se expressam. Keynes relacionou sua origem à própria noção de dívidas (contratos de pagamentos futuros) e de listas de preços (ofertas de contratos de compra e venda), pois tanto as dívidas quanto os preços só poderiam ser expressos em termos da unidade de conta. Por sua vez, *money proper* foi definido como o que liquida, quando de sua entrega, contratos de dívidas e de preços, além de se constituir na forma pela qual se pode assegurar poder de compra. Para Keynes, estava claro que a natureza principal da moeda decorre de sua relação com a unidade de conta, uma vez que os próprios contratos de dívidas e de preços expressam-se primeiramente em termos dela, antes que possam ser de fato liquidados.

Essa delimitação conceitual permite evidenciar exatamente o que Knapp anteriormente chamou de "caráter nominal da moeda de conta", pois explicita o fato de que de tempos em tempos a descrição (a unidade de conta) pode não corresponder mais à "coisa" que a representa (*money proper*), ou porque a moeda foi alterada, ou porque o que mudou foi a sua descrição, ou seja, sua unidade de conta. Em

---

[41] Do ponto de vista do debate inflacionário, a Teoria Estatal da Moeda realça a importância e as dificuldades relativas à estabilização do câmbio, pois, para o autor, não há paridades naturais entre moedas e/ou metais, tornando a estabilização cambial arbitrária e dependente da capacidade de intervenção da autoridade central nos mercados de divisas e/ou de metais. As dificuldades daí decorrentes tornar-se-ão fontes de pressão inflacionária.

relação ao caráter nominal da unidade de conta, Keynes cunhou a expressão "caráter contínuo" da moeda para apontar o fato de que, quando a unidade de conta se altera, ela precisa ser definida em relação à anterior, tornando contínua a sua existência. Em ambos os casos, o ponto-chave é que a moeda de conta se define histórica e não tecnicamente com base em sua composição material.

A partir de então, as proposições de Keynes se aproximaram ainda mais da *Teoria Estatal da Moeda*, pois fora feita referência direta à centralidade que o poder político tem na definição da moeda de conta, assim como da *money proper* usada em seu território. A autoridade central não arbitra somente sobre a moeda de conta, reeditando-a de tempos em tempos, mas também determina a "coisa" que será aceita como *money proper*, alterando-a diferentes vezes ao longo do tempo. É interessante observar que, segundo ele, o caráter *cartal* da moeda pode ser encontrado há 4 mil anos e não apenas em economias modernas posteriores ao padrão-ouro (Keynes, 1930:4).

Do ponto de vista histórico, Keynes sugeriu três etapas na evolução da moeda. A primeira fora o período das trocas (escambo), que sucumbiu quando o homem adotou a moeda de conta (segunda etapa). Posteriormente, a autoridade central reivindicou o direito de declarar que coisa corresponde pela moeda e a unidade de conta corrente, alcançou-se então a Idade do Cartalismo, da moeda estatal (terceira etapa). Em outras palavras, a moeda estatal surgiu quando a autoridade central reservou para si os dois direitos acima mencionados: o de definir o dicionário, como o de reescrevê-lo de tempos em tempos. "Today all civilised money is, beyond the possibility of dispute, chartalist" (Keynes, 1930:4).[42]

As moedas de emissão privada, com destaque para a bancária, também podem liquidar transações, circulando assim simultaneamente com a moeda estatal. Podem vir a se tornar moedas representativas, quando a autoridade central se vale de sua prerrogativa

---

[42] Como visto, essas etapas são praticamente as mesmas sugeridas por Knapp.

para declará-las como um meio aceitável na liquidação de obrigações. Nesse momento, Keynes reconhece que a conceituação de Knapp está correta no que se refere à determinação do que é moeda. "I propose to include as State money not only money which is itself compulsory legal tender but also money which the State or the central bank undertakes to accept in payments to itself or to exchange for compulsory legal-tender money" (Keynes, 1930:6).

Em nota de rodapé, Keynes fez referência direta a Knapp para enfatizar que o mais relevante é a aceitação da autoridade central, e não as leis de curso forçado na determinação do que será usado como moeda: "Knapp accepts as 'money' – rightly, I think – anything which the State undertakes to accept as its pay-offices, whether or not it is declared legal tender between citizens" (Keynes, 1930, nota 1).

Em resumo, para Keynes estava claro que, se a autoridade central pode editar o dicionário, ou seja, arbitrar a própria moeda de conta, o valor nominal da moeda, seja ela moeda-mercadoria ou fiduciária, não decorre de um "padrão objetivo" de valor, seja ele metálico, ou qualquer outro.

Vale notar que Keynes, um ilustre crítico, atento ao debate de seu tempo, foi contemporâneo a ambos os autores comentados. Se, no caso de Knapp, o autor fez poucas referências diretas quando do uso de algumas de suas ideias e conceitos (como o de moeda cartal, por exemplo), em relação à Innes, Keynes não se furtou a comentar diretamente. Foi em 1914, quando escreveu para o *The Economic Journal* uma resenha sobre o artigo "What is money?", de Innes, escrito em 1913 para o *Banking Law Journal*.

Para Keynes, no geral, o artigo de Innes tem algum valor, a despeito de considerá-lo mais um panfleto do que propriamente um trabalho acadêmico. Do ponto de vista teórico, avaliou que o artigo, ou melhor, o panfleto, não era satisfatório, pois, além das ideias não serem originais, eram falaciosas, e não se dispôs a comentá-las em detalhe.

Porém, enquanto exercício de interpretação histórica, o artigo foi considerado por Keynes interessante, uma vez que Innes expôs evidências que desmistificavam a suposta relação natural que existiria entre a unidade de conta e os metais preciosos (Keynes, 1914:404). Isso porque no artigo constam inúmeros exemplos históricos da Antiguidade e da Idade Média que ilustram a essência da relação entre a unidade de conta e os metais, sugerindo que nunca existiu um padrão metálico fixo de valor, vale dizer, um valor estável inerente às moedas metálicas.

Keynes chamou atenção ao fato que Innes também tinha razão ao questionar a ideia que historicamente todas as compras eram liquidadas com base em moedas sonantes: "(...) is simply a popular fallacy" (Keynes, 1914:405). A sugestão apresentada com base em evidências históricas de que houve uma antecedência do crédito em relação às moedas sonantes, de que seu uso é mais antigo do que geralmente se supõe, também lhe pareceu mais correta. "The use of credit, he thinks, is far older than that of cash. The numerous instances, he adduces in support of this, from very remote times are certainly interesting" (Keynes, 1914:405).

Como conclusão geral, Keynes comentou a respeito da "cegueira" decorrente da força da visão *metalista* em relação aos aspectos históricos da moeda, sublinhando, dessa forma, as percepções históricas apontadas por Innes.[43]

Um século depois, uma síntese norte-americana

Nos últimos anos, Randall Wray vem resgatando de forma articulada as ideias de Innes e Knapp. Em seus primeiros trabalhos,

---

[43] "But the main historical conclusions which he seeks to drive home have, I think, much foundation, and have often been unduly neglected by writers excessively influenced by the 'sound currency' dogmas of the mid-nineteenth century (...) Mr. Innes has gone some way towards showing that such a history is quite mythical" (Keynes, 1914:406).

predominaram as questões macroeconômicas de um modo geral (pleno-emprego, inflação, juros, déficit público etc.),[44] onde redefiniu alguns conceitos elementares a partir da perspectiva sugerida décadas antes por Innes e Knapp.

O referencial teórico do qual partiu permitiu a Wray mergulhar de maneira original no atual debate sobre pleno-emprego e inflação, como também ultrapassar as barreiras do debate macroeconômico e alcançar outras perspectivas metodológicas e analíticas, sobretudo a de um diálogo mais consolidado entre as questões monetárias e outras ciências, principalmente a história. Seu mais recente livro, *Credit and State Theories*, escrito com a participação de outros autores,[45] é sem dúvida um dos resultados dessas possibilidades. A conclusão da obra, escrita por Randall Wray, consolidou e avançou alguns dos caminhos antes trilhados por Knapp e Innes.

Inicialmente, Wray advertiu que não apenas os economistas ficaram "cegos" pelo "brilho" dos metais preciosos, mas também os próprios historiadores. Isto teria ocorrido porque, assim como a literatura econômica convencional, os historiadores sempre estiveram preocupados com a moeda sonante e não deram a devida atenção às relações de débito e crédito; ponto tão sublinhado por Innes. Não que propriamente ignorassem a existência do crédito, mas sua visão estava prisioneira do que na literatura econômica se convencionou chamar de *Monetary Theory of Credit*. Para Wray é mais adequado se pensar historicamente a partir da *Credit Theory of Money*.

As evidências históricas sugerem que a visão de Innes, cuja atenção recaiu sobre o crédito e seu caráter compensatório, é mais satisfatória e coerente do que a visão consagrada na literatura econômica. A perspectiva de que moedas são, antes de tudo, evidências de dívidas, vale dizer, relações de débito e crédito em permanente processo de compensação, permite identificar relações e hierarquias econômicas onde antes eram negligenciadas. O que

---

[44] Ver, principalmente, Wray (1998).
[45] Stephanie Bell; G. Gardiner; John Henry; Michael Hudson; e G. Ingham.

não se via estava escondido na definição sugerida por Smith que um ato de compra e venda é uma troca de uma mercadoria por um meio de troca, e não a de uma mercadoria por um crédito, como posteriormente apontou Innes. Como visto, o processo de compensação de créditos e débitos permite a liquidação das transações sem que haja de fato a necessidade do meio de troca. Isso não significa que não se reconheça o meio de troca, apenas que este não se torna imprescindível. Para Wray, o mercado seria, na realidade, não o local onde as mercadorias são trocadas, mas sim onde débitos e créditos são compensados, fenômeno denominado por Innes como "lei primitiva do comércio".

No entanto, Wray incorporou duas advertências feitas por Ingham (2004) ao trabalho de Innes. Em primeiro lugar, chamou atenção ao fato que, se, por um lado, Innes tivera razão ao afirmar que toda moeda é crédito, deveria ter ponderado, por outro, que nem todo crédito pode ser considerado como moeda (Wray, 2004:240). Como visto, a resposta a essa questão foi encontrada por Knapp. Em segundo lugar, a possibilidade de uma dívida ser transferível deveria ter sido levada em conta por Innes quando tratou da circulação do crédito; vale dizer, da "lei primitiva do comércio". A atividade bancária deveria ter sido distinguida não apenas como o centro principal de compensação de débitos e créditos, mas também como capaz de criar moeda (crédito) transferível, na forma de depósitos e notas bancárias.

Decerto, o maior mérito de Randall Wray foi, além de resgatar os autores em questão, a forma como articulou ideias que abrem a possibilidade de se rediscutir as cristalizadas interpretações históricas sobre moeda.

Assim como para Innes, todas as moedas são em sua essência evidências de dívidas, isto é, instrumentos de crédito. Também, como Innes, mas, sobretudo, de acordo com Knapp, a moeda emitida pela autoridade central possui uma característica particular, pois é resgatada através do mecanismo de taxação. E porque esse mecanismo é imposto generalizadamente sobre toda a sociedade, sua aceitação e seu uso nas transações privadas estão assegurados.

Em suma, o centro da proposta sugerida por Randall Wray está na articulação de três pontos: i) a perspectiva histórica apontada por Innes; ii) a hierarquia monetária, em cujo topo está a moeda aceita no pagamento de tributos, como sugerido por Knapp; e iii) o papel do poder político nos assuntos monetários, como foi também observado por Knapp.

Uma questão importante, também retomada pelo autor, diz respeito à problemática do valor externo da moeda emitida por uma autoridade central. Aspecto, como visto, pouco discutido por Innes, já que o autor ressaltou a avaliação do mercado com base na credibilidade e reputação para definição da hierarquia monetária, em detrimento da aceitação da autoridade central, que revela os limites políticos de circulação de qualquer moeda. Para Knapp, não obstante, essa questão era central e, de fato, foi tratada em detalhes.

O autor se perguntou: se internamente são os tributos que "conduzem a moeda", ou seja, que definem qual será a unidade de conta e o *money proper* usado domesticamente, qual seria, então, o mecanismo que estabeleceria a moeda aceita e utilizada internacionalmente? Em outras palavras, formulou a seguinte questão: num espaço territorial em que não há um poder político centralizado capaz de impor a condição de devedor a todos os súditos, o que determinaria, num espaço constituído por diferentes unidades político-territoriais, a escolha e a definição da unidade de conta e da moeda de circulação?

Nesse caso, Wray, apesar de não citar, seguiu de modo semelhante o debate feito por Knapp, quando este se perguntou acerca dos limites territoriais da moeda *cartal*. Para o caso dos domínios coloniais, Wray percebeu que é o colonizador que detém a prerrogativa, ou melhor, o poder para estabelecer tributos naquele espaço territorial; e que, portanto, nesse espaço, se sucede exatamente conforme ocorre internamente na metrópole.

Segundo o autor, nas relações entre autoridades centrais em que não existia uma capaz de impor sua moeda de conta como a de referência, a utilização de metais preciosos foi a solução encontrada, não pelo seu valor declarado, mas por seu valor intrínseco. Por caminhos distintos, esta é, decerto, uma conclusão que aproxima consideravelmente Randall Wray da visão tradicional metalista e de Marx.[46] Como a validade de todas as moedas dependia do poder de imposição de tributos e, de fato, da proclamação da autoridade central de seu valor, e externamente não havia um contexto como este, o metal era usado como uma mercadoria qualquer, cujo valor decorria de particularidades próprias (Wray, 2004:253).

Os metais preciosos foram historicamente o meio pelo qual as autoridades centrais conseguiram realizar as transações no exterior, uma vez que suas moedas não tinham aceitação fora das fronteiras. Por isso o zelo das autoridades em resguardar a pureza de suas moedas. Não era por conta de seu valor e aceitação internos, dentro de seu espaço de poder e domínio, mas porque externamente a autoridade central não era capaz de impor os mesmos mecanismos que lhe garantiam a faculdade da proclamação do valor da moeda e de sua aceitação.

O ponto central é que o metal, nesse caso, não era uma moeda, mas uma mercadoria como outra qualquer, cujo valor era definido não por declaração e aceitação de uma autoridade central, mas por seu valor intrínseco (Wray, 2004:253). Em resumo, comprava-se uma mercadoria (ouro) para depois entregá-la pela prestação de serviços ou para adquirir outra mercadoria (o que caracterizaria uma relação não monetária com base principalmente no escambo) ou ainda para adquirir a moeda válida em outros espaços políticos. Como será visto, trata-se de uma abordagem que, para o período

---

[46] "It isn't too surprising that international transactions could take on a non--monetary flavour" (Wray, 2004:253).

analisado nos próximos capítulos, os séculos XI-XVI, não encontra evidências históricas consistentes.

A conclusão de um brasileiro

O ponto de partida do enfoque teórico a ser utilizado é o conceito de unidade de conta. De uma perspectiva lógica, a unidade de conta antecede a moeda, visto que esta em sua essência é uma evidência de dívida. Sua natureza advém da relação com a unidade de conta, sem a qual não tem sentido, pois os contratos de dívida precisam primeiro se expressar em termos da unidade de conta, antes de poderem ser liquidados. Em outras palavras, a capacidade que a moeda tem de liquidar uma transação não existe caso não se expresse com base em alguma unidade de valor.

Os instrumentos de dívidas evidenciam o caráter secundário dos meios de troca, uma vez que estes não precisariam nem existir para que a unidade de conta cumprisse sua função como o meio através do qual os débitos são mensurados, assim como o poder de compra e os preços são expressos. Por outro lado, não foram os mercados os responsáveis pela criação das unidades de conta. Estas são, na prática, construções arbitrárias e abstratas. Como visto, a literatura econômica de modo geral afirma que o mercado e, mais especificamente, suas forças de oferta e demanda, num processo incessante de minimização de custos, em razão da pressão da concorrência e da tendência inerente ao homem à barganha, produz consensual e espontaneamente um meio de troca que opera também como padrão de valor; vale dizer, como moeda de conta de referência para o próprio mercado.

Porém, como poderia uma unidade de conta surgir espontaneamente de inúmeras taxas de trocas bilaterais baseadas em preferências subjetivas individuais? Apenas como ilustração, Davies lembrou que um conjunto de apenas 100 bens podem produzir

4.950 taxas de troca distintas (Davies, 1994:15). Por isso a questão em relação ao processo de convergência na direção de uma mercadoria que serviria de referência (unidade de conta) a todas as demais trocas e bens é absolutamente decisiva? Nas palavras de Ingham, "How could discrete barter exchanges ratios of, say, 3 chickens to 1 duck, or 6 ducks to 1 chicken, and so on, produce a universally recognised unit of account?" (Ingham, 2004:181).

Convencionalmente, para essa questão, considera-se que o processo de concorrência e interação entre as forças de oferta e demanda faz com que as diferentes taxas convirjam a uma de equilíbrio, que posteriormente passaria a balizar todas as trocas e converter-se-ia, assim, no padrão de valor socialmente reconhecido por todos aqueles que do mercado participam. Em resumo, para a teoria convencional, do ponto de vista lógico e histórico, foi o mercado quem edificou a moeda a partir da interação livre de suas forças de oferta e demanda.

No entanto, este é um argumento circular e, portanto, inconsistente. O processo de interação das forças de mercado, responsável pela "eleição" do meio de troca e da unidade de conta, requer justamente a precedência da unidade de conta que sirva aos participantes do mercado como referência às trocas e realmente possibilite a convergência dos diferentes preços praticados no mercado a um preço de equilíbrio e a um padrão de valor. Sem a moeda de conta não seria possível, do ponto de vista lógico, garantir a convergência em torno de uma taxa de equilíbrio e a eleição de um padrão de valor no mercado.[47] Isto porque é de se supor que o desejo de todo produtor neste mercado seria naturalmente o de transformar o bem que produz em bem de referência para os demais, isto

---

[47] "A single duck standard cannot be the equilibrium price of ducks established by the supply and demand because, in the absence of a money of account, ducks would continue to have a range of unstable exchange ratios. As opposed to discrete truck and barter, which produces myriad bilateral exchange ratios, a true market, which produces a single price for ducks, requires first and foremost a stable unit of account" (Ingham, 2004:182).

é, torná-lo o meio de troca socialmente reconhecido, pois, assim, a demanda por este não se restringiria a necessidades decorrentes de sua qualidade e dos atributos relativos ao seu consumo, mas cresceria de forma expressiva em função de sua utilização enquanto meio de troca. Não há porque supor que haja convergência.

Portanto, assume-se neste trabalho a perspectiva teórica que a unidade de conta depende de uma vontade política para criá-la, que a escreva e ainda revele sua natureza *cartal*. É através da proclamação do poder que se estabelece o valor nominal das moedas, assim como se garante sua validade e aceitação. Para tanto, são declarados as formas e os sinais que determinam e viabilizam seu reconhecimento social. A unidade de conta precisa ser escrita e pode, de tempos em tempos, ser reescrita pela vontade da autoridade central.

O que há de mais importante nessa perspectiva teórica, de acordo com os interesses deste trabalho, é o fato de revelar de um ponto de vista lógico à relação constitutiva entre as moedas e as unidades político-territoriais que as criaram. A égide do poder da autoridade central em relação à sua capacidade de proclamação da moeda e de seu valor nominal é o domínio dos instrumentos de violência e de coerção física em seu território, o que lhe garante a faculdade de impor a condição de devedores a seus súditos através dos mecanismos de tributação. Desse modo, os súditos são compelidos a buscar as dívidas emitidas pela autoridade central e a operar com base na moeda de conta por ela arbitrada. Em outras palavras, o poder político territorial, mediante o domínio dos instrumentos de violência física, é capaz de determinar a mais importante comunidade de pagamento dentro de seu território de dominação, assegurando para si a posição principal nesse espaço.

Dessa forma, o poder político não apenas garante a faculdade de arbitrar a unidade de conta do sistema e de promover o reconhecimento social do meio de pagamento, como também hierarquiza o sistema monetário válido dentro do espaço em que exerce dominação, em cujo topo estão as evidências de dívidas aceitas por ele na liquidação das posições passivas tributárias criadas sobre seus súditos. Se toda moeda é crédito (evidência de dívida), por outro lado, nem todo credito é moeda. Estas se restringem apenas às evidências de dívidas aceitas para o pagamento de tributos, por um lado, e usadas pela autoridade central para fazer seus pagamentos, por outro. Portanto, moedas são dívidas da autoridade central usadas por ela em seus pagamentos e que têm a capacidade de compensar as posições devedoras de tributos por ela criadas.

Em suma, o poder de estabelecer a posição devedora a toda a coletividade assenta-se no domínio dos instrumentos de violência e de coerção física. Este é o centro da relação constitutiva e originária entre os poderes políticos e suas respectivas moedas; entre os mecanismos de tributação-monetização e os desafios postos, não pelo mercado, mas pelas guerras de que participavam e promoviam os senhores das armas. Esta é a "alma" da moeda de que falou Knapp e que, segundo o autor, encontra-se na ciência política (no mundo das relações de poder), e não na dinâmica das trocas e dos mercados.[48]

Assim, os limites territoriais de validade e circulação de toda moeda, *a princípio*, coincidem com as fronteiras político-territo-

---

[48] O conceito de moeda de conta com o qual se trabalha neste livro distingue-se do utilizado por alguns autores importantes, como Robert Lopez e Irving Raymond. Para estes, o conceito de moeda de conta refere-se estritamente à unidade básica utilizada como medida, não tendo nenhuma relação com quem a proclamou. Ademais, restringir-se-iam às unidades múltiplas que não assumem a forma concreta de meio de troca (Lopez e Raymond, 1955:13-14). Por isto que, para estes autores, em termos de moeda de conta não há diferença entre, por exemplo, dólar americano, dólar australiano e dólar canadense. Todos têm como unidade básica o dólar. Por outro lado, por exemplo, 100 dólares americanos seriam moedas reais e mil dólares americanos, múltiplos imaginários (moeda de conta). Do ponto de vista *cartalista*, os dólares americano, australiano e canadense são moedas de contas distintas; abstrações proclamadas por diferentes autoridades centrais, com valores nominais que não têm correspondência natural entre si ou com qualquer outra moeda ou mercadoria; possuem espaços de circulação e conversibilidade próprios; constituem-se contrapartidas de sistemas tributários distintos. Ademais, mil dólares ou 100 dólares, todas são unidades de uma mesma moeda de conta (o dólar), a despeito de a primeira não ter sua representação na forma de moeda de troca, mas a segunda, sim.

riais da autoridade central que a proclamou, em razão do exato alcance dos seus instrumentos de tributação. Como ocorreu em diversos momentos da história, poder-se-ia imaginar uma situação em que, para um conjunto de unidades político-territoriais, não haveria preeminência de uma moeda específica, cuja validade perpassasse os diferentes espaços de poder ali presentes. Nesses casos, é um equívoco supor que as transações se baseassem em operações de escambo; ou que deixassem de acontecer; ou ainda que alguma mercadoria tivesse sido escolhida para desempenhar as funções de equivalente geral e meio de troca.

Essas trocas que ultrapassavam distintas fronteiras político-monetárias ocorriam, na verdade, com base numa operação casada entre exportação e importação intermediada pela moeda local do espaço em que se dava o negócio. O mercador, ao chegar num mercado exterior específico, venderia o produto de que dispusesse de modo a auferir a moeda local que, por sua vez, viabilizaria a aquisição do produto que desejasse levar para ser revendido em seu território de origem. A realização do lucro só se efetivará no momento em que o mercador retornar ao território de origem e vender na sua moeda local a mercadoria adquirida no exterior. No caso, trata-se de uma interpretação diferente da convencional, da proposta por Marx e da sugerida por Randall Wray, descritas anteriormente. Não é escambo, tampouco há uma moeda-mercadoria internacional; metais, por exemplo (Goitein, 1967:200).

Em outros momentos da história, algumas poucas moedas conseguiram ampliar seu espaço de conversibilidade para além de suas fronteiras, e algumas raras tornaram-se moeda de referência (de cotação) "internacional".[49] Como o conceito de moeda do qual

---

[49] Do ponto de vista da História Ocidental, estes foram os casos, por exemplo: de Veneza, que, por meio da estratégia de expansão do poder naval, conseguiu "internacionalizar" sua moeda nos circuitos mercantis europeus nos séculos XIII (Pirenne, 1963:116-118) e XV (Braudel, 1986:103-110), como será visto no capítulo 4; assim como da Holanda, no século XVII (Kindleberger, 1993:20); da Inglaterra no século XIX em escala global (Polanyi, 1944; e Arrighi, 1994); e dos

se partiu está constitutivamente ligado aos instrumentos de coerção e violência física, via tributação, os processos de acumulação e expansão de poder em escala "internacional" são determinantes para a "escolha" da moeda de referência "internacional" e para a formação e as feições que assumem os territórios e os sistemas monetários "internacionais". Por conseguinte, o entendimento do caráter expansivo de determinada moeda "nacional" requer um olhar sobre o comportamento das unidades político-territoriais que atuam orientadas pelo processo contínuo de acumulação de poder. Por outro ângulo, quer dizer que os movimentos expansivos bem-sucedidos da unidade de poder vitoriosa implicará, também, na expansão, por imposição e força, do espaço de circulação e de validade da moeda por ela proclamada. Trata-se do conceito de *moeda expansiva* e do que se denomina de processo de *internacionalização* de uma moeda. Portanto, dentro desta perspectiva, não é possível compreender a ascensão ou a queda de uma ordem monetária "internacional" sem um diálogo com perspectivas teóricas que interpretem os movimentos do poder em âmbito sistêmico, mais especificamente sobre a lógica expansiva e de acumulação de poder no sistema "internacional".

Avançando em relação às proposições sugeridas por F. Knapp, sugerem-se três meios através dos quais o processo de *internacionalização* de uma moeda se desenvolve. Em primeiro lugar, existem as conquistas territoriais, as construções de sistemas coloniais e outras formas de expansão do espaço de *dominação direta*. Nesse caso, ocorre uma ampliação do alcance dos instrumentos de tributação e do espaço de validade e circulação da moeda do poder expansivo. Associado à dominação direta, pode haver também a (re)estruturação da vida econômica do espaço conquistado e/ou a imposição de comércio exclusivo, de modo a se instituir necessidades de importação e financiamento na *moeda expansiva*. Por

---

Estados Unidos nos séculos XX e XXI, também em escala global (Helleiner, 1994; e Fiori, 2004).

exemplo, segundo Hjalmar Schacht,⁵⁰ durante a ocupação da Bélgica na I Guerra Mundial, a Alemanha arbitrou não apenas os custos da ocupação sobre a população belga, como também impôs a moeda com base na qual deveriam ser pagas essas dívidas. Em suas palavras:

> Um dos problemas consistia em convencer os belgas ao pagamento dos custos de ocupação. Os militares exigiam os pagamentos, nos primeiros meses, a seu bel prazer. Daí resultavam dificuldades (...). Era preciso substituir aquele procedimento confuso por um outro.
>
> O Chefe do departamento financeiro, conselheiro de Estado von Lumm, membro da diretoria do Reich bank, deixara-se seduzir pela ideia de introduzir uma nova moeda em lugar da belga existente. Eu considerava aquilo dispensável, mas não pude impedir (Schacht, 1953:187).

Em segundo lugar, uma *moeda expansiva* pode atuar por meio de *relações econômicas hierarquizadas* entre diferentes autoridades centrais. Trata-se da imposição de dívidas de reparação de guerra, da construção de territórios econômicos e/ou da efetivação de acordos comerciais, financeiros e de investimento, tendo como questão central a definição em todos esses casos de uma moeda específica como a de referência, cuja "escolha" reflete as relações de força e poder entre as autoridades centrais envolvidas. No caso, deve-se notar que, mesmo não havendo a definição de uma moeda de conta, os tratados e acordos assinados revelam em seus termos as correlações de poder das unidades político-territoriais signatárias e o contexto geopolítico da ocasião, que acabam por consolidar assimetrias nas relações econômicas entre as partes. Com o tempo, consolidam-se necessidades de financiamento na *moeda expansiva*.

---

⁵⁰ Ex-presidente do Banco Central alemão em duas ocasiões, uma na década de 1920 e outra na de 1930, e também ministro da Economia do III Reich.

Um primeiro exemplo são as dívidas contraídas pelos aliados ingleses da Santa Aliança depois das Guerras Napoleônicas, Áustria, Prússia e Rússia. Todos com enormes dificuldades negociaram com os ingleses ajuda financeira. Os títulos da dívida desses países, financiados pelos Roth childs, foram denominados em libras (Ferguson, 2005). Um segundo exemplo foram o programa de *Lend-Lease*, durante a II Guerra Mundial, e o próprio Plano Marshall, no imediato pós-guerra, em que a ajuda norte-americana em ambos os casos foi feita com base no dólar norte-americano.

Em terceiro, a *internacionalização* de uma moeda também depende da capacidade de *dominação dos espaços estratégicos e das zonas de acumulação acelerada de riqueza*, características de cada período histórico, como, por exemplo, rotas e entrepostos comerciais, áreas de produção estratégica, mercados consumidores, fontes de matérias-primas etc. Dominados tais espaços e zonas, os demais atores tornam-se compelidos a operar com base na moeda escrita pelo poder expansivo, do contrário, estariam deles excluídos. Observa-se que, em última instância, como nos dois outros casos, não significa uma "escolha" propriamente, mas uma imposição, uma vez que o isolamento representaria um veto às possibilidades de expansão econômica e política. Trata-se, portanto, de uma estratégia de enquadramento monetário imposta às unidades de poder rivais com maior capacidade de resistência aos movimentos de dominação direta e/ou de dependência econômica.

Este foi o caso, por exemplo, da adesão da Alemanha de Bismark ao padrão libra-ouro, depois da Guerra Franco-prussiana, em 1872. A Inglaterra já havia dominado as zonas de acumulação acelerada de riqueza, deixando como "opções" à Alemanha a adesão ao território monetário inglês, a fim de acessar tais zonas, ou o isolamento, que representava um veto às possibilidades de expansão germânica. Segundo Bernstein, a Alemanha aderiu ao padrão libra-ouro:

para suprir a crescente demanda por libras esterlinas que seriam usadas para pagar as matérias-primas importadas das províncias do Império Britânico. Ludwig Bamberger [convocado por Bismark para as discussões de Paz em Versalhes em 1872] (...) fez grande confissão ao declarar: "Nós escolhemos o ouro não porque o ouro seja o ouro, mas porque a Grã-Bretanha é a Grã-Bretanha" (Berstein, 2001:266).

Tal fato ocorreu a despeito das advertências de Bleichröder [banqueiro alemão] a Bismark de que o ingresso exclusivo (formal) ao padrão-ouro tornaria a Alemanha dependente do mercado de ouro da Inglaterra, ou seja, das manipulações das taxas de juros do Banco da Inglaterra (Chown, 1994:90).

A partir de certo momento do processo de internacionalização de uma moeda, à medida que mais unidades político-territoriais passam a operar com base em outra moeda específica em suas transações com o exterior, a autoridade central emissora desta *moeda expansiva* alavanca consideravelmente a capacidade de financiamento e gasto, uma vez que os demais são obrigados a acumular ativos líquidos denominados na referida moeda em proporção suficiente para fazer frente às suas obrigações com o exterior. Na verdade, o grau de autonomia da própria política cambial das autoridades centrais que se submetem ao território monetário de outrem depende diretamente do estoque de reservas acumuladas na *moeda expansiva* (seja na forma de moeda emitida ou de títulos da dívida pública). Esses saldos acumulados reforçam a amplitude e a liquidez do sistema monetário-financeiro do país emissor da *moeda expansiva*, pois eles acabam sendo, em grande medida, drenados para o país em virtude de ser o único sistema que, simultaneamente, opera com base na referida moeda e cuja autoridade central detém o monopólio exclusivo de sua emissão. Portanto, quanto mais unidades político-territoriais passam a operar dentro de um território monetário específico, maior será a escala, a profundidade e a liquidez do sistema monetário-financeiro deste espaço "nacional" (cuja moeda se expandiu para além de suas fronteiras de origem), consolidando-se, de tal modo, como o mais importante, no limite, em âmbito global.

Do ponto de vista do capital "nacional", a consolidação de um território monetário em escala global cria oportunidades de lucros e uma inserção internacional privilegiada, sobretudo por conta da capacidade de seus bancos emprestarem e criarem poder de compra na *moeda expansiva*, do acesso à autoridade monetária emissora da *moeda expansiva*, além de uma posição distinta no próprio jogo cambial, por conta do reduzido risco cambial a que estão submetidos e da relação direta que se estabelece entre a sua moeda nacional e todas as demais.

PARTE II

MOEDAS E GUERRAS NA EUROPA MEDIEVAL

CAPÍTULO 5

O PONTO DE PARTIDA DA ANÁLISE HISTÓRICA

> *A Idade Média – Georges Duby o lembrou*
> *de modo magnífico – repousa sobre a terra.*
> JACQUES LE GOFF
> (*Em busca da Idade Média*)

O ponto inicial da investigação histórica está no reconhecimento das funções sociais, políticas e econômicas assumidas pela *terra* na Europa Ocidental ao longo da Idade Média Plena, sobretudo entre os séculos X-XI. Apesar de diferenças regionais significativas dentro do espaço europeu, pode-se afirmar que, em determinada fase da história medieval europeia, foi a terra, e não a moeda, a mais importante forma de riqueza, além de se constituir na base do poder de qualquer autoridade central. A terra, de fato, era o alvo principal da disputa entre aqueles que participavam das ações militares de conquista e defesa, assim como dos que buscavam acumular riqueza.

Olhando pelo *lado da riqueza*, Henri Pirenne destacou a ausência quase absoluta de outra forma de valor econômico que não fosse a terra.

> *É a terra a única fonte de subsistência e a única condição da riqueza*. Todas as classes da população, desde o imperador, que não

possuía outras rendas além das de suas terras, até o mais humilde de seus servos, viviam, direta ou indiretamente, dos produtos do solo, fossem eles fruto de seu trabalho, ou constituíssem, apenas, no ato de colhê-los e consumi-los. Os bens móveis já não tinham qualquer valor econômico. Toda experiência social funda-se na propriedade da terra [grifo meu] (Pirenne, 1963:13).[51]

Ao mesmo tempo, a Europa Ocidental de modo geral caracterizava-se essencialmente como uma sociedade rural, em que quase todas as necessidades da vida material eram supridas através do uso direto da terra; adquiria-se pouco por meio do intercâmbio, do mercado.[52]

O comércio era, por assim dizer, ocasional, sem se caracterizar como uma ocupação de fato para a maioria da população. Era uma atividade residual.[53] O comércio da Europa com outras regiões mais distantes encontrava-se também muito aquém do que havia experimentado em tempos passados, sobretudo com o Levante.[54]

---

[51] Nas palavras de Georges Duby, "(...) *a terra constituía praticamente toda a riqueza dos senhores*" [grifo meu] (Duby, 1988:89). Norbert Elias, por sua vez, se valeu dos estudos de Hans van Werveke para tratar do assunto. "'Os inícios do século XI caracterizaram-se, ainda, pela ausência de transações monetárias em grande escala. A riqueza estava em grande parte *imobilizada* [ou seja, na forma de terras] nas mãos da Igreja e dos senhores territoriais seculares.'" [grifo meu] (*in*: Elias, 1939:51).

[52] "Na Idade Média a terra era fonte de quase toda a economia, a ponto de o verbo latino *laborate* (trabalhar) ter-se transformado em lavrar, no sentido moderno de revolver a terra com um instrumento construído para esse fim (arado, charrua etc.)" (Batista Neto, 1989: 33).

[53] "Nos séculos XI e XII, o movimento comercial que começava a ganhar animação mantinha-se ainda numa *posição secundária*; era ainda demasiado *superficial e periférico* (...)." [grifo meu] (Duby, 1988:16). Nas palavras de Henri Pirenne, "A compra e a venda *não é uma ocupação normal* de ninguém. É um recurso que se emprega quando a necessidade impõe." [grifo meu] (Pirenne, 1963: 15).

[54] "Até o século XI, o comércio permanecia pouco desenvolvido. Algumas trocas, entretanto, eram feitas através dos monges e, sobretudo, por duas categorias de 'estrangeiros': os judeus e os sírios, nome genérico para os orientais do Oriente Próximo [Médio]. Havia poucos comerciantes especializados" (Le Goff, 2005:96).

Embora haja controvérsias historiográficas a respeito do grau de fechamento do comércio de longa distância devido às invasões mulçumanas no Mediterrâneo, por um lado, e de seus efeitos sobre a vida econômica do Ocidente, por outro, pode-se considerar que, "(...) do ponto de vista do conjunto e não de casos especiais e isolados, é indiscutível que houve um amplo e significativo declínio do comércio internacional, especialmente no século IX, que parece ter sido o ponto mais baixo desse processo" (Batista Neto, 1989:94).[55]

Pelo *lado do poder*, o cenário também não era muito diferente, ou seja, a terra detinha uma centralidade enorme na organização política da sociedade medieval. Em poucas palavras, "Quem possui terra, possui, ao mesmo tempo, liberdade e poder (...)" (Pirenne, 1963:17). Mais especificamente, no que se refere às disputas entre as autoridades centrais da época, o domínio direto de territórios era decisivo, pois "(...) os monarcas europeus geralmente extraíam o capital de que necessitavam (...) das terras e população que se achavam sob o seu controle imediato" (Tilly, 1993:106).

Norbert Elias resumiu a ideia geral ao evidenciar o fato de que a terra acolhia em si, simultaneamente, ambas as dimensões aqui em referência, a do poder e a da riqueza.

> (...) durante boa parte da idade média, (...) as funções públicas e militares ainda não se haviam diferenciado das econômicas, como ocorreu gradualmente na sociedade moderna. *A ação militar e as ambições políticas e econômicas eram, na maior parte, idênticas; o desejo ardente de aumentar a riqueza sob a forma*

---

[55] A seguinte passagem retirada do livro *História Medieval* de Jacques Heers ilustra um pouco parte da controvérsia: "Por um lado, este último [Pirenne (1963)] afirmava que o tráfico de longa distância se havia desintegrado em toda a cristandade após a conquista mulçumana do Mediterrâneo e que, portanto, o mundo carolíngio fora um mundo sem cidades. Por outro lado, considerava que apenas o comércio e os comerciantes eram responsáveis pelos surtos dos novos centros; o capital fundiário e a aristocracia rural não teriam aí qualquer atuação. Essas ideias de Pirenne devem ser, porém, seriamente corrigidas" (Heers, 1981:121).

de terras equivalia à mesma coisa que ampliar a soberania territorial e aumentar o poder militar. O homem mais rico numa área determinada, isto é, o que possuía mais terra, era portanto o militarmente mais poderoso, com maior número de servidores e, a um só tempo, comandante de exército e governante [grifo meu] (Elias, 1939:46).

Cabe observar que esta centralidade da terra no que se refere aos processos de acumulação de poder e de riqueza estava profundamente interligada ao contexto de fragmentação da configuração política do espaço europeu naqueles séculos.

Ainda no que se refere à dimensão do poder, é preciso e indispensável constatar que a moeda *não* se constituíra entre os séculos X e XI num instrumento efetivo de tributação, como passaria a ser posteriormente, quando serviu então (i) à exploração e à hierarquização das classes sociais dentro de um mesmo espaço político--territorial,[56] (ii) à captação dos recursos necessários à guerra, assim como (iii) à organização dos territórios de dominação, fosse internamente com o fortalecimento da autoridade central, fosse para o enquadramento de novos territórios conquistados (colônias, zonas de segurança e de dominação).

Apesar da variedade de casos dentro da Europa,[57] os principais instrumentos de tributação naqueles séculos compunham-se basicamente de mecanismos *não monetários*, os quais envolviam a prestação de serviços nas terras daqueles que eram capazes de impor a condição de devedor de tributos aos demais ou a entrega de produtos e bens retirados diretamente da terra. As corveias, trabalho gratuito que o camponês era obrigado a prestar ao seu senhor, e a mão-morta (*catel*), direito do senhor de receber toda ou parte da herança do seu servo quando este morresse, são exemplos de

---

[56] Questão analisada em detalhes por alguns historiadores; destaque para Duby (1988).
[57] Para maiores detalhes ver, sobretudo, Duby (1988, capítulo III).

tributação definidas respectivamente em termos de prestação de serviços e de produtos e bens. Mesmo os censos, pensão fixa anual paga ao senhor pela posse da terra, e as talhas, antigos e pesados tributos ou derramas, eram definidos em termos do produto da colheita do camponês nos *mansus* (unidade econômica destinada ao sustento de uma família, que também servia como referência para a cobrança de todos os impostos que incidiam sobre a coletividade aldeã).[58] Ou seja: "Todas [as unidades de *mansus*] estavam oneradas de corveias e rendas pagas quase sempre *em espécie* [em produtos ou serviços], em proveito do senhor" (Pirenne, 1963:66).[59] Henri Pirenne foi ainda mais contundente ao afirmar terem sido mesmo improváveis mecanismos de tributação monetários naqueles tempos na Europa Ocidental.

Cada servo, cada possuidor de mansus deve determinada quantidade de dias de trabalho e de produtos naturais ou por eles fabricados: trigo, ovos, gansos, frangos, cordeiros, porcos, tecidos de cânhamo, linho ou de tela (...) *o mais prático para o senhor que vive da sua terra é, evidentemente, receber dos seus homens os produtos da referida terra que exploram em seu lugar e que lhe seria impossível obter de outro modo* [grifo meu] (Pirenne, 1963:109).

Logo, a moeda não era nem expressão de riqueza e objeto de enriquecimento nem um instrumento do poder para expropriação dos recursos necessários à guerra através da tributação, já que esta

---

[58] Para maiores detalhes sobre os diferentes tipos e instrumentos de tributação característicos daqueles tempos, ver: Pirenne (1963:70-72); Duby (1988, capítulo III); e Batista Neto (1989, capítulos 2 e 3).
[59] A princípio, poder-se-ia pensar que o autor, quando escreveu "rendas pagas em espécie", tivesse feito referência a pagamentos "em dinheiro". Contudo, em outro trecho do livro, o autor deixou claro o sentido do termo ao afirmar que: "a substituição dos censos em espécie por pagamentos em dinheiro" (Pirenne, 1963:109).

ocorria, naqueles tempos, com base na apropriação direta de bens e serviços. Portanto, o ponto de partida histórico do processo em que a moeda ascendeu ao centro da dinâmica da acumulação de poder e de riqueza encontra-se no momento em que essa característica de centralidade das funções político-econômicas da terra começou a se alterar, como será visto no capítulo 7. De fato, na passagem da Idade Média Antiga para a Plena (a partir do século XI), é possível identificar o início do processo em que, ao alterar essa característica, a moeda ascendeu gradualmente como instrumento decisivo de poder e mais importante expressão da riqueza. Mas antes é importante percorrer o debate tradicional sobre a remonetização do espaço europeu a partir do século XI.

CAPÍTULO 6

O DEBATE CONSAGRADO SOBRE O RENASCIMENTO ECONÔMICO E A REMONETIZAÇÃO DO ESPAÇO EUROPEU A PARTIR DO SÉCULO XI

> *A data do ano mil e a célebre frase do monge Raul Glaber sobre a veste branca da Igreja com a qual se enfeita a cristandade assumem para muitos o valor de um símbolo: o de um reflorescimento após anos difíceis e conturbados.*
>
> JACQUES HEERS
> (*História medieval*)

Inicialmente, ressalta-se que a ascensão da moeda a uma centralidade antes detida pela terra não constituiu uma metamorfose que se explique por si mesma, que tenha ocorrido de maneira isolada. Com efeito, um processo histórico é destacado pela literatura consagrada como relacionado à remonetização da sociedade europeia naqueles tempos, a saber: a recuperação econômica do continente europeu.[60]

---

[60] Existe, evidentemente, além dos que serão analisados na parte II do livro, uma série de diferentes fatores considerados importantes por outros autores. Ver, por exemplo, Duby (1988) e Perroy (1953a), que analisaram, entre outros, os aspectos culturais em transformação no âmago da sociedade medieval.

Entre a oferta e a demanda

Não há dúvidas de que, após longo período de isolamento, a Europa presenciou uma significativa recuperação econômica a partir do século XI, com a expansão do seu comércio local e de longa distância, da sua produção agrícola e manufatureira, e com seu crescimento populacional e urbano. Aliado a estes, reapareceu, de modo intenso, o "jogo" de compensação de débitos e créditos e, com ele, a remonetização da sociedade europeia, ou seja: uma necessidade crescente por unidade de conta, meios de pagamentos e demais técnicas monetárias, que foram sendo resgatadas, desenvolvidas e criadas.

Para Fernand Braudel houve um verdadeiro Renascimento europeu a partir do século XI: "Repitamos de acordo com Gino Luzzatto e Armando Sapori: é então que a Europa conhece seu verdadeiro Renascimento (a despeito da ambiguidade da palavra), dois ou três séculos antes do tradicional Renascimento do século XV" (Braudel, 1986:81). Esse "Renascimento" foi ilustrado pelo autor através, entre outros, do excepcional crescimento urbano: "(...) inúmeras cidades surgem ou reanimam-se no cruzamento dos tráficos e este é certamente o fato crucial. A Europa enche-se de cidades. Mais de 3.000 só na Germânia" (Braudel, 1986:79).

A partir daí, a reutilização das práticas monetárias e todos os fenômenos delas decorrentes (aviltamento, inflação etc.) foram considerados corolários naturais ao próprio processo de recuperação econômica.

> Como efeito natural, a moeda assume maior importância na vida quotidiana; o dinheiro torna-se mais necessário; pouco a pouco, os metais preciosos, que estavam imobilizados nos tesouros da ourivesaria, entram em circulação; esta contribuição é insuficiente, e nas oficinas de moedas cunham-se peças de menos peso, de liga mais medíocre; o numerário, ao mesmo tempo que se vulgariza, avilta-se; de qualquer modo, seu poder

aquisitivo decresce; torna-se por isso mais manejável e capaz de servir agora para saldar compras diárias. Como última consequência, enfim, da expansão econômica, inicia-se uma alta de preços, lenta, mas contínua (...) (Perroy, 1953a:42).[61]

Não parece haver divergências entre os historiadores de modo geral quanto à recuperação econômica em si. Todavia, a controvérsia está na maneira pela qual se articulam os fenômenos visíveis de então, ou melhor, nas relações de causa e efeito entre as evidências históricas da recuperação econômica. Entre essas evidências, destacam-se: o crescimento demográfico, a revolução agrícola, a revolução comercial, a expansão na produção artesanal, a expansão urbana e das cidades, bem como a própria remonetização da economia.

Há autores, como Jacques Heers, que privilegiaram o crescimento populacional;[62] outros, como George Duby, Batista Neto e Baskin e Miranti, realçaram como decisivo e central os excedentes da produção agrícola que se ampliaram consideravelmente graças às inovações técnicas daqueles tempos.[63]

Existem ainda os casos de autores que atribuíram relevância central aos próprios "progressos mercantis e das práticas monetá-

---

[61] Nota-se que esta interpretação de Édouard Perroy tem um forte viés *metalista*, como descrito no capítulo 1.

[62] "Esse surto da Europa foi sem dúvida provocado por um forte crescimento demográfico (...), que tornou necessário a procura de outras terras e de outras atividades" (Heers, 1981:111).

[63] "Nos séculos XI e XII, paralelamente ao crescimento demográfico decorrente da chamada '*Revolução Agrícola*', aceleram-se as atividades comerciais e renascem as cidades" (Batista Neto, 1989:93). Para Baskin & Miranti, "The first engines to drive the medieval economic revival were the concomitant growth during tenth century in population and in agricultural output. Farm productivity benefited from the introduction of improved tools (...). More intensive cultivation practices (...) The resultant abundance contributed to better diets and an ever-increasing and healthier population (...) Agriculture thus provided a tradable surplus that served as a basis for a revival of commerce with the Byzantine Empire and the Levant" (Baskin e Miranti, 1997:32).

rias". Como exemplo, Braudel fez referência ao historiador Maurice Lombard, segundo o qual "As cidades são moedas, ou seja, o essencial da revolução dita comercial" (Braudel, 1986:81). No caso, o importante teria sido a proximidade de Veneza, desde muito cedo, ao mundo islâmico e a Bizâncio, o que lhe permitiu manter contato com essas economias monetárias, "devolvendo-as" novamente ao espaço europeu.

Devem-se notar, também, autores, como Braudel, que acabam por se absterem de estabelecer uma preponderância às causas da recuperação econômica, o que fica claro na seguinte passagem:

> Na verdade, todas essas explicações devem ser somadas umas às outras. Poderá haver crescimento se não progredir tudo mais ou menos ao mesmo tempo? Foi necessário que simultaneamente aumentasse o número de pessoas, se aperfeiçoassem as técnicas agrícolas, renascesse o comércio e a indústria tivesse o seu primeiro crescimento artesanal para que finalmente se criasse um espaço europeu uma rede urbana, uma superestrutura urbana, ligações de cidades com cidades envolvendo as atividades subjacentes, obrigando-as a tomar lugar numa *economia de mercado* (Braudel, 1986:82).

Ressalta-se, por fim, que, para todos os casos acima mencionados, a moeda, ou melhor, o reaparecimento de uma economia monetária a partir do século XI na Europa, esteve *unicamente* associado aos elementos inerentes à dinâmica dos mercados, fosse pelo lado da demanda (com o crescimento populacional), fosse pelo lado da oferta (com a expansão da produção agrícola e manufatureira, associadas às inovações técnicas), ou ainda em razão de mudanças na forma como oferta e demanda passaram a interagir entre si – vale dizer, nas técnicas e instrumentos mercantis e monetários (denominados, por alguns historiadores, de "revolução comercial").

Para além do mercado: o papel das guerras

Há autores que interpretaram, porém, o renascimento econômico e, por conseguinte, a remonetização do espaço europeu como fenômenos ligados às guerras contra os não cristãos, características do período. Por isso alguns consideraram a vitória de Oto I sobre os magiares na batalha de Lech, em 955 d.C., como marco inicial desse processo de recuperação econômica da Europa (*The Times*, 1995:120). De uma perspectiva mais geral, consideram-se as guerras de reconquista, de reabertura do Mediterrâneo e as Cruzadas como elementos fundamentais.

Em primeiro lugar, a partir do século XI, a reabertura do Mediterrâneo para os europeus ocidentais ao comércio com o Oriente reconstruiu uma das possibilidades mais importantes para a acumulação de riqueza, através da penetração nas rotas situadas na porção oriental do Mediterrâneo: a rota do mar Vermelho; a do Levante, que seguia através do golfo Pérsico; e a da Ásia Central, cuja entrada era Constantinopla.

De fato, o Mediterrâneo era, por volta de 950 d.C., quase totalmente um 'lago mulçumano'.[64] No Mediterrâneo Oriental, coube em especial a Veneza os passos precoces para sua "reconquista", já que estivera ligada desde muito cedo aos circuitos do Oriente Médio e do Extremo Oriente, através das relações políticas com Constantinopla (Império Bizantino). Além de expulsar os piratas dálmatas (em 1000 d.C.), Veneza apoiou as tropas bizantinas contra o fechamento do estreito de Otranto, promovido primeiro pe-

---

[64] "Com o tempo, em vez de continuar sendo o vínculo milenar entre Oriente e Ocidente, que fora até então [século VII], o Mediterrâneo transformou-se em barreira. Se é certo que o Império Bizantino, graças a sua frota de guerra, conseguira repelir a ofensiva mulçumana do mar Egeu, do Adriático e das costas meridionais da Itália, em compensação, todo o mar Tirreno cairia em poder dos sarracenos" (Pirenne, 1963:8).

los mulçumanos (que ocuparam Bari de 841 a 871) e depois pelos normandos (1082-85)[65] (ver figura 1).

No Mediterrâneo Ocidental, por sua vez, enquanto os sarracenos controlaram as ilhas mediterrâneas, com decisivo apoio de suas bases avançadas no continente europeu (como as de Fraxinetum e Montpellier, na costa do mar da Ligúria), o comércio manteve-se praticamente paralisado aos europeus. A (re)conquista de Fraxinetum e Montpellier por forças locais, em 972, foi de extrema importância para a reabertura dessa porção do Mediterrâneo. Coube, sobretudo, a Pisa e a Gênova a maior ofensiva contra o controle marítimo do Islã. No século XI, a unidade islâmica estava se fragmentando, o que permitiu às frotas de Pisa e, um pouco mais tarde, às de Gênova acabarem com o domínio dos sarracenos nos mares Tirreno e da Ligúria. As vitórias e derrotas se sobrepunham para ambos os lados, cristãos e mulçumanos. Se estes haviam saqueado Pisa em duas oportunidades, em 935 e 1005 (na segunda, após esta ter iniciado sua expansão marítima), Pisa derrotou a esquadra sarracena no estreito de Messina em 1006. Porém, em 1011, os mulçumanos invadiram e destruíram seu porto. Em 1016, com a ajuda dos genoveses, os pisanos invadiram e conquistaram a Córsega. Em 1034, foram até a costa da África, quando conquistaram Bône, e, em 1063, Mehdia.[66] Em 1050, foi a vez da ilha da Sardenha. Dessa forma, ao longo do século XI, os cristãos foram tomando gradativamente o controle dos mais importantes pontos (ilhas) para o domínio do mar Tirreno, ou seja: Sardenha (1022 e 1050), Córsega (1016 e 1091) e Sicília (1058-1090).[67]

---

[65] Maiores detalhes sobre a história de Veneza serão discutidos na parte IV.
[66] Ver *The Times* (1995:120). Porém, Pirenne (1963:34) fez referência ao ano de 1087 para a conquista pisana da cidade de Mehdia.
[67] Sobre as Guerras de Reabertura do mar Mediterrâneo, para maiores detalhes ver Pirenne (1963:33-36) e *The Times* (1995:120-121).

As guerras da "Reconquista" da Península Ibérica, por sua vez, tiveram como marco inicial o ano de 1031, quando se fragmentou o Califado de Córdoba, o que criou um contexto de relativa rivalidade e disputa entre os pequenos e independentes reinos que ali se formaram. Esse contexto favoreceu e incitou a ofensiva cristã, que ganhou intensidade na segunda metade do século XI, mas foi igualmente marcada por seguidas derrotas e recuos de ambos os lados. A cidade de Toledo é um exemplo disso. Tomada em 1085 por Afonso VI de Castela, reino que liderou as lutas na porção ocidental da Península, a cidade foi no ano seguinte reconquistada no pelos almorávidas.[68] Essa tônica também percorreu o século XII: se, por um lado, os cristãos avançaram sobre toda a Castela Nova e seguiram para além de Serra Morena, por outro, os Almóadas[69] conquistaram Alarcos (1195) e Calatrava. As ofensivas dos reinos de Portugal, Navarra, Castela e Aragão seguiram-se no século XIII, quando conquistaram Las Navas de Tolosa (1212), Córdoba (1236), Valência (1238), Murcia (1243), Sevilha (1248) e Cádiz (1262).

De qualquer forma, pode-se dizer que o longo processo de Reconquista da Península Ibérica se completou muito tempo depois, apenas em 1492, na época da destruição do último reino mulçumano na região, o de Granada.[70]

A figura 1 a seguir ilustra o processo de Reabertura do Mediterrâneo e de Reconquista da Península Ibérica.

---

[68] "Almorávidas 1056-1147: Marrocos e Espanha; originaram-se de um movimento religioso entre nômades berberes" (*The Times*, 1995:133).
[69] "Almóadas 1130-1269: Norte da África e Espanha; fundados por um movimento de renovação religiosa" (*The Times*, 1995:133).
[70] Para maiores detalhes sobre as Guerras de Reconquista da Península Ibérica, ver: *The Times* (1995:122) e Batista Neto (1989:120-125).

PODER, RIQUEZA E MOEDA

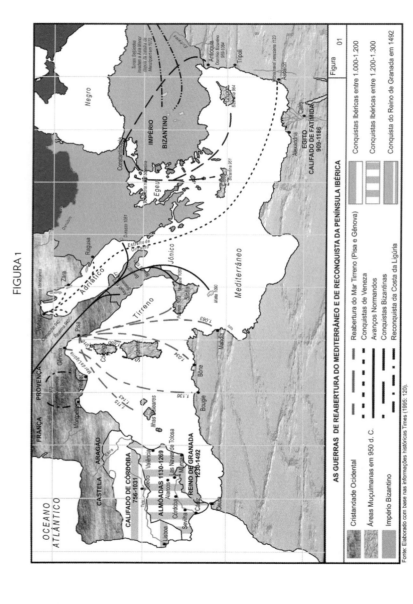

FIGURA 1

Em linhas gerais, pode-se dizer que as Cruzadas estiveram relacionadas aos avanços mulçumanos no Oriente Médio, mais precisamente dos turcos seljúcidas[71] na Pérsia, Síria e Anatólia ao longo da segunda metade do século XI. Entres esses avanços, destacam-se: a conquista de Bagdá em 1055, quando assumiram uma posição privilegiada na região; o enfrentamento das forças bizantinas na famosa batalha de Manzikert (ver figura 1) em 1072, quando as derrotaram e dominaram a região da Anatólia (Ásia Menor); e a captura de Jerusalém em 1078. Foi precisamente nesse contexto que os bizantinos solicitaram ajuda aos cristãos católicos, primeiramente ao papa Gregório VII (nos anos 1070), pedido posteriormente refeito a Urbano II (1093).

A Primeira Cruzada (1096-1099), organizada e dirigida por barões, sobretudo franco-normandos, foi a mais bem-sucedida. Já em 1097, os cruzados tomaram a cidade de Niceia e a devolveram aos gregos. No mesmo ano, após duros embates com os turcos (batalha de *Dorileia*), conquistaram a importante cidade de Antioquia e, em 1099, alcançaram seu objetivo final, Jerusalém, após terríveis massacres, onde fundaram o Reino Latino de Jerusalém. Além deste, outros três foram criados: o Condado de Edessa, o Principado de Antioquia e o Condado de Trípoli (ver figura 2).

Tempos depois, em resposta às perdas sofridas, os turcos recuperaram Edessa e reconquistaram parte do Principado de Antioquia. A reação dos europeus cristãos se fez sentir com a organização da Segunda Cruzada (1147-1149) pelos reis da França e da Alemanha. Tendo sido, porém, mal recebida em Constantinopla, a expedição se dividiu. Embora seu objetivo original fosse Damasco, os cruzados não atingiram a cidade, pois foram antes derrotados pelos turcos.

---

[71] "Seljúcidas (1038-1194): Iraque, Pérsia etc.; primeira dinastia turco-muçulmana importante, reuniu as terras abássidas centrais sob a sua dominação, dando início da dominação muçulmana da Anatólia" (*The Times*, 1995:133).

A perda de Jerusalém para Saladino em 1187, após a batalha de Tiberias, provocou a Terceira Cruzada (1189-1192), organizada por três importantes reis europeus. A morte de Frederico Barba-Ruiva, imperador do Sacro Império Germânico, deixou a expedição sob o comando de Filipe-Augusto, da França, e Ricardo Coração de Leão, da Inglaterra. Ao contrário das duas primeiras, essa expedição seguiu apenas por mar e conseguiu tomar a ilha de Chipre e a cidade de S. João d'Acre.

A Quarta Cruzada (1202-1204) atendeu, na prática, aos objetivos políticos e econômicos de Veneza, que havia perdido, no final do século XII, importantes privilégios dentro do Império de Bizâncio, como os do papado, pois se tratava de uma vitória sobre o principal inimigo estratégico da Igreja Católica de Roma, a Igreja Ortodoxa (de Constantinopla), que também reivindicava a herança da civilização cristã. Assim, após manobras diplomáticas e militares do papa e do doge, a ação dos cruzados se resumiu a tomar, primeiro, Zara (cidade cristã), depois, a rica capital do Império Bizantino, Constantinopla. A partir de então, fundaram ali o Império Latino, que durou um pouco mais de meio século (até 1261).

Por fim, vale mencionar a Sétima (1248-1250) e a Oitava (1270) Cruzadas, mais conhecidas como as Cruzadas de São Luís, por terem sido lideradas pelo então rei da França, Luís IX, posteriormente canonizado como São Luís. A Sétima Cruzada desembarcou no Egito e conquistou a cidade de Damietta, no delta do rio Nilo. Os cruzados foram derrotados em Mansurá, onde o rei francês foi capturado e, após pagamento de seu resgate, libertado. Por fim, a Oitava Cruzada atacou a cidade de Túnis, no Norte da África, onde o ilustre rei francês acabaria morrendo por conta de uma disenteria.[72]

---

[72] Para maiores detalhes sobre as Cruzadas, ver: Batista Neto (1989:125-131); MEC (1977:92); e Heers (1981, capítulo XII).

A figura 2 apresenta as informações acima descritas.

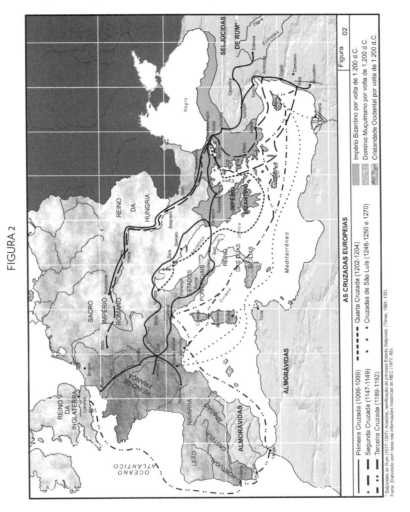

FIGURA 2

A importância das guerras descritas anteriormente para a recuperação econômica europeia e para sua remonetização pode ser considerada a partir de vários elementos. Em primeiro lugar, as guerras em seu conjunto acabaram com o isolamento da Europa

Ocidental, ao reabrirem o comércio no Mediterrâneo, o que por si só criou oportunidades de negócios antes inexistentes.[73]

Ao mesmo tempo, as guerras criaram uma demanda considerável por recursos de todos os tipos (alimentos, vestimenta, armas, transporte etc.), gerando efeitos indiretos sobre o restante da economia europeia. A cada empreitada militar, esses gastos novamente se efetivavam e se repunham à medida que os conflitos se arrastavam no tempo, pois envolviam consideráveis contingentes e deslocamentos, como visto nos mapas das figuras 1 e 2. As conquistas, por sua vez, criaram excelentes oportunidades para acumulação de riqueza, frequentemente originária (primária), com base no espólio de guerra. Além disso, as guerras criavam oportunidades ao financiamento das autoridades centrais; e, no caso de vitória, inúmeras eram as vantagens para os conquistadores, sobretudo com o estabelecimento de posições privilegiadas em pontos estratégicos para os mais importantes circuitos comerciais de longa distância.

Janet Abu-Lughod fez referência direta ao papel das guerras contra os mulçumanos para a recuperação econômica da Europa a partir do século XI:

> This internal explosion of population and urbanization was not unrelated to the external explosion that forever broke the isolation to which the fall of Rome had consigned the continent (...) The renaissance of agriculture, mining, and finally manufacturing in northwestern Europe during the twelfth and thirteenth centuries must be attributed at least in part to the expansion of its horizons and to the heightened opportunities for trade generated by the Crusades. This was a time of

---

[73] "O renascimento do comércio marítimo [para o autor, resultado das guerras contra os não cristãos], desde o princípio, coincidiu com a sua penetração no interior das terras. Não só se iniciou desde então, a agricultura, solicitada pela procura dos seus produtos, em uma economia de intercâmbio que vai renovar a sua organização, mas também viu-se nascer uma indústria orientada para a exportação" (Pirenne, 1963:38).

rapid urbanization throughout the continent, both Flanders and France and in the central section served by Rhine, which allowed a connection from North Sea all the way to Venice, its chief outlet to the Mediterranean (Abu-Lughod, 1989:45 e 47).

Em síntese, as guerras criaram, de fato, excelentes oportunidades para a acumulação de riqueza, além permitirem a aquisição de verdadeiros tesouros, saqueados das ricas cidades das costas oriental e meridional do Mediterrâneo. Sua execução requeria a disponibilização e a mobilização sem precedentes de recursos quando comparada com as atividades estritamente econômicas da época. Ao mesmo tempo, criavam oportunidades singulares pela construção de posições monopolistas de acesso aos mais importantes circuitos comerciais daqueles séculos, como citado anteriormente, e pelo financiamento da atividade militar. Nesse contexto, pode-se dizer que *o poder tornou-se um dos meios mais importantes para a acumulação de riqueza* e dinamizou a atividade econômica, seus fluxos comerciais e financeiros etc. Ou seja:

> Pode-se concluir, em suma, que o resultado duradouro e essencial das Cruzadas *[e, de um modo geral, das guerras contra os não cristãos no Mediterrâneo]* foi ter ele dado às cidades italianas e em menor grau, às de Provença e Catalunha, o domínio do Mediterrâneo. Conquanto não conseguissem arrebatar ao Islão os lugares santos e se unicamente subsistiram as conquistas realizadas a princípio – alguns postos nas costas da Ásia Menor e nas ilhas –, pelo menos *as Cruzadas permitiram ao comércio marítimo da Europa Ocidental, não só monopolizar, em proveito próprio, todo o tráfico desde o Bósforo e a Síria até o estreito de Gibraltar, mas também desenvolver uma atividade econômica (…), que devia propagar-se, pouco a pouco, a todas as regiões situadas ao norte dos Alpes* [grifo meu] (Pirenne, 1963:37).

CAPÍTULO 7

REINTERPRETANDO A HISTÓRIA: GUERRAS, TRIBUTOS E MOEDAS

Pensar sempre claramente em um bom exército e dinheiro, através dos quais a glória e a segurança do príncipe são alcançadas.

FREDERICO GUILHERME I[74]

Embora sejam muito úteis e preciosos esses caminhos tratados sobre o papel das guerras para a deflagração do renascimento econômico e seus efeitos indiretos, via mercado, para remonetização da Europa, já que repõem a dimensão do poder ao centro do processo de acumulação de riqueza característico daqueles tempos na Europa, ainda falta à análise, mesmo nesse caso, um caráter central inerente às questões monetárias, que pode ser deduzido, inicialmente e de um ponto de vista estritamente lógico.

Quando se investigam as razões da ascensão da moeda a uma centralidade antes detida pela terra na sociedade medieval europeia, geralmente não se trata das *relações diretas, constitutivas e originárias entre as moedas e os poderes político-territoriais; entre os mecanismos de monetização dos tributos e os desafios daqueles que comandavam uma das mais custosas e lucrativas atividades econô-*

---

[74] Tradução livre das palavras de Frederico Guilherme I, o Grande Eleitor (1640-1688), a um de seus filhos que posteriormente o sucedeu na Prússia, Frederico II, o Grande (1740-1786) (Kindleberger, 1993:169).

micas, as guerras. Em outras palavras, fala-se muito pouco que *as moedas reapareceram "coincidentemente" no centro e no exato instante em que se deflagrou o processo de acumulação de poder e fortalecimento da autoridade central.*

De um ponto de vista histórico, não é difícil interpretar a remonetização europeia à luz da ideia de que a moeda é uma construção do poder político, um instrumento *cartal*, do qual a criação, a validade e o reconhecimento social dão-se por proclamação daquele que tem assegurado a si o poder de impor a condição de devedores aos seus súditos e, assim, definir não só a mais importante comunidade de pagamento válida em seu território, como também a unidade de conta de referência.

Com efeito, neste capítulo, será analisada a relação entre a remonetização do espaço europeu e os processos históricos de concentração de poder e de fortalecimento da autoridade central que ocorreram na Europa Ocidental ao longo dos séculos XI a XVI.

Os processos históricos de concentração de poder

De uma situação de intensa fragmentação da configuração política nos séculos X-XI na Europa Ocidental, alcançou-se no século XVI um mosaico de unidades político-territoriais maiores, à exceção dos territórios das atuais Itália e Alemanha. Em termos gerais, ocorreram processos de *concentração de poder* e de *fortalecimento da autoridade central* que se estenderam muitas vezes de modo descontínuo e irregular. Nesse longo período, unidades político-territoriais pequenas, fragmentadas ou, quando maiores, com pouca capacidade de gerência e dominação de seus territórios aglutinaram-se, fortalecendo a função central e formando, séculos mais tarde, unidades políticas maiores, contíguas e claramente circunscritas, que passaram a desfrutar de um domínio mais amplo sobre a vida política, social e econômica de seus territórios e populações, através do controle mais efetivo dos instrumentos de violência e coerção física.[75]

De um ponto de vista qualitativo, essas unidades político--territoriais se transformaram internamente (qualitativamente), sobretudo no que se refere ao desenvolvimento de diferentes instrumentos de coerção à disposição da autoridade central, que lhes permitiram seguir acumulando poder e fortalecendo sua função central. Por exemplo, nesses tempos, foram criados exércitos permanentes; unificados tribunais; generalizados os instrumentos de tributação monetária e de arrecadação; estabelecidos corpos de embaixadores permanentes, entre vários outros tipos de burocracias e instituições ligadas à autoridade central.[76]

---

[75] Para Charles Tilly, "(...) nenhum desses nomes de lugar meio familiares poderia disfarçar a enorme fragmentação de soberania que então [ano de 990 d.C.] predominava em todo o território que mais tarde se tornaria a Europa (...) [No entanto] Por volta de 1490, o mapa e a realidade haviam-se alterado enormemente (...) *todos os grandes reis e duques estavam consolidando e ampliando os seus domínios*" [grifo meu] (Tilly, 1996:91-93). Segundo Norbert Elias, "A cena dessa desintegração radical [fragmentação do poder político na Europa Ocidental do século XI] deve ser vista como, de certa maneira, o ponto de partida, se queremos compreender *como áreas menores se aglutinaram para formar uma unidade mais forte e através de que processos sociais se constituíram os órgãos centrais das unidades mais amplas de governo* (...)." [grifo meu] (Elias, 1939:32). Nas palavras de Jaques Heers, "Mais ainda que no século XIII, os soberanos do Ocidente agravam a centralização de seus reinos [nos séculos XIV e XV]." (Heers, 1981:215). Édouard Perroy também falou dessa mudança na estrutura política da Europa, entre a metade do século XII e o início do século XIV. "Um grande corpo unido, que se confundia com a cristandade latina, composto de uma multidão de pequenas células autônomas, os senhorios, cedeu lugar à justaposição de vastas soberanias territoriais, fortemente individualizadas (...)" (Perroy, 1953:196). Por sua vez, José Luís Fiori afirmou que "o que havia [na altura dos séculos XIII e XIV] eram unidades de poder que competiam pelo mesmo território, e foi essa luta que orientou o movimento expansivo dos ganhadores, num processo continuado de 'destruição integradora'" (Fiori, 2004:22).

[76] Para alguns aspectos gerais dessa alteração qualitativa, ver Tilly (1996); e para detalhes do caso específico da França, Elias (1939), Perroy (1953a) e Batista Neto (1989). Deve-se advertir, no entanto, que esse processo não foi uniforme por todo o espaço europeu.

No geral, deve-se destacar os processos de concentração de poder nos territórios daqueles que se constituíram os mais importantes atores da geopolítica daqueles tempos: o reino da Espanha, "cabeça" do Império Habsburgo, o Império Otomano, o Estado Pontifício, o reino da França, o reino da Inglaterra e, mais periférica e tardiamente, a Moscóvia, futura Rússia.

Em linhas gerais, o caso *espanhol* foi marcado pelo prolongado conflito entre os europeus cristãos e mulçumanos. Um conflito que se estendeu desde o século VIII até o final do século XV, quando da expulsão dos mouros da região de Granada, em 1492. Entretanto, esta não se configurou como uma guerra contínua e progressiva; ao contrário, aos períodos de avanço e conquista cristãos, sucederam-se as fases de trégua, paz e recuo. A esse conflito secular, a historiografia convencionou chamar de *Reconquista*.[77]

Durante o século XI, caracterizado inicialmente por uma extensa ocupação e pelo domínio dos mulçumanos na península, principiou-se a ofensiva da Reconquista, a partir, sobretudo, da fragmentação do Califado de Córdoba em 1034. No século seguinte, já se podiam notar os consideráveis avanços dos europeus cristãos em suas lutas, ainda que sofressem retumbantes derrotas que significaram verdadeiros recuos nas suas intenções.[78]

A configuração política pelo lado dos europeus era também de relativa descentralização, marcada pela existência de diversos reinos, entre eles os de Aragão, Castela, Leão, Portugal e Navarra. Porém, deve-se notar que, concomitantemente às guerras da Reconquista, cujos resultados mais diretos foram o isolamento dos mulçumanos à região de Granada, houve simultâneo processo de concentração de poder e de fortalecimento da autoridade central, manifesto pela integração efetiva dos diferentes reinos na direção de uma única coroa.

---

[77] Como descrito anteriormente e ilustrado na figura 1.
[78] Por exemplo, a reconquista da cidade de Toledo pelos Amorávidas na batalha de Zallaka, em 1086, contra Afonso VI, rei de Castela.

Tanto a expulsão do inimigo "bárbaro" quanto o processo de concentração do poder alcançaram sua completude na virada do século XV para o XVI, podendo-se afirmar que a queda definitiva do reino mulçumano de Granada em 1492 esteve relacionada diretamente à união, 20 anos antes, das duas monarquias cristãs sobreviventes, Castela e Aragão.

O coroamento de Carlos V (então, Carlos I), em 23 de março de 1516, em Bruxelas, como rei da Espanha, e posteriormente como sacro imperador romano (1519-1558), representou o apogeu desse processo de concentração de poder que se estendeu, de fato, para muito além das fronteiras da península Ibérica. Decerto, a feição mais evidente do império de Carlos V era sua considerável extensão, que abrangia, além do então unificado reino da Espanha e da porção germânica herdada de seu bisavô, Maximiliano, alguns domínios no Mediterrâneo insular, as ilhas Baleares, a Sardenha, as duas Sicílias, ou seja, o Reino de Nápoles; a leste da França, o Franco Condado; a Boêmia, a Morávia, a Silésia e parte da Hungria; e também territórios africanos como Ceuta, Melilla, Oram, Argel, Boné e Túnis, sem falar das novas colônias no Novo Mundo.[79]

No caso da experiência *francesa*, depois de uma acentuada anarquia política nos séculos X e XI, pode-se dizer que a França tomou o primeiro impulso em direção à centralização do poder com Luís VI (1108-1137) ao consolidar internamente sua autoridade sobre subalternos na *Ile de France* (região em torno de Paris). A expansão territorial francesa ganhou fôlego com Filipe Augusto (1180-1223), especialmente com a conquista da Normandia dos ingleses (1204), na ocasião, um dos territórios mais ricos. Filipe avançou ainda sobre o Anjou, o Valois, o Vermandois, a região de Amiens e sobre boa parte da região em torno de Beauvais. De fato, garantiu à França suas saídas para o mar. Sua vitória na batalha de *Bouvines*, em 1214, considerada por alguns autores como uma das

---

[79] Para o caso da Península Ibérica, ver Braudel (1990:209-329), Kennedy (1989:39-77), *The Times* (1995:182-183) e MEC (1977:104-105).

batalhas decisivas da história francesa,[80] permitiu aos Capetinos tomar consideráveis extensões ao norte do Reino, além de alcançar outras regiões não menos importantes, como partes do Languedoc e da região sul do Loire. Os sucessores de Filipe Augusto seguiram, em linhas gerais, as diretrizes de sua política expansiva: Luís VIII (1223-1226) reconquistou a região do Poitou e apoderou-se também de Saintonge, Aunis, e Languedoc, parte da Picardia e o condado de Perche; Luís IX (1226-1270), além de defender antigos domínios e reconquistar outros, avançou sobre a parte de Languedoc a nordeste dos Pirineus, os condados de Mâcon, Clermont e Mortain; Felipe IV, o Belo (1285-1314), por sua vez, estendeu seus domínios sobre as fronteiras do Império Romano-Germânico e, por meio do matrimônio, adquiriu a Champagne e o Brie, além de outras regiões menores.

A partir de então foi basicamente a Guerra dos Cem Anos (1337-1453) que pautou a política externa dos reis franceses. Em 1430, grande porção da região ao norte do rio Loire constituía-se de terras de dominação inglesa e borgonhesa e nem ao sul os domínios franceses foram efetivos, correspondendo a menos da metade do território total. Na década de 1440, houve a conquista da Normandia, da Gasconha e de outras terras no continente, o que fez com que o número de territórios que deviam obediência a Carlos VII mais do que duplicassem, bem como a extensão do reino. Outras conquistas se sucederam a essa, como Borgonha (1477), Anjou (1481), Bretanha (1491) e Bourbon (1527), além de pequenos trechos que passaram ao domínio da Coroa em 1589. Alguns autores afirmam que o processo de formação e consolidação do reino da França, após inúmeros recuos, foi "concluído" somente entre os anos de 1440 e 1589, e ficou conhecido como reunificação da França (*The Times*, 1995:147). Tal processo se completa, *grosso*

---

[80] Ver *O domingo de Bouvines*, de Georges Duby, que compõe uma coleção de livros dedicada aos estudos das "jornadas que construíram a França".

modo, antes do final do século XV, quando praticamente todo o território do que hoje se denomina França estava consolidado.[81]

A Inglaterra, por sua vez, experimentou um estado de acentuada fragmentação política bem antes, ao longo da Idade Média Antiga, mais precisamente entre os séculos V e VIII, quando havia pelo menos sete reinos independentes (Nortúmbria, Mércia, Ânglia Oriental, Kent, Essex, Wessex e Sussex). No entanto, na segunda metade do século IX, passou a se constituir um reino unificado, graças à ascensão da Casa de Wessex sobre as demais. No entanto, tal ascensão não fora definitiva, pois na primeira metade do século XI Sven da Dinamarca invadiu a ilha, deixando-a ao governo de seu filho, Canuto (1017-1035). O restabelecimento da Casa de Sussex ocorreu alguns anos depois, em 1042. Logo depois, em 1066, contudo, a Inglaterra seria novamente invadida, agora pelos normandos, que por lá permaneceram como governantes até meados do século XII, botando fim às interferências dinamarquesas na ilha e lançando-a sob influência francesa. Alguns autores consideram precisamente a derrota do rei Haroldo Godwinson na batalha de Hastings, em 1066, e a subsequente conquista da Inglaterra anglo--saxã como um momento decisivo da história Inglesa, pois a partir de então a Coroa passou a se empenhar na estabilização e na integração dos anglo-saxões e da nova elite anglo-normanda.

Em 1154, a Inglaterra deixou de ser governada pela dinastia normanda e, por meio de uma série de heranças e casamentos, passou ao domínio da poderosa dinastia dos Angevinos ou Plantagenetas. Henrique II (1154-1189), primeiro Plantageneta, foi um dos mais poderosos príncipes do século XII, cujo poder reunia, além da Inglaterra e de alguns territórios periféricos dependentes, as regiões (hoje francesas) de Anjou, Normandia e Aquitânia. Ademais, internamente, Henrique pacificou o reino e restabeleceu a autoridade do monarca, fortalecendo e criando novos instrumentos de

---

[81] Mais detalhes sobre o caso francês, ver Elias (1939:107-118), Perroy (1953a:196-201), Batista Neto (1989:62-79) e *The Times* (1995:122-123).

poder, como a generalização da tributação monetária e o estabelecimento de uma justiça uniforme para todo o reino.

Porém, esses domínios políticos localizados no continente expuseram o monarca e seus sucessores a um conflito intenso com a França dos Capeto, cuja política pautava-se em recuperar esses principados para o âmbito de seus domínios.

Foi na virada do século XIII que se delineou mais claramente o que mais tarde ficaria conhecido como Grã-Bretanha. Em 1283, Eduardo I submeteu os galeses e, em 1301, seu filho, Eduardo II, tornou-se príncipe de Gales, título que passou a ser adotado por todos os herdeiros do trono inglês. No caso da Escócia, a união dos reinos só ocorreria mais tarde, na Idade Moderna, mas não sem violentas tentativas inglesas, que foram rechaçadas pelos escoceses, como a derrota de Eduardo II (1307-1327) na Batalha de Bannockburn (1314).

Quando se deu a Guerra de Cem anos (1337-1453) contra os franceses, principal conflito que norteou a política externa tanto das autoridades centrais inglesas quanto das francesas, os domínios ingleses no continente já haviam sido consideravelmente reduzidos. Ainda restavam, porém, os ducados de Guiena e Gasconha, de grande importância econômica. A derrota em campo francês e a perda da Normandia (1453) levaram a Inglaterra à guerra civil e apenas depois de 1485, com a dinastia Tudor, a ordem foi restaurada e o controle real foi estendido a remotas regiões em conflito, especialmente através do Conselho do Norte e do Conselho das Fronteiras de Gales.[82]

O Império Otomano, por sua vez, nasceu de um pequeno principado na Anatólia Ocidental no final do século XIII, constituindo-se posteriormente num império mundial que duraria até 1924. Sua presença definiu a mais importante rivalidade "intersoberanos" dos séculos XV e XVI na Europa Ocidental, ou seja, suas disputas com o Império Habsburgo.

---

[82] Mais detalhes sobre o caso inglês, ver *The Times* (1995:122-123), Perroy (1953a:201-204) e Batista Neto (1989, capítulos 6 e 9).

Por volta de 1281, com a ascensão de Otomão, de cujo nome derivou o do Império, iniciou-se a primeira expansão significativa do futuro Império. As conquistas prosseguiram com os sucessores Orkan (1324-1362) e Murad (1362-1389). Já na virada do século XIV, sob o governo de Bajazeto I (1389-1402), o Império Otomano se estendia do rio Danúbio ao Eufrates, principalmente depois da conquista do reino da Bulgária, em 1393, e da maioria dos emirados independentes da Anatólia. Mas estas foram conquistas efêmeras, pois seu exército foi destruído em 1402 por Timur (Tamerlão), último invasor mongol a ocupar a Anatólia. A reconquista otomana viria alguns anos depois, com o imperador Mehmed II al Fatih, o Conquistador (1451-1481), considerado o responsável pela transformação do Império em "potência" mundial. Ao tomar Constantinopla em 1453, ele acabou com o último obstáculo às expansões otomanas no norte da Anatólia, permitindo seu domínio sobre os estratégicos estreitos de Bósforo e Dardanelos, assim como da costa meridional do mar Negro.

Como nos outros casos, tal processo, de modo geral, não foi contínuo. A extensão que o Império Otomano e seus protetorados alcançaram foi, de fato, enorme, percorrendo, já no início do século XVI, o Norte da África, o mar Vermelho, o Levante e chegando à Crimeia (onde conquistaram os postos comerciais dos genoveses), ao mar Egeu (onde lutaram contra os venezianos), além dos domínios das regiões da Bulgária e da Sérvia. Sua ameaça às autoridades centrais europeias foi considerável, quando, por exemplo, sitiaram Viena em duas oportunidades (1529 e 1683).[83]

Muito embora não tenha se consolidado em termos territoriais amplos, a *Igreja Católica de Roma* esteve desde muito cedo à frente destes processos de concentração de poder e fortalecimento da função central, característicos da Europa Ocidental a partir do

---

[83] Mais detalhes sobre o caso Otomano, ver Kennedy (1989:18-23), *The Times* (1995:136-137) e Perroy (1953b:127-147).

século XI. No caso, podem-se relacionar alguns acontecimentos históricos importantes.

Primeiramente, é importante perceber que a Igreja Católica de Roma desfrutava de uma inserção político-territorial na Europa absolutamente distinta. Por um lado, desde o "começo do século V, ela [a Igreja] tinha sido a segunda maior proprietária imobiliária do Ocidente, depois do Estado Romano (...)" (Franco Jr., 2010:71). As invasões germânicas e eslavas ocorridas entre os séculos IV e VI[84] contraditoriamente reforçaram as propriedades imobiliárias da Igreja por todo o Ocidente, uma vez que "muitos indivíduos, diante da insegurança geral de então, entregaram suas terras ao *patrocinium* da Igreja" (Franco Jr., 2010:71-72). A Igreja era, portanto, proprietária de terras em diferentes unidades político-territoriais características daqueles tempos. Não se tratava de territórios sob seu controle e dominação. A Igreja estava sob forte influência dos poderes leigos particulares próprios do contexto feudal. Por outro lado, com a "Doação de Pepino", em 754-756, quando o imperador Pepino III (714-768), primeiro rei Carolíngio, filho de Carlos Martel (688-741) e pai de Carlos Magno (742-814), doou ao papa Estêvão II terras na Itália central, recém-conquistadas dos Lombardos, a Igreja Católica tornava-se não apenas um poder espiritual com pretensões universalistas, proprietária de vastas terras espalhadas pelo continente, mas também um poder territorializado, com controle e dominação sobre um espaço geograficamente definido. Nascia então o Estado Pontifício. Associado à doação, o monarca franco impôs à Igreja uma reforma em que submetia o episcopado ao poder real, além de regulamentar o pagamento dos dízimos, que passou a ter peso de uma sanção imperial. Em suma, no início do século XI, a Igreja Católica possuía uma inserção político-territorial bastante própria: constituía-se como um poder territorializado, com fronteiras e população na região da Itália Central, cuja

---

[84] Para maiores informações sobre as invasões eslavas e germânicas, ver *The Times* (1995:98-99).

capital era Roma; e, ao mesmo tempo, era detentora de um vasto conjunto de propriedades de terra espalhadas por todo o Ocidente, cuja autonomia reivindicaria cada vez mais, num futuro próximo, exigindo o fortalecimento da função central da Cúria Papal nos assuntos relativos a essas propriedades, como, por exemplo, a escolha das autoridades eclesiásticas e o controle dos dízimos auferidos.

Em segundo lugar, há a "Grande Cisma" de 1054, ou a "Cisma Oriente-Ocidente", ocorrida em Constantinopla, quando a Igreja Apostólica Romana se dividiu em Igreja Católica Romana e Igreja Ortodoxa. De acordo com os interesses deste livro, definiu-se em meados do século XI um grave contencioso entre Roma e Constantinopla a respeito da verdadeira herdeira da civilização cristã romana. Diferentemente do mundo islâmico, que sempre cumpriu o papel de inimigo estratégico necessário para Roma, Constantinopla tornou-se uma rival, na verdade uma ameaça ao que se configurava como seu "espaço vital", o da cristandade, onde decerto não havia lugar para dois postulantes. Isto em parte estará por trás da manobra e aliança estratégica conduzida pelo papado e pelo doge de Veneza durante a Quarta Cruzada, responsável pela conquista, saque e dominação da capital do Império Bizantino em 1204.

Por fim, a Reforma Gregoriana, iniciada em 1059 pelo papa Nicolau II, quando regulamentou a eleição do pontífice, acabou com as intervenções dos poderes leigos de Roma, em especial do imperador. Entre outras coisas, procurou tornar obrigatório o pagamento de dízimos, sob o controle dos bispos. A despeito das reações do imperador germânico, o pontífice Gregório VII (1073-1085) aprofundou o processo de concentração de poder da Igreja e de fortalecimento de sua função central, superando inclusive as teses agostinianas e gelasianas de que os poderes temporal e espiritual são ambos sagrados, harmônicos e independentes. Propôs a ideia de que há uma hierarquia, em cujo topo (supremacia) está o papado (poder sacerdotal) em relação ao poder imperial (real).[85]

---

[85] Publicado em 1075, o *Dictatus Papae* sintetiza isto ao proclamar, entre outras coisas, que: "(...) o papa não podia ser julgado por ninguém e que a Igreja romana

Ademais, a Reforma Gregoriana combateu as práticas das "igrejas próprias" (somonia, venda de sacramentos e cargos eclesiásticos e espirituais; e nicolaísmo, vida conjugal de clérigos); significou, em detrimento dos poderes seculares locais, a reivindicação do controle de assuntos estratégicos para a Igreja Católica (como a questão das investiduras, a escolha dos representantes eclesiásticos nas diversas unidades espalhadas pelos diferentes territórios dominados pelos poderes leigos e também a questão do controle e recolhimento do dízimo, a partir de então com caráter compulsório, como um tributo).

O fastígio deste processo de concentração de poder e fortalecimento da função central foi durante o pontificado de Inocêncio III (1198-1218).

> Na mesma linha de Gregório VII, proclamava que o papa era superior a todos os humanos, inferior somente a Deus; afirmava também que o sumo pontífice romano não era delegado na Terra de nenhum homem, nem mesmo de qualquer apóstolo, mas do próprio Jesus Cristo (Pereira, 2009:49).

Como conclusão geral, foram inúmeras e decisivas as guerras entre as mais diferentes autoridades da Europa e do Mediterrâneo ao longo das Idades Médias Plena e Tardia, e seus resultados apontaram para uma clara tendência ao fortalecimento das autoridades centrais e à formação de unidades político-territoriais mais poderosas, num processo contínuo de concentração de poder nas mãos das autoridades vencedoras.[86]

---

jamais havia errado e jamais erraria até o fim dos tempos; só o papa teria poderes para nomear e transferir bispos e, apoiado na falsa "Doação de Constantino", somente ele poderia usar as insígnias imperiais, depor imperadores, reis e quaisquer detentores do poder secular e exigir que estes lhe beijassem os pés" (Pereira, 2009:49).

[86] Embora, de uma perspectiva individual, como dito, possam-se observar descontinuidades e recuos ao longo desse processo.

Mas qual seria, então, a relação de tal processo histórico descrito acima com a remonetização do espaço europeu, como foi insinuado anteriormente? Para se explorar de modo adequado a ideia em proposição, faz-se necessário discutir, inicialmente, a problemática da guerra e da paz (da acumulação de poder), característica daqueles tempos e naquele espaço geográfico e, a partir de então, tentar entender como a moeda, uma construção do poder político, se inseria nesse contexto.

O imperativo das guerras na Idade Média Plena e Tardia

As guerras entre as autoridades centrais estiveram ao centro do processo de concentração do poder ao longo das Idades Médias Plena e Tardia. Constituíram-se numa força unificadora de territórios e populações, responsáveis, segundo Fiori, por um "processo de destruição integradora" (Fiori, 2004:22), também denominadas por Elias "lutas de eliminação" (Elias, 1939:93 e 94).

Tratando dos esforços militares de Luís VI (1108-1137) da dinastia dos Capetos na França para conquistar o Castelo dos Monthéry, Norbert Elias exemplificou a essência do processo em questão. "Como acontecia em todos esses casos, a conquista implicou o fortalecimento militar e o enriquecimento da Casa vitoriosa" (Elias, 1939:89).

Sobre as motivações de Luís VI (1108-1137), Elias afirmou que este:

> Agiu sob compulsão direta da situação concreta em que se encontrava. Tinha que conquistar Monthéry para não perder o controle das comunicações entre apartes de seu território. Tinha que subjugar as famílias mais poderosas de Orléans, para que não sumisse seu poder nessa região (Elias, 1993:90).

É a forma como as unidades político-territoriais se relacionavam, uma das contribuições mais importantes de Elias (1939) e Fiori (2004), pois suas interpretações acerca das estratégias e dos comportamentos das autoridades já na Idade Média Plena permitiram-lhes enxergar de modo articulado a moeda e a acumulação de poder. O ponto-chave explorado pelos autores é o conceito de "dilema de segurança". Como no caso de Luís VI (1108-1137), descrito por Norbert Elias, constituía-se num *imperativo* daquele contexto *político anárquico* a noção de que a segurança e, no limite, a própria sobrevivência de toda e qualquer autoridade central e de sua coletividade requeriam que estas estivessem se preparando permanentemente para se defender da ameaça imposta pela simples presença de outras autoridades, que, por sua vez, atuavam de modo absolutamente similar. A ameaça e o sentimento de insegurança decorriam do fato de que cada um gozava de alguma autonomia e controle sobre os meios de violência e coerção dentro de seu espaço político territorial. A segurança dependia de sua capacidade de defesa em relação ao poder do vizinho. O mais grave é que, nessas circunstâncias, a melhor estratégia de defesa, num contexto político anárquico, acaba sendo a conquista, a dominação e, no limite, a submissão dos adversários, isto é, seus vizinhos próximos. Nas palavras de Elias:

> Exatamente porque o relacionamento entre um dono de propriedade e outro nessa sociedade *[medieval]* era análogo ao que hoje existe entre Estados, a aquisição de novas terras por um indivíduo representava uma ameaça direta ou indireta aos outros. Implicava, como hoje, uma mudança de equilíbrio no que era em geral um sistema muito instável de balança de poder, no qual os governantes eram sempre potenciais aliados ou inimigos uns dos outros. Esse foi, por conseguinte, o mecanismo simples que, nessa fase de expansão interna e externa, manteve tanto os cavaleiros mais ricos e poderosos quanto os

mais pobres em constante movimento, todos eles sempre em guarda contra a expansão dos outros e invariavelmente procurando aumentar suas posses [vale dizer, seu poder] (Elias, 1939:47).[87]

Portanto, tratava-se de uma dinâmica em que a busca pela própria segurança requeria o contínuo fortalecimento da capacidade de coerção e violência da Casa mediante conquista de novas terras, chave da acumulação de poder naqueles tempos. Só assim zelar-se-ia pela "existência social do grupo".[88]

A lógica do jogo do poder assentava-se numa noção relativa, como a de um jogo de soma zero. "A coerção é sempre relativa; quem quer que controle meios de concentrados de coerção corre o risco de perder vantagens quando um vizinho cria os seus próprios meios" (Tilly, 1996:128). Para Elias, "O ganho de um neste caso é necessariamente a perda de outro, que se dê em termos de terra, capacidade militar, dinheiro ou qualquer outra manifestação concreta do poder social" (Elias, 1939:134).

Uma situação que, de fato, se repunha continuamente, mesmo quando das vitórias; daí sua força dinâmica e sua independência em relação a outros processos que não os relativos às lutas de poder, ou seja: "a vitória significará, cedo ou tarde, o confronto e conflito com um rival de tamanho comparável ao seu; mais uma

---

[87] Na avaliação de José Luís Fiori, "a expansão contínua dos territórios e as guerras eram uma consequência inevitável da necessidade de zelar pela 'preservação da existência social'. Não havia possibilidade de que uma unidade de poder se satisfizesse com o seu próprio território porque, neste jogo, o princípio geral de que 'quem não sobe cai', se transforma numa regra implacável e, logo em seguida, num mecanismo quase automático de repetição do mesmo movimento, em patamares cada vez mais levados de conflito e de poder acumulado" (Fiori, 2004:26).
[88] "Todos tinham que se armar e se expandir para preservar a segurança e a tranquilidade das suas populações. Nos séculos XIII e XIV, a acumulação de recursos de poder para inibir o ataque dos competidores passava, sobretudo, pela posse ou domínio de novos territórios, camponeses, alimentos e tributos" (Fiori, 2004:26).

vez, a situação impele à expansão de um e à absorção, subjugação, humilhação ou destruição de outro" (Elias, 1939:134).[89]

Portanto, por um lado, a acumulação de poder constituía-se, naqueles tempos dentro do espaço europeu e do Mediterrâneo, num objetivo em si mesmo. Acumular poder era uma espécie de "obsessão", resultante da forma pela qual se relacionavam as autoridades centrais detentoras dos meios de violência e coerção. As guerras eram o mais importante mecanismo para tanto, além, é claro, dos matrimônios e dos acordos diplomáticos. Por outro lado, as lutas de poder configuravam-se como um decisivo, e talvez mais importante, meio para acumulação de riqueza, haja vista as oportunidades criadas pela reabertura do Mediterrâneo e da mobilização em termos de recursos requerida para as empreitadas militares. De tal modo, as guerras eram um *resultado* normal do contexto político da época e, junto com sua preparação, atuavam como um princípio *organizador* do tabuleiro político, uma vez que determinavam a hierarquia principal, o que em grande medida condicionou o sucesso daqueles que participavam do processo de acumulação de riqueza.[90]

Por conseguinte, nesse contexto imposto pelas guerras e pelo processo de acumulação de poder a elas associadas é que devem ser pensadas as *relações constitutivas e originárias entre as moedas e os po-*

---

[89] Como síntese da ideia sobre o *imperativo das guerras*, reproduz-se a seguinte passagem de Fiori: "A guerra foi a força ou a energia que impeliu e alimentou a expansão territorial das primeiras 'unidades imperiais' de que fala Braudel. Além disto, foi ela que criou as primeiras hierarquias de poder entre as unidades que saíram vitoriosas desta luta, dentro do território europeu. A guerra foi condição básica de sobrevivência de cada uma destas unidades e, ao mesmo tempo, foi a força destrutiva que as aproximou e unificou, integrando-as, primeiro, em várias sub-regiões e, depois, dentro de um mesmo sistema unificado de competição e poder. Por isto, toda e qualquer unidade que se inclua neste sistema e tenha pretensões de 'não cair', está sempre obrigada a expandir o seu poder, de forma permanente, porque a guerra é uma possibilidade constante, e um componente essencial do cálculo estratégico de todas as unidades do sistema" (Fiori, 2004:27).
[90] Como será visto adiante.

deres político-territoriais. Em outras palavras, as "pistas" encontram-se nas funções assumidas pelas moedas emitidas pelas autoridades centrais para o financiamento das necessidades impostas pelos desafios imediatos da guerra, para a dominação e organização do espaço conquistado, como também para a hierarquização das zonas mais nobres de acumulação de riqueza.

A influência das guerras foi percebida também por autores como Kindleberger (1993), que reconheceu nas disputas militares uma força absolutamente decisiva no que se refere às questões econômico-financeiras de modo geral. Para o autor, "Financial history cannot escape dealing with war. War is a hothouse and places enormous strain on resources, which finance is used to mobilize. Financial innovation occurs in wartime" (Kindleberger, 1993:7).[91]

O monopólio da violência e o mecanismo de tributação monetária

No início da Idade Média Plena, as fases de guerra e de paz que se sucediam na relação entre as mais diferentes autoridades centrais apresentavam resultados bem distintos no que se refere ao processo de acumulação do poder. Nos períodos de guerra, havia uma forte tendência à sua maior concentração, consequência da própria lógica dos conflitos, em que os vitoriosos faziam valer os "direitos" de dominação sobre as novas terras conquistadas. O espólio dos vencidos era então por "direito" dos vencedores. O resultado, nesse caso, é uma tendência à concentração de poder, expressa fun-

---

[91] Por sua vez, Niall Ferguson escreveu na introdução de seu livro, *The Cash Nexus*, o seguinte parágrafo: "This book's central conclusion is that money does not make the world go round (...). Rather, it has been political events – above all, wars – that have shaped the institutions of modern economic life: tax-collecting bureaucracies, central banks, bond markets, stock Exchange" (Ferguson, 2001:13).

damentalmente no acúmulo de terras tomadas e, em seguida, integradas ao território do vencedor.

Nas fases de paz, no entanto, a dinâmica era diferente. Havia uma forte tendência à descentralização e à fragmentação na configuração do poder, em razão, sobretudo, da forma pela qual as autoridades centrais tentavam estabelecer controle sobre as áreas de dominação. Mais precisamente, no início da Idade Média Plena na Europa Ocidental, os serviços militares prestados à autoridade central eram pagos mediante a entrega da posse das terras àqueles que a ajudaram nas ações de conquistas e defesa, o que significava distribuir aquilo que se constituía na égide do poder, a terra. Isto acontecia porque:

> O imperador e rei não podia supervisionar todo o império. Despachou pela terra amigos e servidores de confiança para cumprir a lei em seu nome, assegurar o pagamento de tributos *[não monetários]* e a prestação de serviços, bem como punir quem resistisse. *Não lhes remunerava os serviços em dinheiro. A moeda certamente não era de todo inexistente nessa fase, mas circulava apenas em medida muito limitada* (...) os reis eram forçados a delegar a outros indivíduos poderes sobre parte de seu território. As condições dos meios militares; econômicos e de transporte na época não lhes deixavam alternativa. A sociedade não lhes proporcionava fontes de receita tributária que lhes permitissem manter um exército profissional ou delegados oficiais remunerados em regiões remotas. *A única forma de pagá-los ou remunerá-los consistia na doação de terras* [grifo meu] (Elias, 1939:25 e 26).

O problema, do ponto de vista da autoridade central e mesmo do processo de concentração de poder, eram as oportunidades que se criavam aos agraciados com terras pelos serviços militares prestados, pois, além da autonomia desfrutada em relação às funções de polícia, tributação e justiça, eram muitas as situações e razões que podiam incitá-los a desafiar, ou melhor, a declarar autonomia em relação à autoridade que lhe havia concedido as terras, ou seja:

(...) não havia juramento de fidelidade ou lealdade que impedisse os vassalos que representavam o poder central de afirmar a independência de suas áreas tão logo sentissem pender em seu proveito a balança de poder. Esses senhores territoriais ou príncipes locais possuíam, na verdade, a terra que o rei outrora controlava (Elias, 1939:26).

Essa autonomia relativa, característica, sobretudo, da Idade Média Plena, contra a qual os juramentos não eram suficientes, criava espaço para negativas no momento, por exemplo, de uma convocação militar.[92]

O resultado inequívoco em tempos de paz foi a fragmentação do poder, a despeito de as consequências imediatas das guerras reforçarem o poder dos bem-sucedidos nas disputas político-militares de então. Elias (1939) denominou a isso de *forças descentralizadoras na configuração medieval do poder*. Em suma, embora houvesse forças que apontavam a direções opostas no que se refere à concentração do poder e ao fortalecimento da autoridade central, o fato de a terra ser o centro da organização da sociedade naqueles séculos, constituindo-se na principal expressão e forma de poder e de riqueza, foi decisivo. Esse jogo engendrava um fracionamento permanente da conformação política do espaço europeu, uma vez que o domínio sobre as áreas conquistadas requeria sua entrega ao controle de outrem, assim como dos direitos de tributação, justiça e polícia.[93]

---

[92] "Em 1066, quando Guilherme da Normandia invadiu a Inglaterra, muitos de seus guerreiros não o acompanharam, alegando que o seu juramento não lhes impunha aventuras no mar" (Batista Neto, 1989:22).

[93] "Em 1015, o rei Roberto – um Capeto – doara essa terra [as áreas em volta de Paris e Orléans] a um de seus servidores, ou oficiais, o 'grand forestier', com permissão de nela construir um castelo. A partir do castelo, o neto do 'grand fo-

O desafio das autoridades centrais para preservar sua posição relativa na hierarquia definida pelas guerras e para seguir concentrando poder e fortalecendo sua autoridade era muito complexo, visto que, se por um lado o fenômeno era claramente cumulativo em razão das oportunidades que se abriam aos vencedores com a subjugação de rivais, por outro as dificuldades de controle cresciam consideravelmente com o próprio sucesso das empreitadas militares. Territórios maiores geravam novas vantagens, assim como desafios. Uma estratégia era dominar as áreas que circundavam o castelo; outra era a elas acrescentar zonas de segurança, algumas vezes descontínuas, e fazer valer ali, em toda sua extensão, sua autoridade.[94]

Desse modo, tais desafios militares que se renovavam continuamente para os vencedores, em razão do imperativo das guerras, impeliram as autoridades centrais daqueles tempos e naquele espaço geográfico a resgatar um tipo de instrumento que, apesar de não se constituir numa novidade histórica, havia sido abandonado tempos antes, quando da fragmentação do poder no continente europeu, sobretudo depois da queda e do fracionamento do império de Carlos Magno e das invasões "bárbaras" que se seguiram: vale dizer, os mecanismos de tributação monetária.

---

restier' já controlava a área circundante, na qualidade de senhor independente. Esse exemplo é típico dos movimentos centrífugos que ocorriam por toda a parte durante o período" (Elias, 1939:88).

[94] Em outras palavras, "A persistência das agitações e das guerras resulta, inicialmente, da incapacidade da autoridade ou de um partido em vencer e em impor-se. Mesmo os reis da França e da Inglaterra não mais encontravam, nos recursos de sua suserania, os instrumentos adaptados ao desenvolvimento de sua atividade e, em primeiro plano, de seus cometimentos militares. Já mencionamos a mediocridade dos efetivos engajados pelos mais poderosos soberanos desse tempo; já nos referimos também aos esforços, realizados primeiramente na Inglaterra, e em seguida na França, para adaptar as forças militares e navais às missões que se lhes assinalavam e para iniciá-las nas novidades da arte da guerra. Esforços insuficientes, porque fundados numa organização social em grande parte caduca" (Perroy, 1953b:73).

Seja qual for, a tributação é, por definição, um instrumento de poder, ou melhor, um ato de força. De um ponto de vista lógico, não pode haver tributação sem um processo de consolidação da função central que a antecede. Note-se que sua implementação requer a preexistência de uma autoridade capaz de declarar aos súditos a condição de devedores de tributos, tendo a ameaça de coerção e violência física como alicerces. Se a constituição do monopólio da violência foi criando oportunidades e condições para a disseminação e o desenvolvimento dos instrumentos de tributação, de modo inverso e complementar, também desenvolveu a prática da tributação na direção dos instrumentos monetários, assim como sua difusão sobre a coletividade, o que permitiu que a autoridade seguisse aumentando o controle efetivo sobre os meios de coerção e violência física, na direção da sua monopolização.

E o que são moedas senão aquilo que as autoridades que dominam os instrumentos de violência aceitam em seus guichês como pagamento dos tributos por eles criados? Em outras palavras, são evidências de dívidas por elas emitidas para liquidação das posições passivas (devedoras) de seus súditos, posição essa, na maioria das vezes, continuamente recriada, mesmo depois de sua liquidação (pagamento).

Se a guerra impunha a necessidade de captação de enormes volumes de recursos na forma de bens e serviços, as autoridades que iniciaram, primeiramente, esse processo de monetização dos tributos foram afortunadas, pois alavancaram significativamente sua capacidade de gasto e, com efeito, suas chances de sucesso.

(...) a monetização afeta fortemente a eficácia com que um estado pode financiar o seu esforço de guerra mediante a tributação, em vez de extorquir diretamente da população esses meios de guerra. O imposto sobre a renda é um caso extremo, que se converte numa fonte duradoura e efetiva de receita governamental naquelas economias onde praticamente todo o mundo está envolvido na economia monetária e a maioria dos trabalhadores recebem salários [grifo meu] (Tilly, 1996:149).[95]

Pode-se dizer, portanto, que não foi coincidência a remonetização do espaço europeu ter ocorrido *pari passu* ao fortalecimento da função central e à generalização dos instrumentos de tributação monetária. Seria o caráter *cartal* da moeda que explicaria a relação. A validade de uma moeda depende, sobretudo, do anúncio da autoridade central quanto aos sinais e formas do meio de pagamento para seu reconhecimento social. Em outras palavras, a unidade de conta e a moeda emitida pela autoridade central e socialmente reconhecida são definidas por proclamação, e não por consenso entre aqueles que participam das relações de trocas.

Para essa questão, não é difícil encontrar evidências históricas. De fato, vários historiadores descreveram e mapearam a transformação dos instrumentos de tributação na direção dos mecanismos monetários, exatamente naquele momento histórico de concentração de poder e fortalecimento da autoridade central.

Georges Duby sugeriu que, na passagem do século XII para o XIII, generalizaram-se as práticas da contagem e da preocupação com a precisão numérica, inerente a uma sociedade que redescobria as unidades de conta dos fluxos de recursos e de avaliação das finanças e dos orçamentos.

---

[95] Apesar de Charles Tilly apontar para essa questão, da enorme vantagem em se utilizar tributos monetários, o autor não explora a relação constitutiva que existe entre moeda e tributos, como sugeriu Knapp (2003). O autor deu a entender que considera o grau de monetização como um dado, definido em outro âmbito. A seguinte passagem, mesmo que de modo implícito, ilustra este comentário. "Um estado que tenta arrecadar a mesma quantidade do mesmo imposto numa economia menos comercializada [monetizada] enfrenta maior resistência, cobra com menos eficiência e, portanto, institui durante o processo um aparelho maior de controle. Se dois estados de tamanho igual mas com graus diversos de comercialização [monetização] vão à guerra e tentam extrair somas comparáveis de dinheiro de seus cidadãos por meio das mesmas espécies de impostos, o estado menos comercializado [monetizado] cria uma estrutura mais avultada quando faz a guerra e paga os seus custos" (Tilly, 1993:149).

A multiplicação dos inventários e das contas após 1180, a nova preocupação de precisão numérica que manifestam, são, em parte, o resultado do progresso geral da cultura. *São também um testemunho de uma habituação ao uso da moeda*; os senhores e os seus agentes tomaram pouco a pouco consciência mais precisa do valor das coisas, habituaram-se a avaliar, a contar (...) Todos os grandes senhores começaram a rodear-se de funcionários instruídos, retribuídos por soldos ou por pensões, de técnicos especialmente formados para a administração, cuja 'mestria' era escrever, actualizar livro, calcular, controlar [grifo meu] (Duby, 1988:88).

Édouard Perroy fez referência à substituição progressiva dos instrumentos de tributação com base em bens e prestação de serviços pelas formas monetárias. "Em 1117, por exemplo, uma taxa em dinheiro substitui os três dias de trabalho [corveias] que certos rendeiros da abadia alsaciana de Marmoutier ainda prestavam toda semana (...)" (Perroy, 1953a:38).

Quando Guilherme da Normandia (1027-1087) convocou sua hoste, muitos se recusaram a cumpri-la, como dito anteriormente, alegando que os serviços militares por que haviam feito juramento não compreendiam aventuras além-mar. "Dessa forma, Guilherme foi obrigado a recorrer a mercenários" (Batista Neto, 1989:85). Não por coincidência, depois da conquista, Guilherme da Normandia, já rei da Inglaterra (1066-1087), ordenou a compilação do Domesday Book, um levantamento da população do reino com propósitos fiscais.[96] Um século depois, na Inglaterra, foi criado o *escudágio* que:

(...) consistia na comutação do serviço militar por uma soma em dinheiro. Com os recursos arrecadados, os senhores pa-

---

[96] "Trata-se de um cadastro de propriedades territoriais inglesas, elaborado entre 1083 e 1086 (...). *O Domesday Book* [Livro do Dia do Juízo Final], cujo manuscrito ainda se conserva na Abadia de Westminster, *era um registro de impostos. O Conquistador queria saber quem lhe devia e quanto lhe devia. Pesquisadores reais foram de aldeia em aldeia, recenseando todos os domínios e registrando as informações obtidas* (...)" [grifo meu] (Batista Neto, 1989:89).

gavam mercenários, que lutavam por períodos mais longos e eram, frequentemente, mais disciplinados. O escudágio foi muito utilizado pelos soberanos Plantagenetas [1154-1272] da Inglaterra porque, possuindo extensos domínios no território da França, não tinham condições de, em apenas quarenta dias, transferir a sua hoste para o continente, realizar e concluir operação bélica (Batista Neto, 1989:22 e 23).

A troca do serviço militar por pagamentos em dinheiro, ou seja, impostos, foi uma prática mais generalizada, sendo também utilizada em outras regiões. Na Itália, por exemplo, era chamado de *fodrum* (Batista Neto, 1989).[97]

Por fim, as palavras de Georges Duby sintetizam essa tendência de substituição dos instrumentos de tributação com base em mercadoria e prestação de serviços por outros cuja contrapartida era a entrega da moeda emitida pela autoridade central.

Para muitos senhores, encontrar dinheiro passou a constituir a preocupação mais aflitiva. Isto levava-os a pedir aos seus rendeiros e aos seus homens que lhes fornecessem dinheiro em vez de trabalho ou produtos agrícolas. A conversão dos serviços e das rendas oferecia uma solução simples e imediata para as dificuldades de tesouraria (...) Foi por esta razão que as permutas, já frequentes no final do século XII, se multiplicaram incessantemente a partir dessa altura (...) *Em contrapartida, a seguir à tailles [talhas], também o formariage e a mão-morta passaram a ser recebidos em numerários. Sobretudo no pagamento dos censos, habitualmente exigidos em gêneros até então, a moeda veio substituir os cereais, o vinho, o gado e a carne* (...) Em suma, inúmeros

---

[97] A Guerra dos Cem Anos entre Inglaterra e França (1337-1453) teve um papel decisivo na consolidação desse processo de desenvolvimento, generalização e permanência da tributação monetária. Para maiores detalhes, ver: Elias (1939:174-181); Perroy (1953b:73-80); e Batista Neto (1989, capítulos 12 e 13).

testemunhos concordantes permitem-nos pensar que, no início do século XIV, a renda em dinheiro tinha substituído uma boa parte das rendas fixas em gêneros em quase todos os senhorios da Europa [grifo meu] (Duby, 1988:94).[98]

Por tudo isso que Norbert Elias afirmou, a espinha dorsal do processo de formação das unidades políticas que séculos depois vieram a dominar o tabuleiro político europeu foram os monopólios da violência (das armas) e da tributação.[99]

José Luís Fiori sugeriu argumento semelhante, isto é, que o nascimento das *moedas estatais* esteve articulado à tributação e à dinâmica das lutas entre as unidades de poder características daqueles séculos.[100]

Como resumo geral, pode-se dizer que:

Um único senhor feudal obteve predominância sobre todos os concorrentes e reina, supremo, sobre toda a terra. E esse controle da terra é cada vez mais comercializado ou monetarizado. *A mudança manifesta-se, por um lado, no fato de que o rei exerce*

---

[98] Ver também Pirenne (1963:109).

[99] "Uma vez após outra, era o poder militar concentrado nas mãos da autoridade central que lhe garantia e aumentava o controle dos impostos, e foi esse controle concentrado dos mesmos que tornou possível a monopolização cada vez mais do poder físico e militar. Passo a passo, esses dois se impeliram, um ao outro, para cima até que, em certo ponto, a completa superioridade obtida pela função central nesse processo se revelou em toda a sua nudez aos atônitos e amargurados contemporâneos" [grifo meu] (Elias, 1939:182). Em outra passagem, o autor afirmou que: "Os meios financeiros arrecadados pela autoridade sustentam-lhe o monopólio da força militar, o que, por seu lado, mantém o monopólio da tributação" (Elias, 1939:98).

[100] "É neste ponto que aparecem as 'moedas estatais', aceitas pelo poder político soberano como pagamento dos impostos e das dívidas dos soberanos (...) *As conquistas ampliavam os territórios e dificultavam sua administração, problema que foi facilitado com o aparecimento da moeda pública e com sua universalização e homogeneização, dentro do espaço político do poder emissor*" [grifo meu] (Fiori, 2004:29-30).

o monopólio da coleta e fixação de impostos em todo o país e, assim, controla a mais alta de todas as rendas. Um rei que possuía e distribuía terra ia-se tornando um soberano que possuía e distribuía renda. Exatamente foi isso que lhe permitiu quebrar o círculo vicioso que aprisionava os governantes de países em que vigia a economia de troca. Ele não pagava mais, pelos serviços de que necessitava, fossem militares, cortesãos ou administrativos, desfazendo-se de partes de suas propriedades, que se transformavam em propriedades hereditárias de seus servidores (...) [grifo meu] (Elias, 1939:187).

Do ponto de vista da moeda, sem se recorrer a análises históricas sobre suas origens, o importante é que a decisão relevante diz respeito à forma como a autoridade central define o pagamento de tributos. Como visto, a moeda é uma contrapartida dos mecanismos de tributação. Em vez de requisitar o pagamento dos tributos na forma de bens e serviços, a autoridade declara a condição de devedor aos súditos, que passam a ter que buscar e acumular aquilo que é capaz de liquidar tal condição de devedor; mas quem o define é o "senhor das armas". Este emite uma evidência de dívida, cuja característica principal é exatamente sua aceitação em seus guichês para o pagamento dos tributos, evidência de dívida que passa então a ser amplamente aceita e demandada pelos seus súditos, mais do que todas as outras emitidas por outros atores sociais e econômicos.

Desse modo, não só instrumentaliza a tributação com enorme eficácia, sobretudo quando comparada com os instrumentos baseados na entrega direta de bens e prestação serviços, como também cria a principal unidade de conta dentro do espaço de alcance de suas armas, garantindo para si o direito e a prerrogativa de reeditar e reescrever, conforme suas conveniências, o dicionário, ou seja, o padrão de valor. Enfim, a capacidade da autoridade central de impor a condição de devedor de impostos aos seus súditos lhe garante a faculdade de definir a unidade de conta e o meio de pagamento socialmente reconhecido, através justamente do que aceita como pagamento de impostos. Somente o detentor dos instrumentos de coerção e violência é capaz de definir a condição de devedores ao restante da comunidade. Destarte, é capaz de construir uma comunidade de pagamento fechada em torno da unidade de conta que ele define (edita e reescreve), sendo que nenhum outro ator social detém tamanho poder de modo a rivalizar com ele, a não ser um soberano mais poderoso, que, através dos movimentos diplomáticos e/ou militares, o domine e redefina, reedite, reescreva o dicionário.

Portanto, a partir dos séculos X e XI, no espaço da Europa Ocidental, o imperativo das guerras impeliu as autoridades centrais a buscarem outras formas de financiamento para alavancar seu esforço defensivo e expansivo. Estas escreveram suas moedas de conta, cunharam suas moedas de troca; ou seja, monetizaram seus tributos; criaram um sistema de pagamentos em cujo centro estava a sua moeda, que se impunha a toda coletividade e a todo espaço sob seu poder e dominação. Assim, seus conterrâneos foram obrigados a se inserir na condição de devedores num sistema monetário. Como resultado da monetização dos tributos e de toda a coletividade, deu-se, por um lado, ao mercado o que ele é incapaz de criar: uma moeda de conta, um meio de troca e, mesmo, uma reserva de valor socialmente reconhecidos por todos, consolidando as bases necessárias para o renascimento econômico que se deflagrou a partir de então. Por outro lado, ampliou as receitas e tornou mais eficiente a apropriação e a extorsão dos bens e serviços de que necessitava. Por fim, quebrou a tendência de fragmentação da configuração política na Idade Média ao entregar valores monetários e não mais terra como contrapartida dos serviços militares prestados. Com o tempo foi assumindo a centralidade, antes detida pela terra, nos processos de acumulação de poder e riqueza. Em suma, o que a história nos revela é que a moeda é filha da guerra e se antecede ao mercado; trata-se de um poderoso instrumento de violência que estivera ao centro dos processos de concentração de poder e de fortalecimento da autoridade central no medievo.

É importante reinterpretar a prática do aviltamento nesse contexto, pois fica claro que se constituía num método de tributação disfarçado e eficiente. "(...) ao reduzir o valor nominal das moedas, o rei aumentava o número de moedas que tinham de ser liberadas em pagamentos de tributos, o que aumentaria a quantidade de bens e serviços oferecidos por súditos a fim de obter as moedas do rei para pagar o tributo" (Wray, 2003:74).

Dito de outro modo, o aviltamento das moedas pode ser pensado como uma alteração dos valores nominais entre créditos (tributos a receber) e débitos (moeda emitida) da autoridade central. Tais alterações não eram percebidas num primeiro momento pelos seus súditos, pois a autoridade fazia seus pagamentos com base no valor de face (nominal) das moedas, mas só aceitava os pagamentos de tributos com base no peso da moeda, cuja taxa de conversão entre metais e a unidade de conta não havia sido alterada.[101] Portanto, conseguia desvalorizar seus débitos (moeda emitida) em relação aos seus créditos (tributos a receber).[102]

Henri Pirenne forneceu evidências de que a moeda para os príncipes era assunto indispensável para suas lutas de poder e dominação.

> Ao recuperar a sua regalia monetária, os reis se inspiravam tão somente em considerações de soberania. A ideia de acabar com

---

[101] Prestar atenção que o relevante é a não alteração da taxa de conversão entre unidade de conta e metal precioso (uma declaração do poder soberano), e não o conteúdo metálico da moeda em si.

[102] Os trabalhos de Boyer-Xambeau e colaboradores apontam para pistas semelhantes. "Our rejection of the money as a gradually dematerialized medium of exchange has led us to discard the analysis of the purchasing power of money in terms of goods. As a result, the rise of their monetary prices (inflation) is understood not on the basis of an analysis of the respective values of goods and money but as a consequence of the rules of monetary regime, which constrain the movement of the unit of account" (Boyer-Xambeau et al., 1994:4).

os abusos do feudalismo e de manter o tipo 'legal' das moedas [entenda-se moedas como bem público] achava-se tão longe de sua mente, que consideravam a moeda unicamente como uma das fontes de renda mais valiosas do seu domínio (Pirenne, 1963:115-116).[103]

Problemas inflacionários poderiam ganhar alguma relevância na medida em que, com o renascimento comercial a partir do século XI, aumentou a interdependência econômica entre regiões com diferentes moedas e, portanto, a possibilidade de mudanças nas taxas de conversão entre as unidades de conta e seus impactos sobre o nível de preços internos. Por outro lado, apesar da difícil possibilidade de inferência, poder-se-ia imaginar que algum tipo de problema inflacionário decorresse de "choques de oferta" ou de "demanda" que pudessem engendrar modificações nos preços relativos (se é que se pode falar de algo desse tipo para aqueles anos). Mas, de qualquer forma, do ponto de vista do que se está priorizando neste trabalho, essas questões não têm grande centralidade, uma vez que a temporalidade histórica em voga e os fenômenos históricos nela envolvidos e em debates diferem em muito das questões relativas ao debate convencional sobre inflação – um fenômeno, sobretudo, conjuntural, no sentido de ser circunscrito, na maioria das vezes, a especificidades em termos de espaço e tempo.

Com base no que foi apresentado ao longo desta parte II, deve-se ressaltar a forma como comumente são interpretados e articulados alguns fenômenos históricos no espaço europeu do século XI ao XV, vale dizer: a recuperação econômica, a remonetização, a difusão dos instrumentos de tributação monetária e as guerras. Os historiadores e economistas partem, geralmente, do renascimento das trocas, e a ela atribuem responsabilidade exclusiva pela remonetização daquele

---

[103] Nesta passagem, ao considerar a existência de um tipo "legal" de moeda, contrapondo-o à prática do aviltamento (um suposto tipo "ilegal"), fica claro o viés metalista do autor no que se refere aos assuntos monetários.

espaço. Esta, por sua vez, criou as oportunidades para a metamorfose dos mecanismos de tributação na direção dos instrumentos monetários, que, por fim, alavancaram consideravelmente a capacidade de gasto da autoridade central e, com efeito, de fazer guerra.

O que se está sugerindo aqui é um pouco diferente, pois, ao se partir do reconhecimento de que a moeda é uma construção do poder e uma contrapartida da tributação, volta-se o olhar, sobretudo, aos desafios postos pelas guerras às autoridades centrais, que os responderam, entre outras maneiras, com o desenvolvimento das formas monetárias de tributação. A partir daí pensa-se sua força deflagradora, associada aos efeitos da própria guerra, para o renascimento econômico a que assistiu o espaço europeu, após um período de isolamento quando comparado ao seu passado e ao seu futuro. Com efeito, tendo visto o importante papel cumprido pela moeda na acumulação de poder na Europa Ocidental do século XI ao XV, volta-se a atenção às suas relações com o processo de acumulação *acelerada* de riqueza, características daquele espaço naquele período histórico.

PARTE III

A GEOGRAFIA MONETÁRIA E A ACUMULAÇÃO DE RIQUEZA NA EUROPA MEDIEVAL[104]

---

[104] Versão preliminar e resumida de parte de um dos capítulos apresentados a seguir foi publicado em outra oportunidade. Ver Metri (2011).

CAPÍTULO 8

CONSIDERAÇÕES SOBRE A ACUMULAÇÃO DE RIQUEZA NA IDADE MÉDIA: ORIGENS E CARACTERÍSTICAS

> *(...) os comerciantes e banqueiros ganhadores foram, quase sempre, os que souberam se associar com os poderes vitoriosos; e as guerras, finalmente, adquiriram uma nova função: além da 'destruição integradora' de povos e territórios, a multiplicação da riqueza.*
>
> JOSÉ LUÍS FIORI
> (*Formação, expansão e limites do poder global*)

Alguns autores, como, por exemplo, Henri Pirenne e Fernand Braudel, identificaram o comércio de longa distância que reapareceu a partir do século XI na Europa Ocidental como o circuito mais nobre da acumulação de riqueza das Idades Médias Plena e Tardia. Segundo eles, essa afirmação se justifica não em função do volume de mercadorias, já que o comércio longínquo era relativamente menor que outras atividades realizadas a menores distâncias, como a do tráfico; tampouco porque tivesse reaparecido simultaneamente em todo aquele continente, pois, ao contrário, concentrou-se, sobretudo, em algumas cidades; mas simplesmente porque se apresentava como uma atividade econômica cujos lucros auferidos eram extraordinários. De modo geral, para Pirenne:

Tudo contribuía para dar-lhes *[aos produtos característicos do comércio de longíquo]* preeminência: a facilidade do seu transporte e os altos preços que podiam exigir (...) um comércio que produzia grandes lucros e exigia instalações relativamente pouco dispendiosas. *[Em oposição]* As remessas de grandes quantidades de matérias-primas ou de objetos de consumo corrente *[produtos do tráfico próximo]*, com enorme material de transporte e os gigantes acúmulos de capital que exigiam, foram-lhes alheios (...) (Pirenne, 1963:144).[105]

Uma característica do tráfico próximo, em oposição ao de longa distância, era seu enorme volume e, por conta disso, sua considerável participação nas receitas totais da atividade comercial, cujo destaque no século XV foi o comércio de trigo, lã e sal, segundo Jacques Heers.[106] No entanto, do ponto de vista da acumulação de riqueza, o decisivo não é necessariamente onde ela é criada, nem as quantidades comercializadas em si, mas a rentabilidade da atividade que a gera e quem dela se apropria. Por isso, Braudel afirmou que:

> Neste jogo, o mercador de longe se apodera tanto da 'mais-valia' do trabalho de minas e das fazendas como daquela do labor do camponês primitivo da costa do Malabar ou da Insulíndia. No tocante aos volumes mínimos de mercadoria, haverá quem diga. Mas, quando lemos, na pena de um historiador, que os cerca de 10 mil quintais *[antiga unidade de medida de peso, equivalente a quatro arrobas, ou seja, 58,758kg]* de pimenta-do-reino e de 10 mil quintais de outras especiarias que a Europa consumia antes dos grandes descobrimentos eram trocados por 65 mil quilos

---

[105] Para Braudel, "O comércio de longo curso cria seguramente sobrelucros: joga com os preços de dois mercados afastados entre si e cujas oferta e procura, ignorando-se mutuamente, só se encontram por intervenção do intermediário" (Braudel, 1979b:357).
[106] Heers, J., *Revue du Nord*, jan.-mar. de 1964, p. 106-107. Citado por Braudel (1979b: 355).

de prata (isto é, o equivalente a 300 mil toneladas de centeio, capazes de alimentar um milhão e meio de homens), é lícito perguntar se a incidência econômica de luxo é subestimada com excessiva facilidade (Braudel, 1979b:356-357).

O comércio de longa distância criou o que não foi possível ao tráfico próximo, que estava mais ligado às atividades de subsistência, vale dizer, lucros extraordinários concentrados nas mãos de um grupo restrito de mercadores, que conseguiu arbitrar com grande liberdade os preços praticados entre mercados muito distantes. Para se ter ideia, "um quilo de pimenta-do-reino, que na produção, nas Índias, valia 1 ou 2 gramas de prata, atingia o preço de 10 a 14 gramas em Alexandria, 14 a 18 em Veneza, 20 a 30 nos países consumidores da Europa" (Braudel, 1979a:357). Ou seja, um diferencial de preços ao alcance de poucos que, apesar dos riscos inerentes à atividade, fazia valer a aventura e permitia uma acumulação acelerada de riqueza, aspecto de modo geral ausente nos demais ramos da atividade econômica daqueles tempos na Europa Ocidental.[107]

O que se deve notar é que o comércio longínquo permitiu uma concentração acelerada de riqueza em formas mobiliárias sem comparação a outras atividades e com perfil distinto daquele característico do início da Idade Média Plena, baseado, sobretudo, como visto, no domínio e acúmulo de terras, então principal forma de riqueza e de poder.

Decerto que o domínio das rotas e entrepostos comerciais constituiu-se na égide para essa acumulação *acelerada* de riqueza, o que, por sua vez, teve relação direta com os movimentos político-militares, responsáveis em última instância pela construção das posições monopolistas tão cobiçadas. Nesse caso, o ideal foi ora

---

[107] De qualquer forma, ainda existe um debate na historiografia a respeito da importância relativa que detiveram o comércio de longa distância e aquele mais ligado à circulação intraeuropeia e aos mercados locais. Como contraponto a Pirenne (1963) e Braudel (1979), ver, por exemplo, Heers (1981).

a conquista e a dominação direta das posições estratégicas, ora a consolidação de acordos comerciais (quando possível, exclusivos) com as autoridades locais, mesmo que isto implicasse em contrapartidas pesadas, pois os lucros esperados daí decorrentes geralmente mais do que as compensavam.[108]

De um ponto de vista geral, a construção de posições privilegiadas constitui-se no cerne da acumulação acelerada de riqueza. Elas permitem a consolidação de margens elevadas de lucro. É a característica principal do que Braudel definiu como terceiro andar de seu esquema tripartido de análise da vida econômica em geral do "longo século XVI" europeu. Como argumentado por Fiori (2004), o que o historiador não explorou foram os desdobramentos e as implicações de suas proposições, uma vez que tais posições privilegiadas subentendem a existência de uma função central consolidada, de um poder preestabelecido, que as crie, expanda e garanta como tal ao longo do tempo. Por essas razões o poder se caracteriza como o mais importante meio para acumulação acelerada de riqueza, como foi o caso do comércio de longa distância do século XI ao XVI.

Cabe observar que a concentração de riqueza mobiliária nas mãos de um grupo reduzido de agentes econômicos é a "pista" principal para se entender o aparecimento do que futuramente ficou conhecido como banqueiros e altas finanças. Para Jacques Le Goff:

Que o comércio seja negócio dos mercadores não surpreende. Em compensação, por que insistir, quanto a esse ponto, sobre

---

[108] "(...) facilidades e impunidade o comércio longínquo de longa distância pode proporcionar (...) a quem quer moldar o mercado, apagar a concorrência com um monopólio de direito ou de fato, afastar de tal forma a oferta e a procura que os *terms of trade* dependam unicamente do intermediário, único a par da situação dos mercados nas duas pontas da longa cadeia. Condição *sine qua non* para entrar nos circuitos do grande lucro: ter capitais suficientes, crédito na praça, boas informações, relações, e finalmente sócios nos pontos estratégicos dos itinerários e que partilhem o segredo do negócio" (Braudel, 1979b:366-367).

os banqueiros? Porque a Idade Média faz surgir uma categoria social nova: o mercador-banqueiro. Os dois são então indissociáveis (...) Ora, eis que aparece, no século XI, o mercador, cuja atividade apresenta rapidamente outra face: o banco (Le Goff, 2005:96).[109]

No entanto, como se poderia pensar a *acumulação primitiva* responsável pela deflagração da atividade comercial de longa distância? Em outras palavras, qual a origem da riqueza que financiou o comércio longínquo para os europeus em seu primeiro momento, quando da reabertura do Mediterrâneo no século XI?[110]

Em primeiro lugar, Henri Pirenne indicou um dos caminhos a serem evitados.

Nada nos autoriza a crer que os precursores dos grandes mercadores da Idade Média tenham iniciado a sua carreira com fortuna pessoal. Não devem ser considerados como donos de terras que arriscavam as suas rendas no negócio ou que vendiam sua terra para usar-lhe o valor como capital inicial (Pirenne, 1963:165).

---

[109] Ou, ainda, para Charles Kindleberger, "The usual textbook view is that banking developed from goldsmiths who issued receipts for gold left with them, which later circulated from hand to hand, and that observation of this circulation ultimately induced goldsmiths to issue receipts without previous deposit (...) Goldsmiths evolved into bankers only in the middle of the seventeenth century in England. Banking developed much earlier and was connected especially with foreign trade" (Kindleberger, 1993:37). Ver também (Braudel, 1979a:345) e Pirenne (1963).

[110] *Acumulação primitiva* é um conceito que foi desenvolvido por Karl Marx e significa, mais precisamente, "o processo histórico que dissocia o trabalhador dos meios de produção" (Marx, 1890:830). Quando empregado neste trabalho, no entanto, o conceito refere-se *apenas* ao sentido mais amplo considerado pelo próprio autor, ou seja: de que existe um ponto de partida lógico nos processos de acumulação de modo geral; uma acumulação originária que "(...) é seu ponto de partida (...) [que] desempenha na economia política um papel análogo ao do pecado original na teologia" (Marx, 1890:828).

Karl Marx (1890, capítulo XXIV), apesar de ter analisado um momento histórico distinto, relacionou ao tema da *acumulação primitiva* as ações e instrumentos comandados pelo poder político territorial, denominando-as de "diferentes meios propulsores (...) [que] se baseiam em parte na violência mais brutal (...)" (Marx, 1890:868-869). Seguindo essas pistas, os saqueadores, conquistadores e colonizadores em um primeiro momento foram as cidades italianas, precisamente aquelas que dominariam, em seguida, os circuitos intraeuropeu e do Mediterrâneo, prestes a reaparecer para os europeus. Os casos de Gênova, Pisa e Veneza são bastante ilustrativos e exemplificam bem as ideias de Marx sobre os meios propulsores da acumulação primitiva. Seus saques e conquistas foram seguidos de acordos comerciais vantajosos, construídos com base no poder das armas. Jacques Heers apontou para essa direção quando afirmou que:

> Os navios de Pisa e de Gênova atacam em toda a parte os piratas muçulmanos, até em refúgios da África do Norte, e apoiam os exércitos de Aragão no litoral espanhol. A guerra e a pilhagem explicam suas riquezas recentes, suscitam em seguida suas primeiras expedições mercantis (Heers, 1981:122).[111]

---

[111] Seguem algumas passagens descritas por Pirenne. Sobre a atuação dos pisanos: "Daí em diante [segunda metade do século XI] a sorte favoreceu resolutamente os cristãos [nas guerras contra o Islã]. Uma expedição, à qual a presença do bispo de Módena acrescenta-se ao prestígio da Igreja, atacou Mehdia, em 1087. Os marujos viram no céu o arcanjo Gabriel e São Pedro que os guiavam no combate; apossaram-se da cidade, mataram os 'Sacerdotes de Maomé', saquearam a mesquita e não tornaram a embarcar senão depois de haver imposto aos vencidos um vantajoso tratado de comércio. A catedral de Pisa, construída após este triunfo, simboliza admiravelmente o misticismo dos pisanos e a riqueza que começavam a proporcionar-lhes, em abundância, as suas vitórias. As colunas, os ricos mármores, as ourivesarias, as cortinas de ouro e púrpura trazidos de Palermo [1052] e de Mehdia [1087] serviram para decorá-la." (Pirenne, 1963:34). Um exemplo similar para o caso de Gênova pode também ser citado: "Em 1097, Gênova enviou uma armada que levava aos Cruzados, que sitiavam Antioquia, reforços e víveres, obtendo de Bohemundo de Tarento, no ano seguinte, um *fon-*

As guerras se seguiam, com novas conquistas, derrotas e reconquistas, mas foi dessa atividade militar que a riqueza e as condições iniciais necessárias ao desenvolvimento da atividade do comércio de longa distância foram auferidas, através do estabelecimento de posições mais favoráveis ou monopolistas nos entrepostos comerciais estratégicos.

Os sistemas coloniais, estabelecidos com base no poder das armas, proporcionaram gigantescas vantagens aos "nacionais", que passavam a desfrutar dos monopólios comerciais com as colônias, ou seja, de mercados exclusivos e abundantes recursos naturais. Dessa forma, tais sistemas permitiram, em poucas palavras, uma "acumulação acelerada", uma importante alavanca no processo inicial de concentração de riqueza.

Na mesma perspectiva estavam as políticas protecionistas: "O sistema protecionista era um meio artificial de fabricar fabricantes, de expropriar trabalhadores independentes, de capitalizar meios de produção e meios de subsistência (...)" (Marx, 1890:875). Especificamente, sobre o sistema de crédito público (dívida pública), o autor afirmou que:

---

daco provido de privilégios comerciais e que é o primeiro da vasta série dos que as cidades marítimas obtiveram mais tarde nas costas da Terra Santa (...) Em 1104, possui em S. João d'Acre uma colônia à qual o rei Balduíno cede a terça parte da cidade, uma rua que dá para o mar e uma renda de 600 besantes de ouro, pagável com as alcavalas" (Pirenne, 1982:35). Na mesma linha, sobre as demais Cruzadas, Pirenne afirmou que: "Durante a segunda Cruzada, os navios italianos transportaram à Terra Santa, acompanhando o litoral da Anatólia, as tropas de Luis VII e de Conrado III. A terceira Cruzada nos proporciona uma prova típica do aumento da tonelagem italiana e provençal, que já era bastante considerável para transportar as tropas de Ricardo Coração de Leão e de Felipe Augusto (...) É conhecida a maneira pela qual os venezianos exploram a situação em proveito próprio e desviaram para Constantinopla a frota provida para a quarta Cruzada, cujos chefes, não podendo pagar o preço combinado para a passagem, tiveram que abandonar-lhes a direção: por fim, a armada sitiou Constantinopla e tomou-a" (Pirenne, 1963:37).

(...) converte-se numa das alavancas mais poderosas da acumulação primitiva. Como uma varinha de condão, ela dota o dinheiro de capacidade criadora, transformando-o assim em capital, sem ser necessário que seu dono se exponha aos aborrecimentos e riscos inseparáveis das aplicações industriais e mesmo usurárias (Marx, 1890:872).

É interessante notar que, quando tratou do sistema de crédito público (dívida pública) como meio propulsor da acumulação primitiva, Marx não só fez referência às cidades de Veneza e Gênova, definindo-as como pioneiras em tais práticas, como também o articulou às guerras, ao comércio de longa distância e ao sistema colonial. Em suas palavras:

> O sistema de crédito público, isto é, dívida pública, cujas origens já vamos encontrar na Idade Média, em Gênova e Veneza, apoderou-se de toda a Europa durante o período manufatureiro. Impulsionava-o o sistema colonial com seu comércio marítimo e suas guerras comerciais (Marx, 1890:875).

Em suma, apesar de Marx não ter atribuído papel relevante ao poder político na dinâmica do processo de acumulação, analisado ao longo de sua teoria presente em *O Capital*, o fez na descrição mais histórica da *acumulação primitiva*, quando conferiu funções importantes ao poder político, mediante os instrumentos por ele comandados.

No entanto, ainda assim, a questão da *acumulação primitiva* permanece: como foram financiados os empreendimentos militares responsáveis pelos primeiros saques e conquistas?

Georges Duby, por sua vez, ao analisar as fortunas eclesiásticas e laicas na virada da Idade Média Antiga para a Plena, mapeou um quadro de informações bastante relevantes. De acordo com o historiador, durante os séculos X e XI, fase de relativo isolamento da economia europeia em comparação aos demais circuitos comerciais, tanto a riqueza eclesiástica quanto a laica encontravam-se, em sua maioria, imobilizadas na forma de terra. Paralelamente, observa-se um processo de concentração de riqueza, sobretudo de terras, nas mãos da Igreja em detrimento das fortunas laicas, em algum grau semelhante ao que ocorrera do século IV ao VI por conta das invasões eslavas e germânicas (*The Times*, 1995:98-99), como descrito anteriormente. Já nos séculos IX e X, o contexto era o das invasões sarracenas, magiares e viquingues (Times, 1995:110-111).

A inesgotável vaga de esmolas enriquecia-as incessantemente. Ainda muito rude, o sentimento religioso levava então a considerar a oferenda de bens materiais aos servidores de deus como o mais salutar dos gestos de piedade. Todos os cristãos *[sobretudo os proprietários das fortunas laicas]* davam, e muitas vezes. Davam aquilo que tinham em abundância e que consideravam mais precioso, ou seja, a terra. As atitudes religiosas determinaram nessa época uma transferência de riquezas de extraordinária amplitude, que fez nascer e prosperar, em detrimento dos patrimônios laicos, inúmeros senhorios da Igreja (Duby, 1988:16).

No entanto, no século XII, a forma dos recebimentos da Igreja que alimentavam sua fortuna passou a ser diferente, alterando sua composição patrimonial. Cada vez mais as esmolas eram dadas em outras formas mobiliárias de riqueza, em detrimento da terra, ou seja:

Os direitos das Igrejas foram-se pulverizando um pouco nesta época *[século XII]*; além disso, deixaram de receber terras em esmola. No entanto, compravam-nas cada vez mais. Efetivamente, o dinheiro chegava mais facilmente às suas mãos do que às dos senhores laicos (...) (Duby, 1988:17).

O que se depreende é a perda de centralidade da terra, enquanto representação da riqueza, e um crescimento das formas mobiliárias, sobretudo moedas cunhadas, cujo valor se manifestava de duas maneiras: enquanto moeda cunhada através do seu valor nominal (de face), caso estivesse no espaço político-territorial da autoridade central que a criou; e enquanto mercadoria por meio do seu valor intrínseco, mensurado com base na moeda de conta válida no espaço em que se encontrava.

Através desses processos, a Igreja Católica Romana acabou por absorver um estoque de riqueza, que, se em outros momentos (séculos IV-VI e séculos X-XI) fora, em sua maior parte, composto por terras espalhadas pela Europa, a partir do século XII assumiu, principalmente, a forma de moedas cunhadas. Assim, foi-se formando, mesmo antes do século XII, um fundo de riqueza *mobiliária*, avaliado ou por seu valor de face ou por seu valor enquanto mercadoria, dependendo da situação e oportunidade. Este acabou por se estabelecer como um importante meio de financiamento das ações militares contra o Islã, em outras palavras, das ações de reabertura do comércio de longa distância aos europeus (Guerras de Reabertura do Mediterrâneo e as Cruzadas).[112]

Deve-se notar que esse fundo colaborou com as empreitadas militares em regiões mais distantes (Levante, Norte da África etc.), localizadas fora do espaço de circulação das moedas e das demais evidências de dívidas emitidas pelas autoridades centrais do "velho" continente; em regiões onde as moedas *cartais* dos europeus não detinham qualquer penetração, assim como as letras de câmbio por eles emitidas; o que importava eram mercadorias (sobretudo metais preciosos) que tivessem algum valor de mercado ou utilidade para os povos que atuavam naqueles espaços, de modo que pudessem ser negociadas (vendidas) na moeda local, tornando possível a aquisição de poder de compra e a realização de gastos alhures.

---

[112] Ver também Perroy (1953a:63).

Georges Duby afirmou exatamente que essa fortuna eclesiástica na forma de metais, de fato, foi utilizada para o financiamento das Cruzadas.

Os primeiros grandes pedidos *[de empréstimos em metais preciosos]* parecem ter partido dos cavaleiros que foram em cruzada e que então se dirigiram aos grandes santuários, detentores de um tesouro abundante munido de ouro e prata. Os religiosos exigiam que lhes dessem como penhor, até o reembolso, uma quantidade de terra, cujo rendimento correspondesse aproximadamente ao juro da quantia emprestada (Duby, 1988:89).[113]

É imprescindível perceber que se fazia necessária a existência de uma moeda de conta que servisse de referência (moeda de denominação) para esses contratos. Algo que, como visto antes, o próprio Georges Duby mostrou ser evidente naqueles tempos.

De acordo com o vocabulário financeiro moderno, tal operação de empréstimo para difusão da "fé cristã" contra os povos "bárbaros" envolvia geralmente um "colateral" na forma de terra (descrita e cotada em uma moeda de conta), "juros" e "amortização do principal" na forma de rendimentos da terra (expressos também na mesma moeda de conta), com a Igreja patrocinando as operações de "*finance*"[114] e de "*funding*"[115] das ações militares de conquista com base na fortuna mobiliária estocada em seus mosteiros.

---

[113] Pirenne encontrou evidências semelhantes. "A Igreja foi a indispensável emprestadora daquela época [século XI]. Já vimos que *só* ela possuía um capital mobiliário que a transformava em potência financeira de primeira ordem (...) Antecipavam os fundos necessários, contanto que o devedor empenhasse uma extensão territorial que garantisse o pagamento de sua dívida. Dava-se o nome de *vifgage* (penhor vivo) àquela em que os rendimentos dos bens empregados se deduziam do capital emprestado, e de *mort-gage* (penhor morto) àquela cujos frutos recolhia o credor, sem prejuízo do reembolso inteiro do capital" (Pirenne, 1963:121-122).
[114] Operações de financiamento de curto prazo.
[115] Operações de alongamento dos prazos de dívidas já assumidas.

Além de ter sido decisiva para financiar as atividades de conquista e os saques inerentes ao processo de *acumulação primitiva*, a Igreja Católica Romana criou um fluxo de recursos na forma de riqueza mobiliária para Roma e de lá para outras localidades, que começava a perpassar por mosaico monetário em plena formação, a partir do século XI (tema do próximo capítulo). Como dito, isto ocorreu por conta e no contexto: do acirramento das rivalidades com o inimigo "externo" (não cristão) e o "interno" (Igreja Ortodoxa de Constantinopla); e do precoce fortalecimento da sua função central em seu território e nas suas mais diversas unidades eclesiásticas espraiadas por todo Ocidente, em especial no que diz respeito ao recolhimento do dízimo, naquele momento, de caráter compulsório (como um tributo).

As implicações deste fato são decisivas para a história europeia. Esteve desde muito cedo a Igreja Católica em uma posição de destaque no que diz respeito às finanças, ao "comércio do dinheiro" e ao jogo cambial, e, por conseguinte, a sua necessidade de lidar com os problemas e oportunidades criados pela gestão de recursos econômicos mobiliários e pela conversão monetária. Em outras palavras, antes mesmo do reaquecimento do jogo mercantil intraeuropeu e do seu renascimento econômico propriamente, consolidou-se um fluxo de valores por toda a Europa, tendo Roma como centro, cujo resultado foi viabilizar e alavancar o jogo financeiro e cambial em proporções não identificáveis em outros espaços naqueles tempos. O próprio desenvolvimento da circulação das letras de câmbio e a liquidez necessária ao financiamento dos grandes empreendimentos históricos (por exemplo, as Cruzadas e, posteriormente, as Viagens de Descobrimento) são corolários dessa especificidade da inserção da Igreja Católica nos processos de acumulação de poder e riqueza característicos do medievo. Da mesma forma, a condenação à prática dos juros reforçava sua posição privilegiada no jogo financeiro de então.

Talvez esta seja uma das chaves para se entender o que Paul Kennedy (1989) definiu como o "milagre europeu",[116] ocorrido a partir do século XV. A força expansiva europeia desde o século XI, com as guerras de Reabertura, Reconquista e Cruzadas, passando pelas Grandes Navegações conduzidas pelos Ibéricos, pelos impérios coloniais europeus e pelo imperialismo das grandes potências, requereu desde sempre uma enorme capacidade de financiamento e gasto, e cada vez mais sofisticada, que permitisse expansões do crédito muito além das necessidades e dos recursos provenientes das trocas e da produção. Até os dias de hoje, os movimentos expansivos mais expressivos necessitaram de um sistema (financeiro) capaz de mobilizar recursos de natureza econômica sem proporções com a economia real; precisam de um circuito de criação de poder de compra para além das necessidades dos mercados. Em contrapartida, para o mercador-banqueiro, as possibilidades de financiamento dos empreendimentos expansivos se constituíam numa oportunidade de lucro e num passaporte para consolidação de posições privilegiadas na acumulação *acelerada* de riqueza, sobretudo em caso de vitória.

---

[116] Trata do fenômeno de como e por que foi a Europa Ocidental que conseguiu se impor a todo o mundo a partir das Grandes Navegações, consolidando uma ordem ocidental global nos séculos que se seguiram até a atualidade.

CAPÍTULO 9

DAS ILHAS MONETÁRIAS À *EXCHANGE PER ARTE*: O NASCIMENTO DAS ALTAS FINANÇAS

> *The world of exchange per arte was a world of abstract wealth (...)*
> BOYER-XAMBEAU ET AL.
> *(Private Money & Public Currencies)*

Os séculos IX e X foram marcados por um contexto de enorme pletora monetária, decorrente da fragmentação da configuração do poder, quando do fim do Império de Carlos Magno e das invasões sarracenas, magiares e viquingues que se seguiram.[117]

Num momento seguinte, do século XII ao XVI, a partir do fortalecimento das autoridades centrais ao longo da Idade Média Plena, produziu-se, concomitantemente, um mosaico monetário mais bem-definido em comparação à pletora predominante nos

---

[117] "Era impossível, entretanto, que a dissolução do Império carolíngio e a queda da administração monárquica, na segunda metade do século IX, não exercessem a sua influência na organização monetária (...). No meio da anarquia em que naufragou o poder real, os príncipes feudais usurparam o direito de cunhar moedas. Os reis, por seu turno, concederam-no a muitas igrejas. Com o correr do tempo, houve através de todo o Ocidente tantos denários diferentes em circulação quantos feudos existiam com direito de alta justiça. É óbvio acrescentar que disso resultou uma formidável desordem" (Pirenne, 1963:112). Para maiores informações sobre as invasões sarracenas, mariages e viquingues, ver *The Times* (1995:110-111).

séculos IX e X, ou seja: um conjunto de diferentes unidades de conta contíguas e circunscritas, cada qual assentada sobre determinada autoridade central, com poder de proclamá-la e reescrevê-la de tempos em tempos, e cujas fronteiras eram, a princípio, exatamente coincidentes às fronteiras políticas da autoridade que a criara. "From the thirteenth to the sixteenth century, each zone of sovereignty had its own unit of account, expressing the autority of its prince by being exclusive to that territory" (Boyer-Xambeau et al., 1994:6).

Com base nos argumentos discutidos nos capítulos anteriores, pode-se dizer que o surgimento de tal mosaico foi resultado direto da consolidação dos monopólios da violência e da tributação. O fortalecimento da autoridade central permitiu-lhe impor a condição de devedores aos seus súditos, como também determinar a forma como seriam quitadas tais posições passivas e a unidade de conta de tais débitos. Assim, o resultado paralelo ao processo de fortalecimento da autoridade central e de concentração do poder na Europa Ocidental foi a formação de um mosaico de diferentes unidades de conta, sendo cada qual uma representação legítima e clara da soberania da autoridade que a criou. Este é, por assim dizer, um desdobramento natural do caráter *cartal* das moedas de que falou Knapp.

A tabela 1 apresenta as unidades de conta válidas em diferentes espaços político-territoriais da Europa no século XVI, quando já se havia alcançado um estágio avançado no processo de concentração de poder. Deve-se observar que, nas situações em que há denominações iguais para unidades de conta proclamadas por diferentes autoridades centrais, não se trata de uma mesma moeda.[118]

---

[118] É como o que ocorre nos dias de hoje, por exemplo, no caso do *dólar*, em que existem o norte-americano, o australiano, o canadense, entre outros; ou como ocorria num passado recente com o *franco*, em que havia o francês, o belga e o suíço (que ainda existe).

TABELA 1
O MOSAICO MONETÁRIO EUROPEU NO INÍCIO DO SÉCULO XVI

LOCAIS	UNIDADE DE CONTA
Inglaterra	01 pound = 20 sous = 240 sterlin
Portugal*	01 rais = 10 escudos = 100 centavos
Terras do Império**	
Frankfurt	01 thaler = 3/2 florin = 90 kreuzer (caratany) = 360 pfennigs
Augsburgo	01 florin = 15 batzen = 20 gros = 60 kreuzer
Colônia	01 florin = 04 mark = 24 albus = 288 heller
Nuremberg	01 florin = 15 batzen = 20 gros = 60 kreuzer
Espanha	
Aragão	01 pound = 20 sous = 240 deniers
Castela	01 ducado = 375 maravedis and decimal subdivisions
Países Baixos	01 pound gros = 20 sols (shillings) = 240 deniers (groots)***
França	01 livre tournois (= 4/5 livre parisis) = 20 sols = 240 deniers
Reino de Nápoles	01 tari = 02 carlini = 20 grani = 200 piccoli
Reino da Sicília	01 tari = 02 carlini = 20 grani = 200 piccoli
Estados Papais	01 lira = 20 soldi = 240 dinari
Ducado da Toscana	01 lira = 20 soldi = 240 dinari
Veneza	01 lira = 20 soldi = 240 dinari
Gênova	01 lira = 20 soldi = 240 dinari

Fonte: Boyer-Xambeau et al. (1994:107).
* Antes de 1385 e depois de 1580, Portugal usou o sistema de Castela.
** Foram citadas apenas algumas cidades.
*** Ou: 01 pound artois = 01 florin = 20 stuber = 160 duijts = 320 pfennigs.

Do ponto de vista *individual* de cada território monetário (*cartal*), ao longo do século XI ao XV, consolidou-se um padrão monetário (moeda de conta) que passou a servir de referência geral para avaliação da riqueza.

O ponto de partida para tanto foi a organização de um sistema de pagamentos (público) comum a toda coletividade, através do processo de monopolização dos instrumentos de tributação monetária e de sua disseminação no espaço em que a autoridade central exercia poder. Nesse primeiro momento, a autoridade central monetizou sua riqueza, ao organizar seu sistema tributário com base em instrumentos monetários. Consequentemente, edificou um sistema de compensação de débitos e créditos em que praticamente todos os "conterrâneos" eram obrigados a operar e em cujo centro estava a moeda de conta por ele escrita e arbitrada. Esse sistema passou a ser o de referência para todos os agentes que atuavam nos mais diversos mercados, pois nenhum outro ator era capaz de construir uma comunidade de pagamento tão ampla e disseminada quanto a da autoridade central. As rendas do "príncipe" eram, de fato, as mais importantes de todas as rendas.

Com efeito, simultaneamente a esse processo de monetização da riqueza da autoridade central, por um lado, e às trocas que principiavam recuperar-se, por outro, a acumulação de créditos (moedas) surgia como uma estratégia de enriquecimento diferente da conquista de terras, que predominava, até então, como a mais importante.

Portanto, pode-se dizer que ocorreu, naqueles tempos na Europa Ocidental, um processo de monetização generalizada da riqueza, pois independentemente de sua forma, esta passou a se referir, sobretudo, através da moeda de conta arbitrada pela autoridade central, além de ter se consolidado ao centro do processo de acumulação de riqueza.

Nesse contexto, em que a acumulação de riqueza passou a se expressar sobretudo mediante acumulação de créditos (moedas), que permitem a liquidação de débitos e a aquisição de produtos e serviços, o "jogo" de compensação e de transferência de créditos ganhou, desde muito cedo, considerável importância. No primeiro momento:

> The banks of deposit or 'giro', which first appeared in the trading of northern Italy in the thirteenth-fouteenth centuries,

were not conceived as a source of credit (...) one could transfer from account to account or from bank to bank by a simple stroke of the pen without having to evaluate a multitude of coins one by one. This is why the early bankers were not pawn brokers as one might have expected, but money changers (Day, 1999:36).[119]

No entanto, não demorou para que esses mercadores-banqueiros aproveitassem as excelentes oportunidades de enriquecimento mediante operações de empréstimos monetários com base na alavancagem de sua estrutura patrimonial, ou seja, criação de créditos sem que ele dispusesse de moeda *valuta* (débitos da autoridade central) suficiente, de modo a que seu passivo estivesse completamente coberto. "Bankers were supposed to retain all their clients' deposits in their strong boxes, but the rule was constantly violated as the panics and bankruptcies that punctuate the history of the private banks at Venice attest" (Day, 1999:37).

Tratava-se de empréstimos liquidados com base na "moeda *valuta*" (proclamada e cunhada pela autoridade central), fosse metálica ou em qualquer outra mercadoria. Mesmo as operações que se baseavam na entrega de uma mercadoria (metais preciosos, por exemplo), e cujos juros, amortização do principal e colaterais (quando havia) eram também definidos em termos de alguma mercadoria ou serviço específicos, precisavam se expressar em termos de uma moeda de conta.[120]

Por fim, cabe observar que alguns autores sugeriram que os bancos públicos surgiram em razão da necessidade de se organizar

---

[119] Segundo Braudel, "essas atividades [depósitos e transferência bancária] desde cedo foram de competência de bancos privados, por exemplo, dos bancos venezianos chamados *di scritta*, ou dos bancos napolitanos (...)" Braudel (1979b:344). Alguns detalhes sobre os bancos venezianos *di scritta* serão vistos no capítulo 4.

[120] Como visto, esse tipo de empréstimo foi comumente empregado pela Igreja quando, por exemplo, das Cruzadas.

esse "jogo" de compensação e transferência de débitos e créditos (Kindleberger, 1993; Day, 1999). Por essa razão:

> In theory at least, early banks of deposit were not discount or lending banks. They did not create money but served a system of 100 percent reserves (...). Overdrafts were forbidden. In practice, the standards proved difficult to maintain, especially in face of public emergency [entenda-se guerras] (Kindleberger, 1993:49).[121]

Do ponto de vista do *conjunto* das ilhas monetárias que se formaram ao longo dos séculos XI a XV na Europa Ocidental, as transações econômicas que ultrapassavam os diferentes *espaços--soberanos*, qualquer que fosse sua natureza, tiveram que lidar cada vez mais com a conversão monetária, isto é, operar com distintas unidades de conta que denominavam diferentes instrumentos de débitos e créditos. Em outras palavras, no circuito intraeuropeu, onde estavam em formação territórios monetários contínuos e circunscritos, as atividades econômicas passaram a envolver naturalmente operações cambiais.

Foram as letras de câmbio o mais importante e difundido instrumento monetário para se lidar com os problemas de conversão inerentes ao contexto de um mosaico de unidades de conta. Um exemplo histórico narrado por Braudel (1979b:119) ajuda a descrever do que consistiam mais propriamente as operações com base em letras de câmbio. De acordo com este, produtores de lã de Toledo (Espanha) venderam em Florença parte de sua produção a mercadores italianos. Para não ter que esperar pelo recebimento das *liras florentinas*, os produtores preferiram recorrer a um mercador-banqueiro de Medina del Campo (importante praça finan-

---

[121] Os primeiros bancos públicos criados na Europa Ocidental foram: *Taula de Cambis* em Barcelona, 1401; *Casi di San Giorgio*, em Gênova, 1407; *Banco di Rialto* em Veneza, 1587; e *Banco de Amsterdam*, 1609 (Braudel, 1979b:344).

ceira da Espanha), Simón Ruiz, que lhes entregou o valor correspondente em *maravedis* (unidade de conta do reino de Castela), obviamente a uma taxa que lhes era desfavorável, além de cobrar algumas comissões pelo serviço.[122] Em contrapartida, Simón Ruiz recebeu um crédito, na forma de uma letra de câmbio, a ser sacado três meses depois em Florença, em *liras florentinas* sobre os mercadores italianos que compraram a lã. Simón Ruiz, para tanto, encaminhou a letra de câmbio a um comissário seu, residente em Florença, com a incumbência de receber as *liras florentinas* quando do prazo final da liquidação do instrumento. Recebidas as moedas, imediatamente o comissário de Simón procurou comprar novas letras de câmbio que pudessem ser descontadas meses depois em Medina del Campo, de modo a que Simón Ruiz ganhasse novamente da mesma forma, recebendo o dinheiro que investiu em casa (Medina del Campo) e em *maravedis*. Segundo Braudel, "Porque os interessados não quiseram, ou não puderam, recorrer à ida e volta mercantil normal é que Simón Ruiz pôde executar a operação para eles, contra um juro líquido de 5% por um crédito de seis meses" (1979b:119).

O mesmo exemplo histórico foi utilizado por Boyer-Xambeau e colaboradores (1994:131 e 132), que o complementaram ficticiamente a fim de ilustrar as ramificações e o alcance da atuação dos mercadores-banqueiros sobre a Europa. Os autores imaginaram a situação em que, não havendo significativos fluxos de exportação de Florença para a Espanha, o comissário de Simón Ruiz em Florença tivesse que recorrer a outras praças financeiras como parte das estratégias de seu chefe, não somente para reenviar os ganhos auferidos, mas também aproveitar outras oportunidades de ganho no movimento de circulação das letras de câmbio, pois esses ban-

---

[122] Boyer-Xambeau et al. (1994) fizeram referência a dois tipos de comissão: uma primeira "received when concluding the exchange contract" (Boyer-Xambeau et al., 1994:131), e uma segunda, denominada "exchange-center fees" coletada por cada contrato assinado (Boyer-Xambeau et al., 1994, capítulo 6, nota 5).

queiros atuavam simultaneamente em diferentes praças espalhadas pelo espaço intraeuropeu. No caso, a operação descrita seguiu de Florença para Lyon (importante praça financeira da época), e, por fim, de Lyon a Medina del Campo, onde Simón Ruiz reembolsou em moeda local (*maravedis*) seu dinheiro aplicado inicialmente na aquisição da letra de câmbio emitida pelos produtores de lã de Toledo, além dos ganhos provenientes da circulação das letras de câmbio pelas diversas praças financeiras, com os descontos a ele favoráveis, e das comissões recebidas. Do ponto de vista do movimento do valor aplicado pelo mercador-banqueiro, este teria passado por três diferentes conversões cambiais: de *maravedis* para *liras florentinas*; desta para *livres tournois* (moeda de conta francesa da época); e, por fim, novamente para *maravedis*.[123]

Inicialmente, deve-se notar que, para os produtores de lã, o problema resumia-se ao reconhecimento social de sua riqueza, que ocorre quando esta encarna a forma geral de riqueza válida no território em que desejam efetivá-la, ou seja, quando se expressa por meio da moeda de conta válida no território em que atuam. Para estes, portanto, seu problema envolvia a transferência de créditos no exterior para dentro do seu espaço doméstico. "The measure of wealth could only be social if it was expressed in the unit of account recognized by society (what we have called the domestic unit of account), or in a currency connected with it by a fixed ratio, which was thus a *general money of account*" (Boyer-Xambeau et al., 1994:134).

Evidencia-se, com efeito, um dos papéis básicos que as moedas de conta emitidas pelas autoridades centrais alcançaram no processo de acumulação de riqueza daqueles tempos na Europa, qual seja: o de denominador comum a todas as formas de riqueza dentro de um território político-territorial, pois através dela há seu reconhecimento social.

---

[123] Para outra descrição geral de como se dava a operacionalidade das letras de câmbio, ver Kindleberg (1993:41-43). Para uma descrição ainda mais didática e completa, ver: Boyer-Xambeau et al. (1994:25-37).

Por outro lado, deve-se notar também que os objetivos de cada um dos envolvidos nas operações com as letras de câmbio eram distintos. Enquanto o exportador de Toledo procurava justamente transferir seus créditos para dentro do espaço em que atuava, para a moeda de conta válida e utilizada dentro do espaço político em que residia, o mercador-banqueiro buscava a valorização de sua riqueza por meio dos movimentos desses créditos que circulavam dentro do mosaico intraeuropeu.

Esse recorte em relação aos distintos objetivos dos dois grupos envolvidos com a circulação de letras de câmbio permite caracterizar mais adequadamente o que havia por trás das operações de letras de câmbio. No caso da circulação comercial, a necessidade de se transferir fundos sobre um mosaico monetário como o europeu daqueles séculos tornava as operações com letras de câmbio indispensáveis aos comerciantes: *forced exchange by bills*. Por seu turno, para o caso dos mercadores-banqueiros, essas mesmas operações não eram indispensáveis; ao contrário, eram realizadas quando oportunas, como estratégias de enriquecimento e valorização de sua riqueza mobiliária: *exchange per arte* (Boyer-Xambeau et al., 1994:130).

O importante a se depreender é que a letra de câmbio que se desenvolveu e se espalhou pela Europa a partir o século XII, instrumento intrinsecamente relacionado ao mosaico monetário que foi se formando ao longo daqueles séculos, permitiu o desenvolvimento de formas de enriquecimento através da arbitragem monetário-financeira. A letra de câmbio não se resumia a uma técnica monetária de auxílio às trocas que exigiam conversão cambial, tampouco se constituía em mais um instrumento de crédito entre tantos que se desenvolviam naquele momento histórico. Seu caráter esteve mais ligado às práticas estritamente de arbitragem, características daqueles tempos, próprias dos antigos "mercados de câmbio" de outrora, já organizados com base em grandes redes de desconto e liquidação de créditos e débitos emitidos em diferentes espaços e em diferentes moedas de conta. Uma rede que, para alguns, propiciava uma estratégia de acumulação de riqueza em forma abstrata, baseada exclusivamente no jogo de compensação e liquidação de posições passivas.

Existia, portanto, uma dimensão estritamente financeira envolvendo a utilização das letras de câmbio, cujos ganhos, em grande medida, advinham da capacidade de valorização fictícia da riqueza mediante arbitragem das taxas de conversão cambial. Os mercadores-banqueiros podiam realizar tais ganhos, pois detinham posições simultâneas em diversas praças financeiras, construídas naturalmente pelos entrepostos inerentes à atividade mercantil. Seu sucesso estava assegurado pelo lugar privilegiado no jogo de compensação das letras. O cerne de sua habilidade de valorizar a riqueza estava na capacidade de se posicionar favoravelmente no que se referia às diferenças entre as taxas de conversão cambial inerentes aos contratos daquele instrumento monetário, ou seja, entre as taxas de conversão das unidades de conta presentes nas operações que envolviam as letras de câmbio. "Because it [the bill of exchange] was based in the combination of several exchanges, the enrichment of the exchange banker depend on the relationship between their rates" (Boyer-Xambeau et al., 1994:83).

O exemplo dado por Boyer-Xambeau e colaboradores (1994), com base em registros históricos das remessas entre os centros financeiros de Medina del Campo e Lyon durante os anos de 1578-1596, confirma não apenas que o diferencial entre as taxas de conversão era positivo em favor dos mercadores-banqueiros, mas que seus lucros em média alcançavam os 8% em cada operação de ida e volta no circuito entre Medina e Lyon (Boyer-Xambeau et al., 1994:85 e 87).

Essa forma de enriquecimento não esteve ligada *diretamente* à dinâmica do comércio intraeuropeu, mas à arbitragem da cotação das moedas estrangeiras nos mercados (feiras) locais. Ou seja, correspondeu a uma dinâmica essencialmente financeira de valorização fictícia da riqueza, denominada *"exchange per arte"*, que:

(...) indeed serves as an example of a monetary deal in which the exchange banker legitimately grew rich through the difference between two prices of the same money (...) it is striking to observe how far the thought of sixteenth century exchange bankers ventured outside any "real" concept: their enrichment was measured in unit of account or in percentages, and the calculation of reference rates dealt exclusively with units account (Boyer-Xambeau et al., 1994:206).

Do ponto de vista mais geral, pode-se concluir que o processo que moldou esse contexto característico da acumulação de riqueza na Europa Ocidental a partir do século XII e que, portanto, permitiu o desenvolvimento dessa prática específica de enriquecimento foi a acumulação de poder, anteriormente descrita, responsável pela formação de unidades político-territoriais contínuas e claramente circunscritas, cuja forma de interação pautou-se, em última instância, pela competição e rivalidade, em outras palavras, pelo "dilema de segurança". Do ponto de vista monetário, o que se formou nesse mesmo espaço foi um conjunto de ilhas monetárias, cada qual com sua moeda de conta, operando, a princípio, dentro dos limites político-territoriais da autoridade central que a proclamou, através de sua capacidade de imposição dos mecanismos de tributação monetária a seus súditos. Para tanto, o decisivo, decerto, fora a consolidação do monopólio da violência em seu espaço de dominação. Desse mosaico europeu, criou-se uma enorme oportunidade para a acumulação de riqueza através do quadro *inter-monetário*, que passava por cima do conjunto de unidades político-territoriais, mas sem jamais dele desgarrar-se.

Por outro lado, a mobilização e a concentração de recursos de natureza econômica, transferidos para Roma, provenientes de diversas partes da Europa, e de lá redistribuídos para outras regiões, deflagraram e dinamizaram esse jogo financeiro de circulação de letras de câmbio, tornando-a, desde suas origens, desgarrada das trocas mercantis, operando na verdade como estímulo a estas ao produzir a liquidez necessária à promoção do comércio e à transferência de créditos (valores) no espaço intraeuropeu cristão ligado à Igreja Católica Romana.

Depreende-se que a *exchange per arte* era uma prática, como visto, bastante diferente do comércio de dinheiro ou, em outras palavras, das operações com base em empréstimos de curto e longo prazos, em que há a antecipação de poder de compra (moedas), com a contrapartida do recebimento de seu valor em uma data futura, acrescida de outro montante, os juros.

Seu ponto central era a valorização fictícia da riqueza através de operações de arbitragem e/ou especulativas que fossem capazes de incidir sobre as cotações (valores) dos mais diferentes instrumentos de crédito e débito, inclusive no que se refere às cotações entre as moedas de conta, nos mercados de divisas. Tais evidências de dívidas (inclusive moedas) já faziam parte da riqueza patrimonial dos principais atores da acumulação de riqueza naqueles tempos. O "segredo" dos mercadores-banqueiros sempre foi o de se anteciparem a esses movimentos dos valores dos instrumentos financeiros comercializados em seus respectivos mercados, feiras e bolsas, seja por informação privilegiada ou, ainda mais importante, por serem capazes de induzir (produzir) tais alterações.

> The origin of this expansion *[the massive integration of the bill of exchange into the monetary circuits of the period]* was not simply a substitute for other means of settlement. Nor was it a credit note aimed at circumventing canonical bans. Its justification is, rather, to be found in the capacity for enrichment provided by a properly directed and well-mastered exchange by bills network. To understand it, we must consider exchange by bills not as an isolated transaction but as a set of transaction organized in a way as to ensure a permanent and measurable gain (Boyer-Xambeau et al., 1994:135).

Esse tipo de prática de enriquecimento, de um ponto de vista lógico, não ocorre com base nos instrumentos próprios do comércio de dinheiro (empréstimos), pois estas são transações rígidas em que praticamente não há espaço para especulação e arbitragem. Uma vez consagrado o acordo de empréstimo, não há mais nada a negociar, especular ou arbitrar a fim de se valorizar ainda mais o montante investido na operação.

Na Europa, os primeiros registros do uso da letra de câmbio datam do século XII.[124] Cabe notar que, no entanto, há uma controvérsia a respeito da paternidade do referido instrumento monetário-financeiro. Alguns pesquisadores, como Boyer-Xambeau, apontaram para os mercadores europeus;[125] outros, como Janet Abu-Lughod e Fernand Braudel, argumentaram que as letras de câmbio não se constituíram numa invenção propriamente europeia, e sim árabe. Para estes autores, os árabes já haviam desenvolvido a *suftaja*, um instrumento monetário muito semelhante à letra de câmbio que há algum tempo vinha sendo utilizado por seus mercadores.[126]

No entanto, uma investigação um pouco mais detalhada permite observar algumas diferenças entre os dois instrumentos, que

---

[124] "The earliest recorded bills of exchange go back to the end of the twelfth century and appear to coincide with the establishment of commercial practices in Italy's inland cities" (Boyer-Xambeau et al., 1994:25).

[125] "Despite some heated controversy about the origin of bills of exchange, it is now generally agreed that they derived from international trade (...). So, historically, exchange bankers started out as *intra-European merchants who invented this monetary practice* for their trading requirements; and merchants they indeed remained, even when dealing with bills of exchange came to be their main activity" [grifo meu] (Boyer-Xambeau et al., 1994:17).

[126] Nas palavras da autora, "(...) although European bankers did not develop the full bill of exchange until the fourteen century, its precursor, the *suftaja*, of Persian origin, was in full use in Middle Eastern trade [nos séculos XI e XII]." (Abu-Lughod, 1989:223). Os estudos de Fernand Braudel confirmam a ideia, ou seja: "A Antiguidade teve bancos e banqueiros. O Islã muito cedo dispõe dos seus prestamistas judeus e utilizou desde o século X-XI, muito antes que o Ocidente, os instrumentos de crédito, entre os quais a letra de câmbio" (Braudel, 1979a:345).

revelam a originalidade do jogo financeiro europeu baseado na *exchange per art* em relação ao que ocorreu em outros lugares do mundo árabe.

De acordo com os documentos históricos organizados em Goitein (1967) sobre as atividades de comerciantes islâmicos no Mediterrâneo, a partir do Cairo, entre os séculos X e XIII, existem semelhanças e diferenças importantes entre a letra de câmbio e a *suftaja*. Ambas são ordens de pagamento futuro. Todavia, a *suftaja* não implica uma operação de conversão cambial. Ao contrário, pressupõe um recebimento na mesma moeda de quem a emitiu.

> The term for order of payment, ruq'a, is Arabic and simply means piece of paper, note. From this general term, the suftaja, a Persian word usually translated as bill of exchange, is to be differentiated. This translation of suftaja should *not* imply that the bearer of such documents expected to be paid in the currency of the country to which he proceeded, *for the many references to suftajas in the [Cairo] Geniza never contain an element of money changing*. On the contrary. One wished to receive exactly the type money one paid to the issuing banker [grifo meu] (Goiten, 1967:242).

Não há evidência, portanto, de que tenha se formado um mosaico monetário no espaço árabe como ocorreu no continente europeu, sobretudo no que diz respeito a centros de compensação de instrumentos financeiros que envolvessem algum tipo de conversão monetária, como existiu na Europa Ocidental. Provavelmente isso não ocorreu porque não havia no espaço árabe uma unidade político-territorial com uma inserção espraiada por todo o tabuleiro, como a Igreja Católica, e que dinamizasse, em razão das necessidades de financiamento das guerras e do acirramento das rivalidades de poder, os fluxos de recursos de toda a Europa para Roma, perpassando diferentes unidades monetárias circunscritas e contíguas. Igualmente provável é que o comércio entre as diferentes unidades político-territoriais pertencentes aos circuitos mercantis do Médio e Extremo Oriente tenha se realizado com base na lógica mercantil-monetária do tráfico de cabotagem, como será descrito no próximo capítulo.

Afirma-se, em suma, que a gênese das altas finanças, tão característica do mundo contemporâneo, não está no comércio do dinheiro de outrora, ou seja, nas operações de empréstimos a juros, mas no jogo cambial da circulação de letras de câmbio, próprio do mosaico monetário que se formara a partir das "guerras de eliminação" entre os séculos XI e XV. Ademais, ao que indicam as evidências históricas dos comerciantes não europeus, este jogo cambial-financeiro estivera ausente do mundo árabe. Trata-se, com efeito, de uma originalidade do mundo europeu, que, em última instância, pode ser a chave do enigma do que, na literatura, ficou conhecido como "o milagre europeu",[127] ou seja, as razões que levaram os relativamente pouco desenvolvidos povos ocidentais da massa eurasiana a promoverem o movimento expansivo de conquista e dominação, a partir do século XV, de modo a construírem, pioneiramente, um sistema político e econômico de âmbito global séculos depois.

---

[127] Para maiores detalhes sobre o milagre europeu, ver Kennedy (1989, capítulo 1).

CAPÍTULO 10

OS CIRCUITOS DE COMÉRCIO
DE LONGA DISTÂNCIA:
A LÓGICA MERCANTIL-MONETÁRIA DO
TRÁFICO DE CABOTAGEM

> *But nowhere do we read in the Geniza documents*
> *about outright barter. All transactions are*
> *expressed in monetary values.*
> S. D. GOITEIN
> *(A Mediterranean society: economic foundations)*

No que se refere à geografia monetária em proposição, foram abordados até o momento mais detalhadamente dois níveis. Primeiro, o das chamadas "ilhas" monetárias *cartais*, espaços soberanos que surgiram a partir do processo de acumulação de poder característico dos séculos XI até o XV, e onde se formou internamente, com base na disseminação dos instrumentos de tributação monetária, um padrão de valor específico, cuja proclamação era uma prerrogativa da autoridade central que detinha o domínio dos instrumentos de coerção e violência física. Em segundo lugar, tratou-se do espaço intraeuropeu, composto pelo conjunto de contíguas e circunscritas unidades de conta territoriais, denominado de mosaico monetário intraeuropeu.

Além desses dois, havia, naqueles séculos, um terceiro nível, cuja principal característica era, justamente, a lógica mercantil--monetária do tráfico de cabotagem, onde as trocas ocorriam com base nas moedas locais por meio de operações casadas de exportação e importação de bens.

Para tratar desse nível, usa-se como referência principal a análise de Janet Abu-Lughod em seu livro *Before European Hegemony*, onde a autora mapeou os grandes circuitos e rotas comerciais, sua dinâmica e instrumentos, assim como as disputas políticas a eles relacionadas. Apesar de se restringir mais notadamente aos cem anos entre 1250-1350, seu trabalho permite identificar os espaços geográficos mais nobres e estratégicos aos europeus cristãos para acumulação acelerada de riqueza através do comércio de longa distância, e ajuda a esclarecer a natureza e os instrumentos monetários característicos das transações comerciais que ali se efetivavam.

Sua maior contribuição, contudo, está no fato de explicitar uma sequência de fatos que se repetia em sua essência nos diferentes espaços por ela estudados. A história e a geopolítica descritas pela autora revelam que, a partir do estabelecimento da ordem e da paz, graças ao fortalecimento de uma unidade político-territorial, por meio, sobretudo, das guerras e da dominação de seus rivais, seguiam-se as fases de esplendor econômico, com seus intensos tráfegos de mercadores e de bens das mais diversas naturezas, inclusive de escravos.

Ao longo dos séculos XIII e XIV, é possível identificar claramente diferentes circuitos de comércio de longa distância, interligados por grandes rotas, que cobriam uma área que se estendia de Pequim, no Extremo Oriente, até a Europa Ocidental, alcançando os Mares do Norte e o Báltico, o Norte da África, além do Oriente Médio, Índia e Indonésia (Abu-Lughod, 1989:3).

São três as grandes zonas comerciais por ela identificadas: a asiática, a do Oriente Médio e a do Mediterrâneo e Europa. Isto não significa qualquer consideração em relação ao grau de desenvolvimento encontrado nesses grandes espaços; ao contrário, o que se percebeu foi um relativo papel periférico dos europeus no conjunto da circulação de longa distância naqueles tempos (Abu-Lughod, 1989:367-368). Essas três zonas, por sua vez, podem ser divididas em oito grandes circuitos comerciais, a saber: i) golfo Pérsico; ii) mar Vermelho; iii) mar da Arábia; iv) baía de Bengala; v) mar do Sul da China; vi) Ásia Central; vii) Mediterrâneo; e viii) Europeu.

Com base na figura 3 apresentada a seguir, pode-se depreender que, do ponto de vista dos europeus, havia três canais possíveis, que os ligavam a esses grandes circuitos comerciais. O primeiro, que fazia uma ligação direta entre o Mediterrâneo e o Extremo Oriente, era o circuito da Ásia Central, que se estendia de Constantinopla, na faixa oriental do Mediterrâneo, à Pequim (figura 3). O segundo canal era através das cidades do Levante (Acre, Trípoli, Antioquia, Aleppo, Damasco etc.), que permitiu acesso direto aos rios Eufrates e Tigre e, com efeito, à importante cidade de Bagdá, e assim ao golfo Pérsico. Nesse caso, havia o acesso direto à região do Oriente Médio e indireto, seguindo pelo mar da Arábia (Índia), baía de Benguela (Málaca) e mar do Sul da China (Pequim), ao Extremo Oriente (figura 3). O terceiro canal de ligação para os europeus ocidentais era através do circuito do mar Vermelho, cujo acesso dava-se pelo delta do rio Nilo, com destaque para as cidades de Alexandria e Cairo. A partir dali, alcançava-se o mar Vermelho, e então uma saída para o mar da Arábia. O espaço estratégico daqueles séculos aos europeus, para acumulação de riqueza através do comércio de longa distância, localizava-se na região que se estendia de Constantinopla até o delta do Nilo, passando pela Terra Santa, ou seja, nas extremidades dos circuitos comerciais da Ásia Central, do golfo Pérsico e do mar Vermelho.

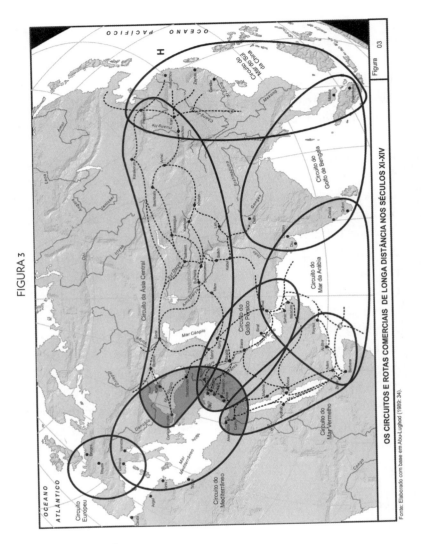

FIGURA 3 — OS CIRCUITOS E ROTAS COMERCIAIS DE LONGA DISTÂNCIA NOS SÉCULOS XI-XIV

Fonte: Elaborado com base em Abu-Lughod (1989: 34).

O circuito da Ásia Central

Sobre o circuito da Ásia Central (a famosa e antiga rota da seda), trata-se de uma área muito extensa, árida e de circulação relativamente difícil, alcançando, de ponta a ponta, aproximadamente 8.045 km.

Do século XII ao XIV, mesmo com a utilização do camelo, que era o mais adequado meio de transporte para se percorrer tais corredores, havia restrições à escolha das rotas a serem utilizadas em razão da velocidade bastante reduzida do animal, que tornava necessária a disponibilidade de fontes de água e provimentos ao longo de todo o caminho. Além disso, montanhas e estepes, características de algumas regiões da Ásia Central, também impunham desafios evidentes à circulação por aqueles espaços.[128]

Os extremos do circuito estavam localizados nas cidades de Constantinopla e Pequim. Compunha-se de dois grandes conjuntos de rotas, as do norte e as do sul. As primeiras começavam em Constantinopla; cruzavam as águas dos mares Negro e Azov até a cidade de Rostov; passavam nesse trecho pela foz do rio Danúbio, do Dnieper e do Don e pela cidade de Kaffa (Feodosiya); mais adiante, seguiam por Sarai, cidade cortada pelo rio Volga e próxima às margens norte do mar Cáspio; antes de chegarem ao mar de Aral, as rotas se dividiam em torno deste, algumas seguindo pelo norte e outras para o sul, em direção à importante cidade de Samarcanda; em seguida, as rotas contornavam o lago Balkash; e, antes de alcançar Pequim, por longos percursos em terra, passavam pelo importante entreposto da cidade de Karakorum (figura 3).

As rotas do sul também partiam de Constantinopla, mas tinham como saída do mar Negro a cidade de Trebizonda, localizada em sua porção meridional; dali, contornavam por terra o mar Cáspio pelo sul, passando pelas cidades de Tabriz e Ravy (que se ligavam ao mais importante de todos os circuitos, o do golfo Pérsico, através de Bagdá e Basra); as rotas prosseguiam em direção à região da Transoxiana,[129]

---

[128] "The camel can carry loads of some 500 pounds for long distances, but it travels at a steady pace of only three miles per hour (...) Thus, given roughly 30 miles per day and 3-4 days between water intake, the maximum distance between settlements or at least wells should ideally be no more than about 100 miles. This requirement severely restricted the choice of paths across Central Asia. It did not predetermine any given route, however, for there were usually alternatives" (Abu-Lughod, 1989:176).

[129] Corresponde à atual região do centro-leste do Uzbequistão, sul do Cazaquistão e o Tadjiquistão.

espaço estratégico entre os rios Amu-Draya e Syr-Draya, onde floresceram importantes entrepostos comerciais da rota da seda. Essa região possuía importantes saídas em direção às cidades de Ormuz (na "porta" do golfo Pérsico) e de Delhi (Norte da Índia), cujas estradas seguiam até a Baía de Benguela, através do rio Ganges, e ao mar da Arábia, pela cidade de Cambay. Antes de se chegar a Pequim, as rotas ainda passavam por importantes entrepostos, como Kashgar e, mais adiante, Lanchou e Xian, onde havia saídas para as cobiçadas cidades de Zaytun e Cantão, no Extremo Oriente.

Algumas cidades se destacaram como os mais importantes entrepostos comerciais desse circuito. Entre elas, cabe citar Tabriz, estrategicamente situada na interseção dos circuitos comerciais da Ásia Central e do golfo Pérsico,[130] Balkh, Merv, Bukhara e, sobretudo, Samarcanda, certamente o principal ponto de encontro das rotas terrestres, ou seja, daquelas que provinham do Norte da Índia, da parte leste do mar Negro, através do Cáucaso, e do Extremo Oriente.[131]

Além das características físicas e geográficas que lhe são próprias, esse circuito comercial da Ásia Central sempre foi marcado por intensas disputas e conflitos político-militares, que lhes causavam inúmeras interrupções. Isto porque, em muitos momentos, a região foi habitada por diversos grupos rivais que brigavam pelas melhores e mais estrategicamente bem localizadas terras. "With control of the

---

[130] Sobre Tabriz, Abu-Lughod afirmou o seguinte: "But is Tabriz that captures his full admiration [de Marco Polo]. Not only are silk and cloth of gold produced in great quantity by its artisans, but it is a great city for trade. 'The city is so favorably situated that it is a market for merchandise from India and Baghdad, from Mosul and Hormuz (...); and many Latin merchants come here to buy the merchandise imported from foreign lands. It is also a market for precious stones... [and] a city where good profits are made by traveling merchants'" (Abu-Lughod, 1989:165).

[131] Sobre Samarcanda: "Set near the point at which the east-west lateral route intersected the north-south 'highway' between India and Russia, embedded in a fertile garden fed by a elaborate irrigation system from a river that flowed into it, eventually the political capital of Tamberlane [Imperador mongol, a partir de 1370, que a transformou no mais importante centro econômico e cultural da Ásia Central naqueles anos] but routinely at least a regional capital for earlier dynasties, Samarkand was perhaps the quintessential caravan city" (Abu-Lughod, 1989:178).

region fragmented among dozens or sometimes hundreds of rival tribal groups, each competing to wrest lucrative surplus from the limited number of prosperous oases, eruptions of warfare over territory were inevitable and frequent" (Abu-Lughod, 1989:158).[132]

No entanto, com a formação do Império Mongol, esse contexto alterou-se consideravelmente, com enormes implicações econômicas, sobretudo para o esplendor dos fluxos comerciais que inundaram a região. Gengis Cã (1196-1227), principal responsável pela construção do Império Mongol, nasceu provavelmente em 1162; ascendeu à posição de líder da tribo em 1196, quando lhe foi outorgado o nome e a condição de Cã; unificou as tribos mongóis em 1207, depois de inúmeras batalhas com tribos rivais, entre elas os taychi'utes, os tártaros (1202), os markites, os keirates, os nainames (1204), os oirates, os markites dissidentes e os quirguises (1207). Depois de unificada toda a Mongólia, Gengis Cã iniciou sua expansão territorial. Partiu primeiro em direção à China do Norte, onde atacou os si-hias (1209) e depois os kitates, contra os quais a luta se prolongou por 25 anos. Mesmo antes de terminar as conquistas no Extremo Oriente, porém, lançou-se para oeste, primeiro contra os cara-kitais (1219), em seguida contra o Kavarism (1220), quando anexou também seus territórios de dominação, vale dizer, a Transoxiana, o Afeganistão e grande parte do Irã. Enviou na direção do

---

[132] A seguinte passagem descreve mais precisamente o contexto político no espaço eurasiano antes do século XII, ou seja, antes da *Pax Mongólica*: "os adjurtchates ocupam toda a Manchúria e a China do Norte, enquanto os si-hias mantêm os territórios do Nordeste. Os uigures, que se tornaram sedentários, radicam-se no oásis do Tarim, de Cuca a Turfan, cuja prosperidade foi alterada, ao que parece, pelo assoreamento. Os cara-kitais, mongóis achinesados e cristianizados, vagueiam em todo o resto do Turquestão, de Ha-mi ao Aral e a Cojend, estendendo seu protetorado do Alto Ienissei até o Amu-Daria. Para além deste rio, o principado dos kvarismianos, turcos mulçumanos, substituiu o dos seldjúcidas sobre um imenso território que compreende, afora o Kvarism propriamente dito, o Corassã, a região de Cábul e Gasna, a Pérsia inteira até a Geórgia. Enfim, todo o Norte da Índia cai em poder dos gúridas, afeganes vencedores dos gasnévidas. O mundo turco engloba todo o Oriente Próximo mulçumano; os turcos-mongóis estendem-se ao longo da Rússia e dos Bálcãs, até as planícies danubianas" (Perroy, 1953a:123-124).

Cáspio parte de suas tropas, que dominaram a Geórgia e o Azerbajão e destruíram as forças dos quiptchaques (1221). Quando morreu, em 1227, Gengis Cã havia conquistado uma enorme extensão contínua de terras, uma área que se estendia de Pequim ao Volga. Observando as cidades que formavam as rotas da Ásia Central, expostas na figura 3, Gengis Cã iniciou sua expansão a partir de Karakorum; passou (não necessariamente nessa ordem) por Beshbnalik, Kasghar, Cabul, Balkh (cidades mais ao sul); Balasagun, Samarcanda, Bukahara (estas mais ao norte); chegou a Tabriz, pela porção meridional do Cáspio em 1221; e, em 1224, já havia percorrido todo o Cáspio.

Seu sucessor, Ogodai (terceiro filho), terminou a luta contra os kitates no nordeste da China; conquistou a Coreia; retomou a Pérsia Ocidental; enviou tropas à Geórgia e à Armênia, e sucessivamente, entre os anos de 1236-1242, para a Bulgária, a Rússia Meridional, a Ucrânia, a Polônia, a Morávia, a Hungria e a Croácia, chegando mesmo a "perturbar" a costa do Adriático, mais especificamente a cidade de Ragusa. Alguns historiadores (*The Times*, 1995:126) sugerem que a morte de Ogodai poupou a Europa cristã de lutas diretas contra os "bárbaros" mongóis, já que, após sua morte, as fronteiras do Império mongol refluíram para as margens do Volga, apesar das intenções expansionistas do sucessor Cã Cuiuc (1241-1248).

A partir de então, os imperadores que se seguiram direcionaram suas forças ao Extremo Oriente, contra a Dinastia Sung da China, e a leste para o Egito. Em 1258, Bagdá foi dominada, pondo fim ao Califado dos Abássidas.[133] Quando se aproximavam da cidade de Nazaré, na Palestina, suas tropas foram derrotadas em 1260 pelas forças mamelucas. A partir de então, sobretudo depois da morte de Mangu em 1259, o Império mongol começou a perder unidade e força expansiva. Formaram-se reinos independen-

---

[133] "Abássidas, 750-1258: Governaram o mundo como califas, tendo o Iraque como centro; perderam o poder após 945, mas continuaram a reivindicar a suserania" (*The Times*, 1995:133).

tes, ainda que nos reinos da Pérsia e da China as dinastias mongóis tenham se mantido por mais cem anos.[134]

Por séculos os europeus ocidentais estiveram alijados do mundo eurasiano. Se, de um lado, os mongóis ameaçaram a cristandade ocidental ao chegarem às portas de Viena e às margens do Adriático, por outro, para os europeus de modo geral, foi com a *Pax Mongolica*, isto é, com a unificação política da enorme extensão de terras em que se situava o circuito da Ásia Central, que lhes foram abertas oportunidades antes imagináveis.[135]

Estabeleceram-se inclusive "relações diplomáticas" entre o papado e os imperadores mongóis. "In 1245 Pope Innocent IVth sent the first serious emissaries to the Mongols: a Dominican friar, Simon of Saint Quentin, and a Franciscan, John of Pian di Carpine" (Abu-Lughod, 1989:161).

A unificação política do território tornou viável o trânsito dos mercadores, uma vez que, além da paz relativa ao longo do trajeto, estes não eram submetidos a extorsões das mais diferentes autoridades centrais que encontravam no caminho.[136]

As posições estratégicas relativas ao grande circuito da Ásia Central tornam-se muito importantes àqueles europeus ocidentais que participavam do comércio de longa distância e que competiam por posições privilegiadas no processo de acumulação de riqueza entre

---

[134] Detalhes ver: *The Times* (1995:126-127); Perroy (1953a:120-129); Heers (1981:353-357); e Abu-Lughod (1989, capítulo 5).

[135] "The unification under the Mongols of much of the central Eurasian land mass put the termini of European and China in direct contact with one another for the first time in a thousand years (...) The unintended consequence of unification was the eruption of a pandemic that set back the development of a world system for some 150 years" (Abu-Lughod, 1989:170).

[136] "The unification of the vast region under Mongol control reduced the number of competing tribute gatherers along the way and assured greater safety in travel, not only for the usual caravans of Jewish and Muslim merchants well accustomed to traversing Central Ásia, but for intrepid Italian merchants who now joined them, vying to share in the profits to be gained from the generous and acquisitive Mongols rulers" (Abu-Lughod, 1989:158).

os séculos XII e XV. No entanto, deve-se notar que, mais uma vez, é o contexto geopolítico daqueles séculos, com suas guerras e conflitos, a dimensão-chave para a compreensão da dinâmica da acumulação de riqueza através do comércio de longa distância, pois foram os conflitos militares que definiram as janelas e oportunidades, fosse para a construção de monopólios, fosse para estabilizar o circuito de modo geral. "The most striking lesson is that the economic role of the facilitator, depending as it does on an ability to enforce its control over a wide zone, is basically unstable one, subject to chance political and demographic fluctuations" (Abu-Lughod, 1989:182).

Em síntese, havia já naqueles tempos, ao contrário do que se costuma imaginar, diferentes estruturas de poder, interligadas pela problemática da guerra e da paz, assim como pela diplomacia, e que uniram Roma, Constantinopla, Karakorum e Pequim. E foi sobre esse espaço geopolítico que se moveu parte do comércio de longa distância, sobretudo entre 1250 e 1350, quando os demais circuitos estiveram paralisados por conta das guerras, como será visto a seguir.[137]

O circuito do golfo Pérsico

Geograficamente, para os europeus, as portas do circuito do golfo Pérsico encontravam-se na região do Levante (Mediterrâneo Oriental), mais precisamente na Terra Santa (Palestina). No litoral desta, destacavam-se economicamente as cidades de Acre, Trípoli e Antioquia e, mais ao interior, Damasco e Alepo. Os fluxos comerciais convergiam para esta última, e dali podiam seguir por três rotas: uma que saía por Edessa e, acompanhando o rio Tigre, chegava a Bagdá; uma segunda, indo diretamente pelo rio Eufrates até Bagdá; e uma terceira que, pelo deserto, fazia a comunicação direta a Basra, denominada

---

[137] Para maiores detalhes sobre os acontecimentos mencionados nesta subseção, ver: Abu-Lughod (1989, capítulo 5); The Times (1995:126-127); e Perroy (1953a, capítulo 3).

"Great Desert Route". Além de receber as duas mais importantes rotas a partir de Alepo, de Bagdá se podia seguir para Ravy e Tabriz, cidades que, além de pertencerem ao circuito do golfo Pérsico, faziam parte também das rotas do sul da Ásia Central, ou seja, localizavam-se na interseção de ambas. Adiante, as rotas seguiam de Bagdá para Basra, cidade próxima às águas do golfo e onde desembocava a "Great Desert Route". No golfo Pérsico, destacavam-se comercialmente as cidades de Siraf e Ormuz. Esta última situava-se na saída para o mar da Arábia ou, de outra forma, no estreito que leva seu nome e que separa o golfo Pérsico do golfo de Omã. A partir de Ormuz, várias possibilidades de rotas se abriam: para leste, Índia e Extremo Oriente; para oeste, Costa da Península da Arábia, mar Vermelho e África Oriental. Finalmente, Ormuz possuía rotas ao norte que a interligavam a Ravy e Cabul, ambas pertencentes ao circuito da Ásia Central (ver figura 3).

Historicamente, esse circuito de comércio entre europeus, de um lado, e o Oriente Médio e o Extremo Oriente, de outro, caracterizou-se como o mais barato, fácil e antigo da história, de forma que, quando operou sem problemas que dificultassem seu acesso, sobretudo problemas de natureza política (guerras, ocupações etc.), teve a preferência e o domínio sobre as demais rotas.[138] Mais uma vez, ressalta-se o fato de que as oportunidades de os europeus cristãos participarem desse circuito dependeram historicamente, sobretudo, do contexto geopolítico da região.

Em linhas bem gerais, depois das Cruzadas, que reabriram o comércio do Mediterrâneo aos europeus, estabeleceram-se na região da Terra Santa, entre cristãos europeus e o mundo mulçumano, novas relações comerciais, embora inúmeros tenham sido os recuos e avanços de ambas as partes no que se refere aos domínios dos territórios. Apesar da breve vida que tiveram, como dito, foram criadas algumas colônias cristãs no Levante: o Reino Latino de Jerusalém, o

---

[138] E, inversamente, "When it experienced blockages, however, the routes north of it, overland from Constantinople, or to the south, by land from Egypt and then water via Red Sea, became more essential" (Abu-Lughod, 1989:185).

Condado de Edessa, o Principado de Antioquia e o Condado de Trípoli. Essas se tornaram postos avançados, que permitiram aos europeus acessar mais diretamente o comércio de longa distância com o Oriente, do qual haviam sido alijados séculos antes. Deve-se realçar a cidade de Acre, no Reino de Jerusalém, principal porto europeu no Levante ao longo de quase todo o século XIII. "The prosperity of Acre, the chief port for the Crusader colonies from 1191 to 1291, depended on that trade" (Abu-Lughod, 1989:186).

A partir de 1258, entretanto, a ordem dos acontecimentos não favoreceu os europeus cristãos. Como visto, os mongóis invadiram Bagdá, destruíram-na e puseram fim ao Califado Abássida. Tal acontecimento teve sérios desdobramentos. No que se refere à cidade, além de perder o *status* de capital para Tabriz, que se tornou a sede do novo reino Mongol na região, perdeu também grande parte do comércio, desdobramento direto da política mongol na área.[139]

Alterou-se, com efeito, a dinâmica dos fluxos comerciais na região, já que outra rota passou a ser mais utilizada, qual seja: a que liga Ormuz, na entrada do golfo Pérsico, diretamente às cidades de Ravy e Tabriz, sem passar por Basra e Bagdá.

As tropas mongóis só foram contidas em parte em 1260 pelos mamelucos[140], que comprometeram o movimento expansivo mongol em direção à região do Levante. A famosa batalha de *Ain Jalut* ocorreu nas proximidades de Nazaré, na Síria. No entanto, apesar da derrota, os mongóis, ainda em 1260, conquistaram a mais importante cidade do Levante, Alepo.[141] Por sua vez, quase 10

---

[139] De acordo com Eliyahu Ashtor, "Until its conquest by the Mongols a great part of the species and other Indian articles had been shipped to Basra and thence carried via Baghdad and Antioch to the shores of the Mediterranean. After The establishment of Mongol ruler, Tabriz became not only the capital of the Il-Khans [mongóis] but also a great emporium of international trade (...)" (Abu-Lughod, 1989:196).
[140] "Mamelucos, 1250-1517: Egito Síria, Hijaz; elite militar oriunda do sul da Rússia e do Cáucaso" (*The Times*, 1995).
[141] "In 1260, the Mongol troops under Hulegu essentially destroyed Aleppo. 'Ruined and half-desert, Aleppo would not recover from the carnage for another century.' (Humphreys, 1977:349)" (Abu-Lughod, 1989: capítulo 6, nota 9).

anos depois, os mamelucos dominaram Antioquia, uma das principais portas para do comércio de longa distância na Terra Santa.

Para os europeus, portanto, moldou-se naquele espaço um contexto político pouco favorável aos fluxos comerciais. Estabeleceu-se um estado de tensão e guerra entre mamelucos e mongóis na Palestina que em nada contribuiu às atividades dos mercadores que utilizavam aquelas rotas. Os conflitos militares não só condicionaram a vida daqueles que frequentavam as zonas mais nobres para acumulação de riqueza através do comércio de longa distância, como também definiam suas possibilidades.[142]

A partir de 1260, mesmo com a dominação mameluca na região da Síria, os europeus continuaram a comercializar nos portos do Levante, mas com base em elevados tributos que começaram a ser cobrados, fosse para os produtos oriundos do interior da região, fosse para os produtos do comércio de longa distância, taxados de modo ainda mais pesado.

Foi exatamente em 1291 que as portas do Levante se fecharam aos mercadores europeus, em função da retomada, pelos mamelucos, da cidade de São João de Acre, que estava nas mãos dos cristãos.[143]

Pode-se dizer que, em razão dos conflitos que ocorreram e se espalharam pela região do Oriente Médio, além de se alterarem as rotas mais importantes, se fecharam novamente as portas aos europeus estabelecidos na Terra Santa, *grosso modo*, desde as Cruzadas.[144]

---

[142] "The enmity between the rulers of Tabriz [mongóis] and Cairo [mamelucos], or rather the most permanent state of war between them, was another reason for the shift of this great trade route" (Abu-Lughod, 1989:196).

[143] "The truce between the two [Estados Latinos da Síria e Mamelucos] ended in 1291 when Qalawun's son and successor, al-Ashraf al-Khalil, finally drove the Crusaders from their last port stronghold at Acre" (Abu-Lughod, 1989:188).

[144] "Thus during the second half of the thirteenth century, the middle route was undergoing a decisive reorganization. Baghdad, its gateway city Basra, and indeed the entire Gulf Zone were declining. On the Mediterranean coast, the crusader ports that had hosted the Italian merchants who transshipped eastern goods to Europe were tottering, one after the other, the last gone by 1291. It was inevitable that commerce in the Gulf should have been negatively affected. This was more than a minor loss. For this route to the Indies had been the most important link

Como visto, esse contexto de bloqueio nas rotas do Levante no século XIII foi acompanhado pela *Pax Mongolica* ao longo da Ásia Central; e, como será apresentado a seguir, pelo fortalecimento da autoridade dos mamelucos no Egito, com sua política de forte controle sobre as questões de comércio numa das pontas do circuito do mar Vermelho. No geral, pode-se afirmar que não foram técnicas monetárias, tampouco inovações tecnológicas que determinaram as oportunidades e a própria dinâmica da atividade de comércio de longa distância, uma das mais lucrativas daqueles tempos.[145]

O circuito do Mar Vermelho

Para os europeus cristãos dos séculos XII ao XIV, o principal acesso ao Oriente através do mar Vermelho foi a cidade de Alexandria, localizada no delta do rio Nilo. Um pouco mais ao interior estava a importante cidade do Cairo, através da qual se chegava ao golfo de Suez, na extremidade norte do mar Vermelho. Ao longo deste, algumas cidades funcionavam como importantes entrepostos para a navegação: nas margens ocidentais, especialmente Aydhab; e, nas ocidentais, Jidá. Depois de se ultrapassar o Estreito (ou Passagem) de Al Mandab, que divide o mar Vermelho e o golfo de Áden, localiza-se a importante cidade de Áden, considerada como os portões para o mar da Arábia, o ponto de ligação entre o Egito e as Índias. Do golfo de Áden, seguia-se ou pela costa da África até a região de Moçambique e Madagascar, ou pelos entrepostos ao longo da costa da Península Arábica (Al-Shir e Raysut), ou ainda por mar aberto, diretamente à Quilon na Índia.

---

between the western Muslim world and 'Hind' (India) and 'Sin' (China) during the great period of Arab commercial hegemony. This had been Sindbad's Way" (Abu-Lughod, 1989:197).

[145] Para maiores detalhes sobre os acontecimentos mencionados nesta subseção, além de Abu-Lughod (1989, capítulo 6), ver: *The Times* (1995:131-132); Perroy (1953a, capítulo II); e Heers (1981, capítulo XXVII).

Nesse circuito, havia também algumas rotas por terra, que percorriam a Península Arábica: do Cairo para as cidades da Terra Santa, assim como para Medina, a partir desta para Meca e Jidá. Nestas, existiam outras rotas, que, cortando a península pelo interior, chegavam a Basra, do circuito do golfo Pérsico, e a Mascate, cidade no golfo de Omã, que ligava o golfo Pérsico ao mar da Arábia.

De um ponto de vista estritamente prático, as rotas marítimas do mar Vermelho em comparação às do golfo Pérsico eram menos adequadas à navegação, porque:

> In the contrast to the easily navigated Gulf, the Red Sea was treacherous for sailing because 'the ground is overspread with huge rocks... On this account, the passage is only made by day...' (Al-Muqaddasi, ranking and Zoo trans.: 16). Further more, transit from the Red Sea to India required crossing the open sea, whereas ships traveling from the Gulf could hug the shore all the way (Abu-Lughod, 1989:190).

Em linhas gerais, a região do Egito presenciou a sucessão de três grupos distintos, que a dominaram entre os séculos X e XV: o Califado Fatímida (909-1171);[146] a Dinastia dos Aiúbidas (1169-1252);[147] e a dos Mamelucos (1250-1517).[148]

Durante o reinado de Al-Aziz (975-996), os fatímidas alargaram o império até à Síria. No entanto, um século depois, já enfraquecidos, não conseguiram impedir a invasão dos cruzados, que, em julho de 1099, acabaram por conquistar Jerusalém, após cinco semanas de cerco, depois de passarem por Antioquia, Trípoli e Acre.

---

[146] "Governaram primeiro o Norte da África e, posteriormente, no Egito e na Síria; xiitas de descendência ismaelita; reivindicaram o título de califa" (*The Times*, 1995:133).
[147] Egito, Síria: fundado por Saladino (*The Times*, 1995:133).
[148] Egito, Síria, Hijaz; elite militar oriunda do sul da Rússia e do Cáucaso (*The Times*, 1995:133).

O fim dos fatímidas se deu com a ascensão de Saladino ao poder. Este chegou ao Egito em 1168, como integrante da equipe do tio, o general curdo Shirkuh, ministro do último califa fatímida. Depois da morte do tio, Saladino se tornou o senhor do Egito e fundou a dinastia Aiúbida. Sultão do Egito a partir de 1175, sucedeu a Atabeg de Mosul. Unificou a região do Egito ao longo do período de 1164-1174, parte da Síria em 1174-1187 e da Mesopotâmia. Como sultão do Egito, Síria e Palestina e chefe militar dos mulçumanos contra os cristãos, acabou reconquistando os territórios perdidos pelo Islã, tornando-se famoso não somente entre os muçulmanos, como também no Ocidente.

Depois de derrotar os cristãos em Tiberíades, venceu as forças Cruzadas na Batalha de Hattin, em 1187. Essa vitória levou Saladino a alcançar outra importante conquista: a retomada de Jerusálem no mesmo ano, pondo fim à ocupação cristã da cidade. Em consequência, quatro anos depois, houve a Terceira Cruzada, quando mais uma vez os cristãos foram derrotados (1192), tendo Ricardo Coração de Leão abandonado sua missão e regressado à Europa.

Tais guerras não impediram que relações comerciais fossem restabelecidas.

> A vigorosa contraofensiva da Terceira Cruzada permite aos francos salvaguardar seus últimos bastiões; além disso, os sucessores de Saladino, os Aiúbidas, embora rechaçando na ocasião os assaltos das novas Cruzadas, procuram antes de encetar boas relações comerciais com os mercadores italianos do que perpetuar a guerra santa (...) Daí resulta para o Egito ponto de encontro do comércio da Índia pelo mar Vermelho e do tráfico italiano pelo Mediterrâneo, uma crescente prosperidade: vemos a grande sociedade mercantil dos carmi tentar o monopólio da importação de especiarias; e, como consequência, o protetorado Aiúbida apresentar-se sobre o Iêmen e as Cidades Santas (Perroy, 1953a:102).

É importante ressaltar que, a despeito das lutas constantes, mercadores italianos, franceses e catalães operavam nos portos sob controle dos aiúbidas. Os produtos egípcios, que encontravam grande demanda, eram exportados para a Europa, porém o mais importante era o controle do Egito em relação ao tráfego comercial com o Oriente pelas rotas do mar Vermelho, pois, da mesma forma que os fatímidas, Saladino manteve a região do golfo de Áden sob seu domínio.

O último sultão aiúbida morreu em 1250, e o controle político passou aos guardas mamelucos, cujos generais apoderaram-se do sultanato. De modo geral, os mamelucos conseguiram, no decorrer dos anos que se seguiram, fortalecer o poder e a unidade de seus domínios. Além disso, acentuaram as rivalidades com os cristãos.[149]

Alguns autores consideram que o forte controle, mediante o estabelecimento de monopólios, sobre as rotas de comércio internacional foi, em grande medida, o responsável pelo sucesso mameluco.[150]

No caso desse circuito, apesar de suas portas não terem sido totalmente bloqueadas aos europeus, as autoridades centrais do Egito mantiveram forte controle sobre as rotas, condicionando e negociando a presença dos europeus na região. Mais uma vez, foram os acontecimentos relativos à geografia política na região que moldaram a dinâmica das trocas e as oportunidades de negócios que envolviam, de um lado, os europeus ocidentais e, de outro, os comerciantes árabes.[151]

---

[149] "Temperado na luta contra o perigo mongólico, não mais admite às suas portas qualquer dos cristãos antes tolerados pelos aiúbidas: foram eliminados os francos já no século XIII, os armênios da Sicília nos séculos XIV, subsistindo apenas Chipre, bastião no mar, constantemente batido pelos seus ataques, mas destinado a sobreviver até o século XVI" (Perroy, 1953b:99).

[150] "Se o regime pôde subsistir durante quase três séculos, isso se deve, em parte, aos recursos proporcionados pelo comércio internacional. No tempo do grande surto do tráfico italiano no Levante, o Egito (...) readquire seu papel primordial (...) o absoluto monopólio das operações no mar vermelho e no Oceano Índico transforma os mercadores egípcios, notadamente das companhias dos carimis, em opulentos transitários, enche as caixas da aduana e dá aos sucs do Cairo prosperidade que perdurará muito tempo na memória dos homens" (Perroy, 1953b:99).

[151] Para maiores detalhes sobre os acontecimentos mencionados nesta subseção,

Como interpretá-los à luz da geografia monetária em debate?

Do ponto de vista das questões monetárias, deve-se ter a clareza de que esses circuitos de comércio de longa distância, característicos do espaço eurasiano durante os séculos XI-XV, não se assentavam em instrumentos do tipo das letras de câmbio, como ocorreu dentro do espaço intraeuropeu, onde havia um mosaico de unidades monetárias e uma rede de feiras e praças financeiras.

Além disso, havia no espaço eurasiano "vazios" entre grandes unidades de poder fluidas, com fronteiras imprecisas e indefinidas e enormes diferenças no que se refere aos processos de acumulação de poder e fortalecimento da autoridade central. Numa configuração política sem uma hierarquia bem-definida, nenhuma autoridade central era capaz de impor sua moeda como a de referência aos demais. Os limites da declaração seguiam de perto as fronteiras político-territoriais. As partes envolvidas nas trocas tinham origem em espaços político-monetários distintos, na maioria das vezes sem mercados de câmbio entre eles.

Para os europeus de modo geral, havia distintas formas de circulação dos metais preciosos: internamente, eram cunhados com símbolos e formas específicas a fim de garantir a identificação da proclamação da autoridade central; e, fora do espaço europeu, circulavam como mercadorias, na maioria das vezes até na forma de lingotes, para serem trocados por outras mercadorias (Boyer-Xambeau et al., 1994:12-13). Isto porque, do ponto de vista político, tais espaços são distintos, o que gera implicações decisivas aos assuntos monetários. Diferentemente, historiadores e economistas, quando tratam do assunto (ou seja, das trocas "internacionais" naqueles tempos), interpretam os metais que circulavam nessa esfera como meio de troca.

---

além de Abu-Lughod (1989, capítulo 7), ver *The Times* (1995); Perroy (1953a); e Heers (1981).

Alguns fatos históricos do século XVI, descritos a seguir, ajudam a esclarecer o papel dos metais preciosos nos circuitos de comércio de longa distância. Para os povos do Oriente, claramente, o que lhes valia era o metal como mercadoria, e não como evidência de uma dívida garantida por um poder político-territorial distante. Por essa razão, a prata escoava na forma de lingotes e não de moedas da América para o Oriente, passando por Sevilha e Antuérpia na primeira metade do séc. XVI, e depois por Sevilha e Gênova, na segunda metade do mesmo século.

(...) o jogo genovês é múltiplo e impõe-se por sua própria multiplicidade: incide sobre o metal banco, o metal amarelo e as letras de câmbio. É necessário não apenas que os genoveses se apoderem do metal branco graças às sacas de prata (saídas de prata) previstas, a seu favor, nos seus asientos (contratos) com o rei, ou graças o contrabando desde sempre organizado por eles partir de Sevilha – *mas é também necessário que vendam esse metal*. Há dois compradores possíveis: ou os portugueses, ou as cidades italianas voltadas para o Levante, Veneza e Florença [nota minha: os possíveis compradores eram justamente os que dominavam as rotas para o oriente – grifo meu] (Braudel, 1986:149).[152]

Para o caso indiano, Braudel escreveu o seguinte:

Como a Índia praticamente não produzia ouro, nem prata, nem cobre, nem cauris, as moedas dos outros têm livre acesso, entram pelas suas portas que nunca se fecham e fornecem-lhe o essencial da sua matéria-prima monetária (...) Mas, como nada é de graça, a Índia tem sempre de pagar os seus metais preciosos (...) Opera-se uma ativa exportação *[de diferentes produtos]* para

---

[152] Fernand Braudel reuniu uma série de informações sobre o assunto, mas o interpretou de maneira diferente, com base num viés *metalista*, como geralmente o fizeram grande parte dos historiadores. Para maiores detalhes, ver Braudel (1979a, capítulo 7).

países próximos e distantes (...) Tudo se passa como se, para Delhi retomar as cunhagens de moeda, depois de 1542, fosse necessária a chegada à Europa, depois a fuga para fora da Europa, do metal branco da América [grifo meu] (Braudel, 1979a:413).

No circuito comercial do mar do Sul da China, o mesmo pode ser encontrado. "Quando o galeão de Manila instaura a sua ligação com a Nova Espanha (...), os juncos chineses precipitam-se ao seu encontro. Em Manila, todas as mercadorias são trocadas por metal banco do México" (Braudel, 1979a:416).

Na região do Levante, o metal que lá chegava era transformado em mercadoria e, como tal, comercializado. "(...) [N]o levante, 'todas as moedas (que chegam) são indistintamente fundidas e enviadas para a Pérsia e para a Índia depois de convertidas em lingotes' (...). Pelo menos, é o que afirma um texto francês de 1686" (Braudel, 1979a:412).

Não foram apenas os metais que assumiram essa posição em momentos históricos distintos. Para os bizantinos, ao longo dos séculos VII-XI, mas, sobretudo, durante os séculos X-XII, foi a seda a mercadoria que cumpriu as funções típicas que o ouro detinha em outras regiões, ou seja: externamente como mercadoria valorizada; e internamente como meio de troca reconhecido socialmente dentro de seu espaço político, através da definição de símbolos e formas que permitiam a identificação da declaração (proclamação) da autoridade central de seu instrumento *cartal*.

[Os homens muito ricos em Bizâncio] estão muitas vezes ligados à organização de produção, tintura e comércio da seda – mercadoria de luxo por excelência, que na época [séculos VII-IX] constituía (e que constituirá ainda mais no período seguinte [séculos X-XII]) um dos mais importantes produtos nacionais da economia bizantina; numa economia largamente monetária, a seda imperial tinha igualmente a função de moeda miúda, permitindo ao soberano pagar parte dos salários em tecidos de seda. Estes tecidos, sobretudo se púrpuros (o mesmo acontece com as peles da mesma cor), constituíram produtos muito procurados [por razões distintas] quer dentro do Império quer no exterior (Cavallo, 1998:145-146).

A utilização dos metais como meio de troca estabelecido pela autoridade central, bastante generalizada quando comparada a outras mercadorias, talvez ocorresse em razão de serem capazes de assegurar mais adequadamente os símbolos e as formas necessárias tanto para o reconhecimento social do meio de pagamento quanto para a proclamação do valor nominal das moedas *cartais*. Obviamente que a mercadoria em si, seja qual for, mesmo quando utilizada para a cunhagem das evidências de dívidas de uma autoridade central, não perdia suas características intrínsecas.

Em resumo, a ideia central é a de que, dependendo de onde circulasse, o valor de uma moeda cunhada era avaliado de modo distinto, isto é, se dentro do espaço de dominação da autoridade que a emitiu ou fora dele. Nesse último caso, não mais se constituía numa moeda *cartal*. Durante aqueles séculos, seria difícil supor que algum príncipe fosse capaz de emitir evidências de dívidas que pudessem ser aceitas fora de seu espaço de dominação, ainda mais em regiões tão distantes.

Entendido o papel dos metais no comércio de longa distância, torna-se necessário depreender a forma como se davam as transações nesse nível da geografia monetária em proposição, e como se liquidavam as compras e as vendas nos circuitos mercantis de longa distância, se os metais não circulavam como moedas e se não havia evidências de instrumentos de conversão cambial.

Os documentos históricos encontrados no Cairo sobre o comércio no Mediterrâneo, feitos por mercadores provenientes dos mais diversos lugares entre os séculos X e XIII, sistematizados e traduzidos por Goitein (1967), expõem a lógica *mercantil-monetária do tráfico de cabotagem* de longa distância.

Uma advertência de um mercador espanhol na cidade de Tiro, no Líbano, feita ao seu sócio no Egito (*Old Cairo*), ilustra o que o autor denominou de *princípios dos negócios* do trafico distante. "Do not let idle with you one single dirhem [moeda local do Cairo à época] of our partnership, but buy whatever God puts into in your mind and send it on with the very first ship sailing" (Goitein, 1967:200). Ou seja, na configuração do comércio de longa distância, quando não há uma moeda que se imponha sobre as demais como a de referência, as moedas locais não são objeto de acumulação para o mercador estrangeiro, pois suas validades nominais estão, em geral, ao alcance dos instrumentos de tributação da autoridade local que a proclamou. No entanto, é o principal instrumento para viabilizar a venda e aquisição das mercadorias próprias ao jogo da cabotagem de longa distância, por isso a orientação do mercador espanhol ao sócio para se desfazer da moeda local do Cairo, cuja finalidade restringia--se a adquirir a mercadoria local a ser revendida em outro lugar.

Em outra passagem, o autor descreveu o caso em que um rico comerciante tunisiano chegou a Palermo, na Sicília, sem nenhum *dinar* (moeda da região da Tunísia na época), mas com mercadorias no valor de 2 mil dinares (Goitein, 1967:200). Isto porque o dinar, a não ser pelo seu conteúdo metálico, não tinha validade nominal, tampouco reconhecimento social, enquanto moeda de conta e de troca na Sicília. É um imperativo ao mercador tunisiano desembarcar com mercadorias de modo a auferir a moeda local [a siciliana] e por meio dela efetuar as importações que deseja para serem revendidas em outros mercados distantes.

Outros exemplos: um mercador natural da Sicília, ao enviar seu correspondente para o *Old Cairo*, entregou-lhe "130 dinars (...) the silk for the price of the cinnamon" (Goitein, 1967:200); um viajante, vindo de Alexandria carregado de âmbar cinza (produto de exportação), com destino à Espanha para comprar seda (produto de importação), percebeu que, para efetuar a transação final – a compra da seda –, deveria vender sua mercadoria no Cairo em troca de outro produto, o ouro, pois era mais vantajoso e mais fácil de negociar na Espanha.

Com base na vasta documentação de que dispunha, Goitein (1967) foi categórico ao descrever a lógica mercantil em questão.

Explicitou a natureza mercantil-monetária, sobretudo em relação ao fato de *o comércio de longa distância trabalhar com base em operações casadas de exportações e importações de mercadorias intermediadas pela moeda de conta proclamada pela autoridade central do local onde se dão geograficamente as transações*. Na passagem abaixo, além de tratar da referida lógica, o autor esclareceu o papel conferido aos metais nesse circuito e reafirmou a inexistência de relações de escambo.

The very technique of trading was governed by this principle. One ordered "exchange goods" when shipping a merchandise to another country, such as wool, flax, and cinnamon to be bought in Egypt against silk robes, silver, scammony, and saffron sent there. *One would "offer" a Western commodity such as silk "against" an Oriental product such as tamarind, or buy oil in Tunisia with the money from the sale of lacquer sent there. But nowhere do we read in the Geniza documents about outright barter. All transactions are expressed in monetary values* [moeda de conta]. We must, of course, remember that gold and silver coins were regarded also as goods in those days and, under certain circumstances, trade as such [grifo meu] (Goitein, 1967:200).

Apenas como uma observação, esse tipo de tráfico de cabotagem de longa distância seguiu sendo utilizado em diversas situações por muito tempo ao longo da história. Uma das mais conhecidas e documentadas na literatura diz respeito ao comércio de chá estruturado pelos ingleses, na primeira metade do século XIX, a partir da produção e exportação de ópio da Índia para a China, onde o chá era adquirido e reencaminhado à Europa para ser revendido.[153]

Pode-se dizer, como conclusão geral, que, em razão dos processos de concentração do poder e do fortalecimento da autori-

---

[153] Para maiores detalhes, ver Guimarães (2010).

dade central ao longo do século XI até o XV na Europa Ocidental, quando surgiram unidades político-territoriais mais poderosas, circunscritas e contíguas, consolidou-se uma geografia monetária composta por três níveis distintos. Em seu nível mais baixo estavam as "ilhas" de moedas cartais, em que cada uma individualmente compreendia, a princípio, o espaço sobre o qual a autoridade central que a proclamou exercia seu poder. O segundo era o circuito comercial intraeuropeu, um mosaico de unidades de conta. O terceiro correspondia ao amplo espaço eurasiano conectado por circuitos e rotas comerciais, onde não havia como referência geral a predominância de nenhuma moeda cartal, um espaço em que as trocas ocorriam, portanto, com base na *lógica mercantil monetária do tráfico de cabotagem*.

Logo, dependendo do espaço monetário em que se operasse, o papel cumprido pelas moedas alterava-se consideravelmente no que se refere às possibilidades de acumulação de riqueza características daqueles tempos. Os destaques foram: a *"exchange per arte"*, prática de enriquecimento através da arbitragem com as letras de câmbio que circulavam no espaço intraeuropeu; e o comércio longínquo característico do espaço eurasiano.

A história das cidades italianas, em especial a de Veneza, a mais bem-sucedida na acumulação de riqueza através do comércio longínquo daqueles séculos, ajuda a elucidar a geografia monetária proposta neste capítulo em todos os seus níveis, além da primazia das questões relativas ao poder em relação às de natureza econômica e monetária. Este será o tema principal da parte IV. Porém, para isso, torna-se necessário depreender a estratégia veneziana para acumulação de poder que lhe permitira, de um lado, sobreviver à dinâmica da guerra e da paz daquela época (à ameaça imposta pelo surgimento de unidades político-territoriais vizinhas cada vez maiores e com maior poder de conquista) e, de outro, assegurar sua enorme capacidade enriquecimento mercantil e também bancário.

PARTE IV

PODER, RIQUEZA E MOEDA DA SERENÍSSIMA REPÚBLICA DE VENEZA[154]

---

[154] Versão preliminar e resumida de parte de um dos capítulos apresentados a seguir foi publicada em revista acadêmica. Ver Metri (2012b).

CAPÍTULO 11

AS GUERRAS E AS CIDADES ITALIANAS

Tudo quanto vemos esconde outra coisa; adoraríamos ver o que aquilo que vemos esconde de nós...

RENÉ MAGRITTE

(*Sobre o quadro "A Grande Guerra" de 1964*)

No espaço europeu, ao longo dos séculos XI a XV, foram basicamente as cidades italianas as primeiras e mais bem-sucedidas experiências no que diz respeito ao processo de acumulação de riqueza através do comércio longínquo e das práticas financeiras características de então, com destaque para Veneza, Gênova e Florença. Suas histórias, além de ajudarem a esclarecer de modo mais detalhado a dinâmica desse processo de acumulação, permitem também um olhar mais apurado acerca da geografia monetária sugerida anteriormente.

No entanto, pelo "lado" do poder, a experiência dessas cidades não foi a mesma daquela observada na maior parte da Europa Ocidental, onde a conquista de territórios e a incorporação de populações estiveram na base dos processos de fortalecimento da autoridade central e de acumulação e concentração de poder. Ao contrário, mantiveram-se pequenas, em termos territoriais, o que não impediu que dominassem o comércio com o Oriente e o "jogo" monetário-financeiro em pleno desenvolvimento, assegurando para si a liderança do processo de acumulação *acelerada* de riqueza daqueles tempos.

Dessa forma, poder-se-ia considerar que tais experiências apontam para uma contradição à hipótese-chave assumida anteriormente, de que o *poder* se constituía num dos mais importantes meios à acumulação de *riqueza* ao longo das Idades Médias Plena e Tardia, através, principalmente, das ações militares. Porém, ao se observar mais detidamente a experiência veneziana, por exemplo, nota-se que essa contradição limita-se a uma análise muito superficial.

A ideia principal é a de que as dinâmicas de acumulação de riqueza características das cidades italianas mais importantes do período em consideração (Florença, Gênova, Pisa e Veneza) estiveram, de uma forma ou de outra, ligadas diretamente aos assuntos da autoridade central a que se submetiam as cidades e, por conseguinte, à geopolítica da época.

A partir do século XI, o desenvolvimento das atividades mercantis e manufatureiras das cidades medievais europeias ocorreu sob a ascendência das autoridades centrais e, com efeito, dos assuntos de seu interesse.[155] Além disso, esta era uma relação assimétrica e hierarquizada, em que "one that could be disruped whenever the arrangement ceased to be convenient to the dominant party, the monarch" (Hunt e Murray, 1999:79).

De fato, esse tipo de "aliança íntima", porém hierarquizada, se refletia também nas questões inerentes à geopolítica de então. Pode-se notar, no caso das cidades-estados italianas, que seus sucessos, no que tange à acumulação acelerada de riqueza, estiveram marcados

---

[155] E. Hunt e J. Murray sugeriram quatro tipos básicos de cidades medievais na Europa Ocidental no que se refere à influência dos soberanos sobre os homens de negócios. Em todos os casos, havia uma clara relação entre as cidades e as estruturas de poder maiores, sendo que tal relação "íntima" aumentava conforme se caminhava na direção das cidades mais desenvolvidas, como as cidades-estados italianas (Hunt e Murray, 1999:77).

ou por uma articulação com o papado e um envolvimento nas questões e conflitos políticos de Roma, como foi a experiência de Florença; ou pela guerra contra o islã, como foram os casos de Gênova e Pisa; ou ainda por uma inserção política particular no Império Bizantino, como foi o caso veneziano.

Em relação à história florentina, o elemento central se localiza em sua aliança com Roma quando da Reforma Gregoriana, ocorrida na segunda metade do século XI.[156] Desde o momento em que assumiu o poder na região da Toscana, em 1076, a Condessa Matilda (1046-1115) deparou-se com o conflito entre o papado e o Império germânico sobre a Questão das Investiduras.[157] Ela apoiou prontamente o papa Gregório VII (1073-1085) quando este excomungou o imperador Henrique IV (1050-1106).[158] Devido ao apoio, Florença consolidou uma posição central na administração das finanças de Roma, que, como já visto, estava prestes a se tornar a mais importante fortuna mobiliária da Europa Ocidental. Com efeito, a cidade construiu desde muito cedo uma posição privilegiada no que diz respeito ao jogo das altas finanças.

Nas palavras de um famoso florentino, Nicolau Maquiavel, "Of the princes, the most powerful were Godfred and the Countess Matilda his wife (...). She and her husband possessed Lucca,

---

[156] Como visto anteriormente, entre as várias questões envolvidas no processo histórico conhecido como *Reforma Gregoriana*, deve-se mencionar o fortalecimento e a centralização da autoridade do papa nos assuntos eclesiásticos. "É essa ideia [de aperfeiçoar a disciplina e a organização da Igreja como um todo] e a necessidade de fazer frente aos poderes leigos, os quais controlavam a sociedade e se intrometiam nos negócios da Igreja, que acabam por levar à centralização e à afirmação da autoridade do Papa: em outras palavras, a transformação da Igreja de uma federação de bispados numa instituição monárquica" (Batista Neto, 1982:49).

[157] A controvérsia sobre as investiduras foi o conflito que envolveu a Igreja e o Sacro Império Romano-Germânico durante os séculos XI e XII, e diz respeito à supremacia do poder dos soberanos no que se refere à investidura leiga a cargos eclesiásticos, isto é, à indicação dos bispos pelos soberanos.

[158] Foi em seu castelo de Canossa que ocorreu o famoso pedido de perdão pessoal do imperador ao papa em 1077.

Parma, Reggio, Mantua, and the whole of what is now called the *patrimony of the church*" (Maquiavel, 1520-25).[159] Nos casos genovês e pisano, suas experiências históricas, inclusive no que diz respeito aos seus sucessos mercantis, estiveram marcadas pelas guerras contra os povos não cristãos. O domínio islâmico desde o século VII isolou não só as duas cidades do comércio marítimo, como também a Europa Ocidental de modo geral. Como descrito anteriormente, as guerras de Reconquista, de Reabertura e as Cruzadas foram de enorme importância tanto para o desbloqueio das rotas comerciais quanto para a deflagração do processo de acumulação primitiva através do saque e da conquista, do qual ambas as cidades participaram ativamente.

No caso de Veneza, fixada desde muito cedo na órbita do Império Bizantino, a cidade pôde desfrutar de uma precocidade comercial com o Oriente em virtude de uma inserção política bastante vantajosa quando comparada à das demais cidades que, posteriormente, viriam a rivalizar com ela no comércio de longa distância e no "jogo" das altas finanças.[160] Na virada do século XI, quando a Primeira Cruzada (1096-1099) abriu as portas do comércio com o Oriente aos europeus, Veneza já havia se inserido de modo privilegiado em Constantinopla, inclusive com vantagens sobre os próprios mercadores bizantinos.

Veneza desenvolveu entre os séculos X e XV uma estratégia para a acumulação de riqueza baseada fundamentalmente na força (poder) de sua esquadra e num sistema de bases navais e entrepostos comerciais distribuídos pelo Mediterrâneo, principalmente na porção oriental. Com base neles, logrou monopolizar a navegação e os fluxos comerciais no Adriático e disputar as zonas estratégicas do comércio de longa distância no Mediterrâneo.[161]

---

[159] Ver também Arrighi (1994:98-99).
[160] "Desde suas origens Veneza desempenha o papel de intermediária entre o Oriente e o Ocidente (...)" (Giordani, 1981:226).
[161] "A strong navy magnified Venetian power by enabling it to control vital channels of oceanic communication. Naval power did much to ensure the autonomy of the Venetian state, which was able to maintain its independence until the Na-

Porém, isso só foi possível após inúmeros conflitos militares (navais), diplomáticos e comerciais contra as demais cidades que disputavam as principais rotas de navegação, com destaque para Gênova, contra a qual Veneza lutou em quatro importantes guerras, que se prolongaram por um longo período, denominado por Braudel de Guerra dos Cem Anos 'italiana'.

Veneza decerto foi a mais bem-sucedida cidade italiana no que se refere à acumulação simultânea de poder e riqueza durante os séculos XI a XV. Não só despontou precocemente no século XI, como chegou à primeira metade do século XIII como a que dominava as melhores oportunidades para a acumulação de riqueza. Janet Abu-Lughod escreveu sobre essa situação favorável de Veneza no início do século XIII:

> She *[Venice]* excluded Genoa and Pisa, her arch rivals, from her hegemonic domain, which now streched from the Caspian and Black Seas on the north to the Levant, through the eastern Mediterranean and its islands, up the Adriatic and, overland, beyond the Alps into Germany and the North Sea. This, when added to her continuing Egyptian connection, made Venice the dominant force controlling European access to the spices and silks of Asia.
>
> As a result the thirteenth century was a period of Venetian efflorescence at home – in culture, in politics, in industry (particulary shipbuilding and transport), and in business (Abu-Lughod, 1989:111).

Após se ver seriamente ameaçada por Gênova a partir da segunda metade do século XIII e até o final do século XIV, Veneza alcançou efetivamente a supremacia no Mediterrâneo no século XV, com uma preeminência mercantil e naval. "Nesse final do sé-

---
poleonic invasion of Italy during the late eighteenth century" (Baskin e Miranti, 1997:47).

culo XIII, quem não apostaria dez contra um na vitória iminente e total da cidade de São Jorge [Gênova]? A aposta teria sido perdida. Veneza acabará por triunfar" (Braudel, 1986:95). É para essa história de primazia naval, mercantil e monetária que se voltam nossas atenções.

CAPÍTULO 12

A VENEZA BIZANTINA DOS SÉCULOS V AO X[162]

For centuries the Venetians looked eastward for models of beauty. The city's most famous building, San Marco, impresses on every visitor the eastern origin of Venice's early art.

FREDERIC LANE
(*Venice: a maritime republic*)

Geograficamente localizada no extremo norte do mar Adriático, próxima à foz do rio Pó, Veneza foi construída sobre um conjunto de aproximadamente 100 pequenas ilhas, muito próximas uma das outras. Encontrava-se cercada não por muros, como era comum às cidades medievais, mas por lagunas isoladas e protegidas das tempestades do Adriático graças às extensas e naturais bancadas de areia, chamadas antigamente de *lidi*.[163]

Politicamente, desde muito cedo e durante muito tempo, Veneza foi parte integrante do Império Bizantino. Tais relações re-

---

[162] As mais importantes referências utilizadas nesta seção foram: Pirenne (1982); *The Times* (1995); Batista Neto (1989:105-111); Giordani (1968); e, principalmente, Lane (1973).

[163] Segundo Braudel, "(...) sua situação geográfica favorecia-a, com toda a evidência. Sair da laguna é entrar no Adriático e, para um veneziano, era também ficar em casa" (Braudel, 1998:103, v. III).

montam à dissolução do Império Romano do Ocidente (476), ocorrida em função das invasões dos povos "bárbaros" (godos, hérulos, hunos e lombardos). Na época, "a população das cidades mais assoladas, como Pádua e Aquileia, começou a se refugiar na laguna." (Batista Neto, 1989:105). Com o fim do império, a maioria das províncias passou ao controle das tribos germânicas. Diferentemente, Veneza continuou por séculos a fazer parte do que havia "restado" do Império Romano do Oriente, também conhecido como Império Bizantino.[164]

Veneza foi fundada em 568 d.C., quando "a stream of migrant mainlanders fled the invading Lombards to seek refuge at the lagoons offshore" (Abu-Lugohd, 1989:104). Nesse momento, a cidade detinha uma posição muito secundária no império, pois, além de estar relativamente distante de sua zona mais dinâmica, a capital Constantinopla, Ravena era sua sede principal na região do Alto Adriático (golfo de Veneza).[165] Mas, poucos anos depois, em 584, as relações entre a cidade e o Império adquiririam nova dimensão, quando o imperador Maurício (582-602), reputado general descendente de família romana da Capadócia, reconheceu-a formalmente.

Nos séculos VII e VIII, com o enfraquecimento do poder de Constantinopla na Itália, Veneza foi impelida a criar o próprio comando militar, o que ocorreu em 697, e, com ele, a figura de seu comandante, o doge.[166]

---

[164] Pode-se notar que o próprio Império Bizantino surgiu aproximadamente um século antes da ocupação da laguna. Para alguns historiadores, as origens desse império remontam fundamentalmente à divisão do Império Romano em Ocidente e Oriente em 395 d.C. Para outros, seu nascimento está relacionado ao reinado de Constantino I (306-337 d.C.), imperador romano que construiu a cidade de Constantinopla sobre a antiga cidade grega de Bizâncio com o intuito de fundar ali uma nova capital para o Império (Giordani, 1968).

[165] Exarcado de Ravenna foi o centro do poder bizantino na península itálica desde o final do século VI até 751.

[166] A origem da palavra deriva do latim *dux*, que significa comandante militar (Batista Neto, 1989:105). O primeiro doge veneziano foi Paoluccio Anafasto (697-717).

Em 751, os lombardos tomaram Ravena, afastando o último representante do imperador bizantino. Tal fato teve implicações decisivas para Veneza, pois marcou o início da decadência da mais importante cidade no Alto Adriático, e a sede do Império nessa região passou a ser a cidade de Malamocco, uma mudança da terra firme às ilhas lagunares.[167]

Quando os soldados de Carlos Magno tomaram os territórios lombardos em 774, aproximando-se das águas do Adriático, criou-se uma situação de tensão e divisão entre os próprios venezianos. O contexto agravou-se consideravelmente em 810, quando o imperador enviou o filho Pepin para a região do Vêneto, alcançando e saqueando Malamocco. Os vizinhos venezianos, receosos, fugiram para uma ilha mais protegida, a de Rialto, que desde então se tornou sua sede principal. Dada a força das tropas do invasor, a proteção da cidade dependia principalmente do imperador bizantino Nicéforo (802-811).

A tensão entre o Império Carolíngio e o Bizantino só foi resolvida dois anos mais tarde, em 812, quando Carlos Magno e Miguel I Rangabé (811-813) assinaram um tratado de paz em que se estabeleceu (confirmou), entre outras coisas, o domínio de Constantinopla sobre a cidade de Veneza e a região da Dalmácia.[168] Foi pre-

---

[167] Assim como Veneza, Malamocco também se encontra dentro das lagunas.

[168] Segundo Giordani, "Este [Miguel Rangabé (811-813)] membro de uma família de altos dignitários procurou manter boas relações com o Ocidente, dando amistosa acolhida aos embaixadores que Carlos Magno havia enviado a Nicéforo (802-811) e, fato importante, saudando Carlos Magno com o título de basileu 'o que equivalia a legitimar a existência de um Imperador do Ocidente e a restabelecer a unidade política do mundo cristão'" (Giordani, 1968:66). Frederic Lane resume o caso na seguinte passagem: "Attachment to Byzantium and independence from the mainland were reaffirmed when the Lombard kingdom was absorbed by Frankish Empire and when Charlemagne sent his son Pepin to conquer Venice in 810 A. D. (...) The Franks withdrew from the lagoons, and the Byzantine sent a fleet to reaffirm his authority. When shortly thereafter a general treaty of peace was concluded between Charlemagne and the Byzantine emperor, it explicitly declared the Venetian dukedom, the territory later called the dogado, to be part of the Byzantine Empire" (Lane, 1973:5).

cisamente pouco depois desse impasse do início do século IX que mercadores venezianos trouxeram "os despojos de um santo que se supunha ser o evangelista Marcos, que passou a ser o padroeiro de Veneza, e cujo símbolo, o leão, foi adotado como emblema oficial da cidade" (Batista Neto, 1989:105).

Em termos gerais, pode-se resumir que, mesmo antes de sua fundação no século VI, quando era apenas uma vila de pescadores, e ao longo dos vários séculos que se seguiram, Veneza permaneceu formalmente atrelada à Constantinopla e, com efeito, protegida pelas forças do Império. Essa configuração teve implicações profundas sobre sua história política, econômica, social, jurídica, cultural e artística, cujas evidências podem ser até hoje encontradas.

Do ponto de vista econômico, os "primeiro passos" de Veneza foram definidos em grande medida pelas próprias restrições geográficas impostas pelas lagunas. Desde muito cedo, os primeiros moradores foram impelidos a comercializar parte do que produziam ou com a pesca ou com a produção de sal; não podiam, por exemplo, desenvolver atividades agrícolas. Sua subsistência requereu, num primeiro momento, a especialização em algumas poucas atividades e a comercialização do excedente destas para a obtenção do restante necessário à reprodução.[169]

Constantinopla constituía-se para Veneza numa grande fonte de produtos e num escoadouro para suas mercadorias. No entanto, "(...) before 1000 A.D (...) Venice could only offer for trade local supplies of salt, fish, and timber as well as slaves captured primarily from her not-yet-Christianized neighbors across the Adriatic" (Abu-Lughod, 1989:105).

---

[169] "Será a cidade em estado puro, despojada de tudo o que não é puramente urbano, condenada, para subsistir, a obter tudo por troca: o trigo ou o milho, o centeio, as reses, os queijos, os legumes, o vinho, o azeite, a madeira, a pedra? E até a água potável! Toda a sua população situa-se fora do 'setor primário', em geral tão largamente representado até no interior das cidades pré-industriais" (Braudel, 1986:93).

Deve-se notar que, antes do século X, os venezianos não praticavam intensamente a navegação ao longo do Adriático. Sua especialidade era a navegação dos rios em direção ao interior da Europa, de modo a acessar as rotas dos Alpes. Os gregos (bizantinos), sírios e outros mercadores dominavam o comércio do Levante à Veneza (Lane, 1973:05).

A circulação de embarcações venezianas no Adriático só começou a crescer quando os sarracenos conquistaram parte da região sul da Itália no final do século IX, e também em função do próprio isolamento da Europa Ocidental devido ao conjunto das invasões sarracenas, magiares e viquingues. Por um lado, a rivalidade entre os mercadores bizantinos e sarracenos favoreceu o surgimento de novos intermediários que pudessem circular mais livremente. Por outro, em razão dos avanços das tropas do reino da Lombardia na região do Vêneto, os portos de Ravena e Aquiela vinham, há muito tempo, perdendo a posição de mais importantes no Alto Adriático.

Esse contexto favoreceu Veneza a ocupar a posição de principal porto do Alto Adriático. No entanto, o porto de Commachio também emergia como importante centro mercantil e contava ainda com o apoio dos lombardos. Para qualquer uma das cidades, Veneza ou Commachio, o sucesso implicava subjugar os concorrentes, mesmo que isso significasse destruí-los; e, a esse respeito, Veneza foi implacável:

> The city of Comacchio was nearer Ravenna than Venice and equally near the shifting mouths of the Po. It threatened to become Ravenna's chief commercial heir. Unlike Venice, Comacchio formed part of the Lombard and Carolingian domains and was favored by their rulers. But in 886 the Venetians stormed and sacked the city. Thereafter the Venetians controlled the mouths of the rivers leading into northern Italy (Lane, 1973:6).

Nesse sentido, pode-se dizer que o primeiro passo de Veneza para a formação e expansão de seu poder naval e mercantil foi dado em 886, quando destruiu e saqueou a primeira rival, a cidade vizinha de Commacchio. Desde então, tendo dominado as rotas em direção ao centro da Europa, mediante controle da foz do rio Pó, Veneza já revelava o que seria a égide da estratégia para a constituição de seu poder naval-mercantil e, por conseguinte, o fundamento para a sua acumulação acelerada de riqueza, isto é: assegurar, por meio da diplomacia ou das armas ou, ainda, do poder econômico, posições mercantis privilegiadas, quando possível monopolistas.

O comércio dos rios e das rotas terrestres no norte da Itália confluía, principalmente, para a cidade de Pávia, então capital da Lombardia. Ali, os mercadores venezianos operavam intensamente, levando os produtos do Oriente que chegavam a seus portos. Para tanto, atuavam com base em tratados de proteção concedidos pelos imperadores do Sacro Império Romano-Germânico.

A ocupação sarracena no sul da Itália e as rivalidades entre os mercadores árabes e bizantinos, acima citadas, completaram o contexto favorável. A partir do século IX, oportunidades de negócios com o comércio de mais longa distância começaram a aparecer, e Veneza foi paulatinamente se voltando para o mar Adriático. Nesse contexto, destaca-se o comércio de escravos e madeira.

Nos séculos IX e X, a região da Dalmácia era o lugar onde os venezianos obtinham os escravos, no caso eslavos, demandados por algumas regiões da própria Itália e do Norte da África. É interessante notar que, desde cedo, Veneza se valeu de considerável pragmatismo sobre assuntos políticos e econômicos. Quando se lançou no Adriático, não desperdiçou os lucros oriundos do tráfico humano, mesmo que significassem o abastecimento ao inimigo dos cristãos, e, por essa razão, proibidos pelo papa. O comércio de madeira é outro exemplo. Os mercadores venezianos obtinham--nas nas regiões do interior e as transportavam pelas rotas que já dominavam, levando-as aos mulçumanos sarracenos.

Ao se observar o conjunto das trocas praticadas por Veneza nesses séculos, podem-se depreender as primeiras evidências do comércio de cabotagem que Veneza praticaria intensamente tempos depois. Os escravos e a madeira apanhados nas regiões próximas eram utilizados para adquirir metais preciosos com os mulçumanos, e, com sua posse, obter dos mercadores bizantinos a seda e as especiarias da China e da Índia revendidas aos ocidentais.[170]

De um ponto de vista geral, as palavras de Henri Pirenne sintetizam a base da relação que se desenvolveu entre venezianos e bizantinos na fase inicial da história da cidade de São Marcos.

Quanto a Veneza, de que não conseguiram os carolíngios apoderar-se, no século IX, continuava sob o jugo de Basileus, com tanto mais agrado quanto este se esforçava por evitar que se sentisse o peso de sua autoridade, consentindo que a cidade se transformasse, pouco a pouco, em república independente. Além disso, embora as relações políticas do Império com seus longínquos anexos italianos não fossem muito ativas, em compensação, mantinha com eles um comércio bastante intenso. As aludidas relações moviam-se em torno do Império e, por assim dizer, davam as costas ao Ocidente, para orientar-se para aquele. O abastecimento de Constantinopla, cuja população subia a cerca de um milhão de habitantes, dava vida à sua exportação. As fábricas e os bazares da referida cidade forneciam-lhes, em troca, as sedas e as especiarias de que não podiam prescindir (Pirenne, 1963:22).

---

[170] "Wood, like slaves, was the essential means of getting 'foreign Exchange', namely gold or silver, from the Moslems, with which to buy from Constantinople the luxury wares so much in demand in the West" (Lane, 1973:8).

CAPÍTULO 13

VENEZA, UM IMPÉRIO DE BASES NAVAIS

Ista sunt quae observare tenemus nos Henricus Dondolus Dei gratia dux usque dum vixerimus in ducatu (...) Decem naves bellicas armatas nos te toto expendio faciemus (...)
PROMISSIO DUCALIS[171]

O imperativo das guerras e a estratégia veneziana

Como visto anteriormente, as unidades político-territoriais que se desenvolveram no espaço europeu ocidental entre os séculos XI e XV engendraram uma dinâmica que as impulsionou à conquista territorial (à guerra), como forma de garantir a existência social de sua coletividade.

A ideia é a de que, havendo um conjunto de unidades político--territoriais vizinhas, cada qual desfrutando em seu território de algum grau de autonomia e controle sobre os instrumentos de coerção e violência física, se cria um contexto de insegurança co-

---

[171] "Estas são as coisas que nos obrigamos a observar, nós, Henrique Dandolo, doge pela graça de Deus enquanto vivermos no dogado (...). Colaborar pessoalmente com a organização da esquadra (...)." Parte do juramento de posse feito pelo Doge de Veneza desde 1172 (Giordani, 1981:101).

letiva, cuja melhor estratégia de defesa será o fortalecimento do poder militar e, em última instância, a subjugação, ou mesmo a destruição, do inimigo em potencial. Isto porque *poder* é sempre relativo: sua acumulação dá-se em termos comparativos, ou seja, em razão do aumento da capacidade de *um* em fazer valer sua vontade soberana sobre *outro*. Portanto, a segurança de um grupo depende de sua capacidade de defesa e ataque, de sua superioridade relativa, que se manifestava através da dominação efetiva dos vizinhos, antes que estes se tornassem uma ameaça real, que inevitavelmente agirá de modo similar.

Este foi um dilema com o qual também se depararam em diversos momentos as cidades italianas. Inúmeras foram as oportunidades e casos em que estruturas maiores de poder territorial invadiram-nas e estabeleceram ali sua força e seu comando. Portanto, o desafio também lhes era posto. Em princípio, poderiam ter iniciado um movimento de conquista territorial "clássica", como ocorreu nos espaços português, francês, inglês, espanhol etc. No entanto, a forma como reagiram ao desafio de zelar pela própria existência social foi, de fato, bem distinta.

Mais especificamente, os recursos necessários à guerra não podiam ser adquiridos em seus espaços político-territoriais, por meio da expropriação de suas populações, com base nos instrumentos de tributação monetária, pois seus territórios eram mínimos. Contudo, a conquista e, posteriormente, o domínio, de preferência monopolista, das zonas estratégicas do lucrativo comércio de longa distância, que permitiam uma acumulação acelerada de riqueza, tornou possível que essas cidades financiassem seus projetos militares e, assim, assegurassem a integridade e a perenidade de sua coletividade. É claro que a acumulação acelerada de riqueza era o meio pelo qual se buscava acumular poder, sobretudo naval. Logo, pode-se dizer que cidades como Veneza e Gênova não estiveram fora dos processos de acumulação de poder que se espalharam por toda a Europa Ocidental, inclusive sobre elas, mas responderam a estes de forma original.

Por outro lado, deve-se notar que, tal qual o processo "clássico", o sucesso pleno e seguro nesse caso requeria a eliminação ou, no mínimo, o afastamento dos rivais dos entrepostos e bases navais espalhadas pelo Mediterrâneo, sobretudo dos que acessavam os circuitos de comércio de longa distância com o Oriente. Mais uma vez a noção é relativa, ou seja, o que importava eram inserções mais favorecidas em relação às conquistadas pelos rivais. Essa dinâmica, uma vez posta em operação, deflagrou naturalmente um acirramento dos conflitos, como também o fortalecimento dos poderes navais vitoriosos.[172]

Sobre a experiência veneziana ao longo das Idades Médias Plena e Tardia, fazem-se necessárias algumas considerações a respeito da estratégia adotada para a expansão de seu poder naval. Esta se baseou na construção de um conjunto de entrepostos (feitorias) militares e comerciais espalhados pelo Mediterrâneo na forma de elos sucessivos de uma corrente, que: i) permitiram-lhe acessar, muitas vezes de modo exclusivo, as zonas estratégicas do comércio com o Oriente Próximo e Extremo; ii) asseguraram-lhe o acúmulo de riqueza de modo acelerado e concentrado (quando comparado com as demais formas de reprodução da riqueza); e iii) possibilitaram-lhe obter os recursos necessários ao financiamento de suas atividades militares, fosse para a dominação de entrepostos e rotas comerciais, fosse para a contratação de tropas mercenárias "a peso de ouro" para defesa de seu território.[173]

---

[172] "(...) entre as cidades italianas, as guerras são constantes e cada uma se empenha em destruir o comércio das rivais, para aproveitar-se de sua ruína. Durante toda a Idade Média, as ditas cidades combatem entre si no Mediterrâneo, encarniçadamente, como a Espanha, França e Inglaterra, desde o século XVI até o XVIII" (Pirenne, 1963:145).

[173] "Veneza já havia conseguido, muito mais cedo, talhar o seu próprio Império, modesto em extensão, mas de espantosa importância estratégica e mercantil, por causa do seu alinhamento ao longo das rotas do Levante. Um império disperso que se parece antecipadamente, guardadas as devidas proporções, com o dos portugueses ou o dos holandeses, mais tarde, no Oceano Índico, segundo o esquema do que os anglo-saxões chamam 'trading ports Empire' (...). Um império "à fenícia", diremos nós" (Braudel, 1986:104).

Frederic Lane foi ainda mais explícito quanto à estratégia veneziana ao contrapô-la à estratégia territorial "clássica", sublinhando o fato de que nela também havia uma noção de poder relativo: as conquistas de um representavam necessariamente desvantagens para outros (rivais).

The Venetians sought sea power, not territorial possessions from which to draw tribute. Their wars were fought to effect political arrangements which would be disadvantageous to rival sea powers, which would make Venice's established trades more secure in Levantine waters, and which would gain them trading privileges permitting commercial expansion into new areas (Lane, 1973:27).

As guerras não implicavam, necessariamente, a conquista efetiva de terras, mas o estabelecimento de vantagens de diversos tipos, sobretudo comerciais, com as autoridades que lá se estabeleciam. As vitórias militares (navais) em geral não propiciavam uma concentração de poder mediante acumulação de terras, mas a criação de um sistema de bases navais e de privilégios mercantis, que, combinados a uma poderosa esquadra, proporcionavam uma acumulação acelerada de riqueza, além dos recursos necessários à expansão do poder naval.

No caso, a tributação empregada recaía, em grande parte, sobre as mercadorias que circulavam por essa rede de entrepostos e sobre mercadores que frequentavam os mercados de Veneza. Essa tributação podia ser ou como no caso clássico, em que a autoridade central definia a condição de devedores a seus súditos, e estes se viam compelidos a adquirir a moeda *valuta* de Veneza para o pagamento dos impostos; ou com base na entrega direta de serviços e bens, entre os quais moedas metálicas, tratadas como metal precioso, isto é, uma mercadoria como outra qualquer. Como afirmou Frederic Lane: "Taxes on the trade replenished the Republic's treasury (...)" (Lane, 1973:200).

PODER, RIQUEZA E MOEDA

Em síntese, Veneza desde muito cedo desenvolveu uma estratégia distinta que lhe permitiu o enriquecimento acelerado e concentrado de seus mercadores e também o fortalecimento de seu poder naval.[174]

Veneza, em sua estratégia, ora valia-se da diplomacia, ora dos matrimônios, ora do emprego da força militar direta, através principalmente de sua esquadra naval, ou ainda fazia pressões por meio de bloqueios marítimo-comerciais até a rendição de seus rivais.

Para John Dotson (2001), essa estratégia marítima utilizada pelos venezianos derivou, em parte, do próprio fato de que, naqueles tempos, a navegação restringia-se à vela e ao remo.[175] Para se percorrer distâncias consideráveis como, por exemplo, ir de Veneza ao Levante (o que significa atravessar o mar Adriático em toda a sua extensão, o mar Jônico, o Egeu e, por fim, cruzar a porção Oriental do Mediterrâneo), não se podia, decerto, fazer uma única viagem de ponta a ponta, sem escalas. As condições do vento e a necessidade de reabastecer as embarcações com provimentos aos remadores e aos demais membros da tripulação tornavam obrigatória a parada em diversos portos e cidades distribuídos ao longo do trajeto, antes de se chegar ao destino final.

Esse fato definiu a estrutura sobre a qual um poder naval no Mediterrâneo deveria se constituir, ou seja, com base no domínio

---

[174] As palavras de Braudel revelam explicitamente o "segredo" da estratégia veneziana, a saber: "(...) para que Veneza seja Veneza, deverá sucessivamente controlar as suas lagunas, garantir para si a livre passagem pelas vias fluviais que ali encontram o Adriático, desviar para seu benefício a rota do Brenner (controlada até 1178 por Verona). Será necessário que ela multiplique seus navios de comércio e de guerra e que o Arsenal, construído a partir de 1104, se transforme num centro de poder sem rival, que o Adriático pouco a pouco se torne "seu golfo" e que seja vencida ou afastada a concorrência de cidades como Commachio, Ferrara e Ancona, ou, na 'altura sponda' do Adriático, Spalato, Zara e Ragusa. Sem contar com as lutas que cedo se travam contra Gênova" (Braudel, 1986:94).

[175] Obviamente que esta era uma questão que se impunha não só a Veneza, mas a qualquer unidade política que desejasse se consolidar como um poder naval no Mediterrâneo.

de entrepostos organizados em sequência, como elos de uma corrente, que viabilizassem a navegação de longa distância (Dotson, 2001). Do ponto de vista militar, essa rede de entrepostos tornava-se decisiva, ainda mais no caso de conflitos que se prolongavam em regiões distantes. As bases marítimas funcionavam como canais que "irrigavam" as frotas na frente de batalha. Geograficamente, a preferência sempre foi por bases que, em seu conjunto, permitissem acessar a zona estratégica definida pela interseção entre o circuito comercial do Mediterrâneo e os circuitos da Ásia Central, do golfo Pérsico e do mar Vermelho (ver figura 3). Isto correspondia, em tese, a construir uma sequência de elos que, partindo de Veneza, alcançasse: i) Constantinopla e os pontos estratégicos no mar Negro; ii) o Levante; e iii) a região do estuário do Nilo.

A consolidação do poder naval nos séculos X a XII[176]

O primeiro passo da expansão marítima veneziana foi a conquista do Alto Adriático (golfo de Veneza), que compreende a porção mais ao norte daquele mar, mais especificamente das margens do Vêneto até a linha (imaginária) entre as cidades de Pola, no lado oriental, e Ravena, no ocidental (ver figura 4). Esse golfo sempre se caracterizou como um espaço vital para a República de Veneza, necessário e imprescindível à sua expansão marítima. "Within this Gulf of Venice there was no room for more than one naval power" (Lane, 1973:24).

Os doges da família Candiano, que governaram Veneza ao longo de quase todo o século X, agiram efetivamente para o controle irrestrito do golfo. Pietro II Candiano (932-939), ao longo de seu governo, não hesitou em destruir Commachio, que já se recuperava da invasão de 886. Em seguida foi a vez de Capodistria e de outras

---

[176] As mais importantes referências utilizadas nesta seção foram: *The Times* (1995); Batista Neto (1989); Braudel (1986); Dotson (2001); e, principalmente, Lane (1973).

cidades na região da Istria sentirem a força da esquadra veneziana. Foram utilizados basicamente bloqueios comerciais até a rendição final destas. Seu filho, Pietro III Candiano (942-959), deu prosseguimento à "política externa" do pai, subjugando, por exemplo, a cidade de Aquileia através de sucessivos bloqueios (ver figura 4).[177]

Ao longo do século X, Veneza logrou transformar as águas dessa porção do Adriático num espaço marcado pelo predomínio de seus barcos e, para tanto, se valeu de conquistas bélicas, ações diplomáticas e bloqueios comerciais. Veneza iniciou ali a expansão do seu poder naval para além do seu entorno, para além das águas das lagunas que a cercam; e se lançou num movimento que seguiu por mais alguns séculos e estabeleceu os fundamentos de seu sucesso nos circuitos comerciais de longa distância, dos quais posteriormente participaria ativamente.

Pode-se dizer que o segundo passo da República de Veneza na construção de seu poder marítimo-mercantil foi a conquista do Médio Adriático. Este compreende a porção localizada entre as cidades de Ravena e Pola, ao Norte; e o promontório de Gargano, na Apúlia, e a cidade de Cattaro (Kotor), ao sul (ver figura 4). Nessa porção do Mar, havia apenas um importante porto em suas margens ocidentais, o de Ancona. No lado Oriental, Costa da Dalmácia, em função dos ventos mais propícios à navegação, era de considerável importância a quem aspirasse dominar os fluxos comerciais que percorriam o Adriático.

A costa da Dalmácia historicamente sempre foi um centro de atividade marítima. Porém, antes da virada do século X, os venezianos foram obrigados a negociar de modo contínuo com "piratas" que lá se estabeleceram desde o século IX. Sua principal sede

---

[177] Para alguns autores, nesse processo de dominação do Alto Adriático, o ponto decisivo foi o enfraquecimento de Ravena enquanto porto comercial. "Not all the lands around the Golf of Venice were under the political control of Venice, but after the decline of Ravenna, no city within the gulf produced a navy or merchant marine able to challenge Venice's fleet" (Lane, 1973:24).

era a foz do rio Narenta, contando com outras bases de apoio nas ilhas de Curzola e Lagosta (figura 4).[178]

Os "piratas"-mercadores da Dalmácia haviam imposto derrotas às tentativas venezianas de dominação daquela porção do Adriático antes do século XI.[179] Por conta de sua incapacidade de subjugar o inimigo, para seguir expandindo os negócios e tentar preservar os fluxos comerciais com Constantinopla, os venezianos tiveram que buscar outras formas de relacionamento com eles.[180]

Nesse contexto, surgiu uma das mais famosas figuras da história veneziana, o doge Pietro II Orseolo (991-1009). O famoso doge conduziu pessoalmente a esquadra que, no ano 1000, expulsou os "piratas" do rio Narenta e estabeleceu o domínio de Veneza sobre a costa da Dalmácia. A realização decerto constituiu-se num passo decisivo à construção do poder naval e mercantil de que Veneza desfrutaria posteriormente (ver figura 4).

Frederic Lane sublinhou o fato de que, tão importante quanto os sucessos militares do referido doge, foi a sua política diplomática. Para arregimentar as condições necessárias ao confronto com os "piratas" da Dalmácia, Pietro II Orseolo soube aproveitar a rivalidade entre o

---

[178] A despeito do esforço de alguns historiadores em separar as práticas características aos mercadores da pirataria e, assim, definir alguns como mercadores e outros como piratas, deve-se registrar que "(...) a nation could use vessels in one area to raid foreign shores and capture ships and cargoes, while in another area it use them only for peaceful trade and its protection. On the whole, new sea powers have been inclined to piracy or privateering and have become more concerned with maintaining transportation services and the benefits of peaceful exchange later in their development" (Lane, 1973:23).

[179] "The first Candiano doge [887] was killed in a naval battle of Zara against the Narents. His grandson, Pietro III Candiano [942-959], led two expeditions against them, but without any decisive success" (Lane, 1973:25).

[180] Desenvolveram um comércio intenso, sobretudo de escravos, com os portos da Dalmácia. Os escravos eram capturados nas regiões mais interioranas e entregues aos venezianos. Estes, além de compromissos comerciais, agraciavam os piratas da região com presentes. O negócio era tão lucrativo, principalmente aos piratas narentos, que se foi configurando a partir de então um contexto não muito favorável aos venezianos, já que o fortalecimento e o enriquecimento de seus rivais significavam um impasse às suas próprias aspirações expansionistas.

Império Bizantino e o Sacro Império Romano, que disputavam, entre outras coisas, o posto de herdeiros do poder universal de Roma. Inserindo-se simultaneamente nas duas estruturas de poder territorial, através inclusive de relações matrimoniais com ambas, sem se submeter de fato a nenhuma, Pietro II Orseolo negociou tratados comerciais favoráveis e, principalmente, apoio político e militar para enfrentar os "piratas" do rio Narenta. Convenceu-os de que a presença dos "piratas" da Dalmácia era um problema de todos, pois atrapalhava os interesses de quem escoava e/ou recebia mercadorias pelas águas do Adriático.[181]

Como resultado de sua atuação diplomática e militar, o doge assegurou a Veneza importantes bases na costa da Dalmácia, e, assim, o controle naval e mercantil no Médio Adriático, além de uma posição privilegiada no comércio de longa distância, a partir de sua relação próxima aos dois impérios. É interessante notar que esta foi uma conquista política do doge de Veneza, através da diplomacia e da guerra; pouco ou quase nada decorreu de uma maior competitividade dos mercadores venezianos baseada em inovações comerciais, organizacionais ou, ainda, de um ímpeto empresarial de homens movidos pela barganha.

Dois anos depois do sucesso na costa das Dalmácia, Pietro II Orseolo estabeleceu também o domínio de Veneza sobre o Baixo Adriático, isto é, sobre a porção do mar que se estende da linha entre o promontório de Gargano e a cidade de Cattaro (Kotor) até o estreito de Otranto (saída do Adriático para o mar Jônico). Em 1002 que o doge invadiu Bari, capital da Apúlia, tomando-a dos sarracenos e devolvendo-a ao Império Bizantino (ver figura 4).

---

[181] "Pietro II Orseolo was so successful in this delicate balancing act between East and West that in the end he married one son to a niece of the Byzantine emperor and another son to a sister-in-law of the Germanic Holy Roman Emperor. He secured favorable commercial treaties with both empires and supplemented them by other commercial treaties with the Moslem states of North Africa. After these arrangements had stimulated a quickening of the international trade flowing through the Adriatic, he mobilized forces to suppress the Slavic raiders who were molesting that trade from Dalmatian bases" (Lane, 1973:26).

Portanto, desde muito cedo, já no início do milênio, momentos antes de a recuperação econômica europeia irromper e de o processo de concentração de poder deflagrar-se, Veneza conseguiu dominar o Adriático em praticamente toda a sua extensão, inserindo-se vantajosamente dentro do Sacro Império Romano e, de modo mais intenso e consolidado, do Império Bizantino, com sua rica vida comercial.

A partir de então, o que se viu foi uma aliança de interesses recíprocos entre a República de Veneza e o Império Bizantino, que se manteve por praticamente dois séculos, em que se estabelecia, de um lado, apoio naval e, de outro, privilégios e concessões comerciais.[182]

Há indícios de que esse tipo de relação mercantil privilegiada remonta a meados do século X, quando Veneza conseguiu um estatuto que distinguia seus mercadores dos demais mercadores estrangeiros atuantes no Império Bizantino.[183] Em 1018, outra evidência pode ser encontrada, quando o exército bizantino, para

---

[182] "Colocado sob dominação bastante teórica do Império Grego, [Veneza] penetra mais comodamente do que qualquer outra no enorme mercado mal definido de Bizâncio, presta ao Império numerosos serviços, contribui até para a sua defesa. Em troca, obtém privilégios exorbitantes" (Braudel, 1986:93).

[183] Segundo alguns historiadores, "Já no século X [os venezianos] gozam de um estatuto privilegiado e, em 977, obtêm privilégios suplementares: privilégios que dão vantagem aos venezianos sobre todos os outros não bizantinos que visitam Constantinopla. Até aqui, todos os acordos haviam incidido sobre as visitas dos estrangeiros na zona econômica da capital, mas, precisamente neste momento, nos finais do século X, constatamos que um certo número de venezianos se instalam nas províncias do Império para desenvolver actividades comerciais. As províncias constituíam, certamente, mercados interessantes, se bem que não pudessem oferecer mercadorias proibidas" (Cavallo, 1998:156). Pirenne também relatou evidências a esse respeito, mais especificamente sobre um acordo estabelecido entre Pietro II Orseolo e os imperadores Basílio e Constantino. "Aliás, há muito tempo eles gozavam, no Império Bizantino, de indiscutível preponderância. Em 992, o doge Pedro II Orseolo obtivera dos imperadores Basílio e Constantino uma carta patente, em virtude da qual os barcos venezianos tornaram-se isentos dos direitos que tinham que pagar na alfândega de Ábidos. As relações eram tão ativas entre o porto das lagunas e do Bósforo, que uma colônia veneziana havia se estabelecido neste e desfrutava de privilégios judiciais, ratificados pelos imperadores" (Pirenne, 1963:25).

enfrentar e derrotar os normandos e os lombardos na região da Apúlia (sul da Itália), contou com o apoio naval veneziano.[184]

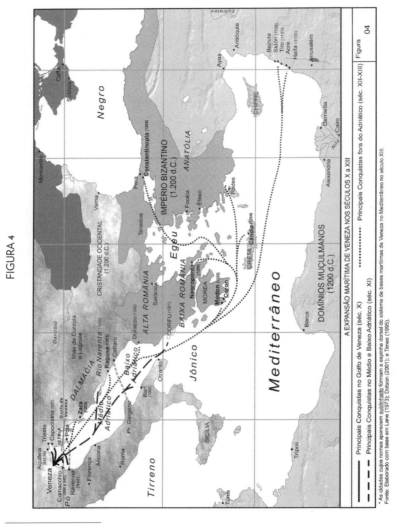

FIGURA 4

---

[184] "Convém notar, a propósito da Itália, que Basílio II [976-1025] fez aliança com a jovem República de Veneza. Em troca da cessão das embarcações venezianas para o transporte das tropas, o basileu concedeu facilidades aos comerciantes da República no Império" (Giordani, 1968:76).

Depois das conquistas do início do século XI, os movimentos expansivos venezianos demoraram algum tempo para recuperar o fôlego, inclusive com a necessidade de defender os recém-dominados mares e bases sob sua influência. Na década de 1070, os normandos invadiram o sul da Itália e tomaram Bari (1071), Amalfi (1071) e Salerno (1076). Com efeito, interferiram no domínio de Veneza no Baixo Adriático.

O mais importante a se notar é que o Império Bizantino, naqueles anos, passou a sofrer ataques em duas frentes opostas: de um lado, os normandos, que avançavam sobre o sul da Itália nos anos 1070; e, de outro, dos turcos seljúcidas, que, depois da batalha de Manziquert, entraram na região da Anatólia em 1072 (ver figura 1). Nesse contexto, Veneza foi chamada a apoiar as forças bizantinas com sua frota naval. Para a jovem república, o que estava em jogo não se resumia a uma obediência formal, mas à defesa dos próprios interesses, isto é, das posições privilegiadas dentro do Império Bizantino, além, é claro, do desejo de ampliá-las.[185]

Em 1081-1082, os normandos atravessaram novamente o Baixo Adriático e alcançaram a cidade de Durazzo e a ilha de Corfu. Na ocasião, apesar de algumas importantes vitórias navais venezianas, Roberto Guiscard, autoridade normanda, conseguiu conduzir seus homens até Durazzo. As batalhas em terra se prolongaram até 1085, quando Roberto faleceu. No entanto, já em 1082, como parte dos acordos firmados, o imperador bizantino concedeu a Veneza a Golden Bull, uma autorização real que outorgava privilégios comerciais e isenções tarifárias ainda mais benéficas do que as que já desfrutava. Os privilégios eram tão favoráveis que os venezianos passaram a gozar de verdadeiras "vantagens comparativas" dentro

---

[185] Deve-se considerar também que, caso os normandos se estabelecessem de fato na ilha de Corfu e nas cidades de Durazzo e Valona, todas no lado oriental da saída do Adriático, além das cidades de Bari, Brindisi a Otranto, no lado ocidental, as aspirações venezianas em relação à navegação para além do Adriático ficariam comprometidas.

de Constantinopla e no restante do Império em relação aos próprios mercadores bizantinos.[186] Desde o final do século XI, tendo estabelecido seu domínio sobre as águas do Adriático e consolidado suas vantagens mercantis nas mais diferentes regiões bizantinas, a política de Veneza começou a se alterar em alguns aspectos, embora tivesse mantido a linha mestra de sua estratégia central. Até então, a cidade saíra, basicamente, em ajuda aos bizantinos e em defesa do seu comércio no Adriático.

Em primeiro lugar, com o início das Cruzadas, as frotas venezianas passaram a navegar cada vez mais para além do Adriático e do mar Jônico, em direção aos portos do Levante e do Norte

---

[186] As seguintes passagens detalham tais privilégios. "Obrigado como era a fazer frente à ameaça normanda nos Bálcãs, Aleixo dirigiu-se a Veneza, obtendo o auxílio da sua frota; em contrapartida, deu aos venezianos privilégios sem precedentes: o direito de comerciar livremente em todo o território do Império, incluindo a área econômica de Constantinopla, com seus armazéns e os seus embarcadouros, e com o direito de abrir estabelecimentos próprios. Além disso, os venezianos obtiveram a isenção dos 10% de impostos que os mercadores bizantinos tinham de pagar ao Estado pelo transporte e a venda de mercadorias. Assim, os venezianos vieram a encontrar-se automaticamente em posição privilegiada relativamente aos seus colegas bizantinos (...). Já antes do século X os venezianos tinham obtido privilégios. Neste tempo, eles vinham a Constantinopla para afectuar operações de compra e venda com os mercadores bizantinos. Ora, em 1082, obtinham pela primeira vez o direito de fazer concorrência direta aos comerciantes bizantinos da capital, e de fazê-la até em condições privilegiadas. Esta é principal inovação do tratado de 1082: a segurança dos homens de negócios de Constantinopla fora destruída, e ao mesmo tempo que os venezianos aparecia a livre concorrência" [grifo meu] (Cavallo, 1998:160). Pirenne mapeou geograficamente esta inserção cada vez maior de Veneza no Império Bizantino e como isto se traduziu num domínio da República sobre a navegação no Mediterrâneo Oriental. "Nos anos seguintes, outros estabelecimentos se fundaram em Laodiceia, Antioquia, Mamistra, Adana, Tarso, Satalié, Éfeso, Chios, Focea, Selembria, Eracleia, Rodosto, Andrinopla, Salônica, Demétrias, Atenas, Tebas, Corfu, Coron e Modon. Em todos os pontos do Império a navegação veneziana dispunha, pois, de bases de abastecimento e de penetração que asseguravam seu domínio. Pode-se dizer que, desde fins do século XI, detém o monopólio quase que exclusivo dos transportes em todas as províncias da Europa e da Ásia que ainda possuíam os soberanos de Constantinopla" (Pirenne, 1963:25).

da África.[187] Em 1100, pela ajuda prestada a Godfrey de Bouillon na captura de Haifa (atual Tel Aviv), Veneza "fincou as garras" na região do Levante. Mais uma vez, e de acordo com a própria estratégia de acumulação de poder e riqueza, não estabeleceu uma ocupação territorial, e sim privilégios comerciais (ver figura 4).

Em segundo lugar, se por um lado o século XII se iniciou com a ampliação das atividades de Veneza na região do Levante, por outro foi marcado também pelo desgaste da relação entre a cidade e o Império.[188] A situação chegou ao limite nas décadas de 1170 e 1180, quando os venezianos perderam os privilégios e, posteriormente, foram de fato expulsos dos mercados de Constantinopla por decisão da autoridade central bizantina.[189]

É nesse contexto que deve ser entendida a estratégia de Veneza em relação à Quarta Cruzada. A princípio, Veneza daria apenas o apoio logístico à nova empreitada.[190] Por razões diversas, os cruza-

---

[187] Na Primeira Cruzada, Veneza continuou atuando mais na ajuda ao Império Bizantino do que propriamente com conquistas na região do Levante; participação muito distinta quando comparada às de Gênova e Pisa. Veneza sabia que a Românía, como também era chamado o Império Bizantino, fazia parte do desejo dos guerreiros Cruzados. A primeira ação veneziana na Cruzada foi contra uma frota pisana, que retornava da região do Levante e que havia ocupado a ilha de Corfu em 1098. Receosos desse fato e tendo claro que sua prioridade era defender sua relação com os bizantinos, os venezianos enviaram uma frota a Rhodes em 1099, pois os pisanos, depois de expulsos pelas próprias forças bizantinas em Corfu, dirigiram-se para lá, onde sofreram nova derrota para os venezianos. As exigências aos pisanos evidenciam quais eram as suas prioridades naqueles tempos.

[188] "(...) the Byzantine emperor [João Commeno (1118-1143)] who succeeded Alexius I [1081-1118, pai de João Commeno] tried to take away the privileged commercial position which Alexius had given them as payment for their aid against Normans" (Lane, 1973:34).

[189] "Assim, a 12 de Março de 1171, o Estado interveio com uma vasta operação; num único dia, a administração bizantina deteve todos os cidadãos venezianos residentes no Império e confiscou-lhes todos os bens, todas as mercadorias e todas as embarcações. Mas foram necessários o autêntico pogrom antilatino de 1182 e a política marcadamente antiocidental – ainda mais eficaz – de Andrónico I Commeno para que os mercadores italianos decidissem abandonar Constantinopla" (Cavallo, 1998:161).

[190] As negociações entre o doge Henrique Dandolo (1192-1205) e o conde de Champagne eram para que uma frota naval veneziana transportasse e fizesse o

dos não conseguiram angariar a quantia acordada, embora Veneza já houvesse construído os navios necessários para a frota planejada e feito os demais preparativos acordados.

O que inicialmente poderia parecer um péssimo negócio para Veneza tornou-se um excelente ensejo para restabelecer as posições privilegiadas perdidas havia alguns anos dentro do Império Bizantino. Para transportar as tropas ao Levante, o doge Henrique Dandolo (1192-1205) exigiu primeiro o saque e a tomada da cidade de Zara, na costa da Dalmácia, a despeito de ser uma cidade cristã. Em 1202, Zara sucumbiu às forças cruzadas. A segunda manobra veneziana foi conduzir os cruzados a Constantinopla, apesar da resistência de parte de alguns cruzados, que ansiavam por desembarcar na região da Terra Santa. Depois das batalhas entre os cruzados e as tropas bizantinas em Constantinopla, que se arrastaram por cerca de um ano, seguiu-se o bárbaro desfecho: destruição, saque, pilhagem, assassinato e humilhação "(...) uma pilhagem e um massacre sem precedentes" (Batista Neto, 1989:106).

Tomada a capital do Império, estabeleceu-se ali o Império Latino de Constantinopla (1204-1261), cuja autoridade central passou a ser escolhida pelos vencedores da guerra: um comitê formado por seis barões europeus e seis venezianos. Como resultado, Veneza não só recuperou a inserção privilegiada naquele mercado, como garantiu que fosse proibida a entrada de qualquer cidadão no novo Império cujo território de origem estivesse em guerra com Veneza. Ademais, assegurou o acesso e domínio sobre as principais rotas comerciais que passavam pelo mar Negro.

---

abastecimento de uma nova Cruzada no Levante. Como contrapartida ao pagamento de 85 mil marcos de prata, os venezianos se comprometeram a fornecer transporte e provimentos por um ano aos 33.500 guerreiros cruzados, o que envolveria uma frota de 200 barcos. Depois, foi incluído no acordo que metade de todo o espólio tomado dos "bárbaros" em terra ou mar seria de Veneza, como contrapartida à inclusão de mais 50 galeras completamente armadas para servir de apoio aos cruzados durante um ano.

A postura da autoridade veneziana durante a partilha do território do Império revelou mais uma vez suas prioridades e a essência de sua política militar, algo bem distinto da experiência que ocorria dentro do continente europeu.

> In the distribution of territories, the Venetian government concentrated on obtaining the essential for naval control (...) Dondolo's successor Pietro Ziani concentrated on establishing the power of the Venetian Republic over those parts of the Empire which were of greatest strategic importance as naval bases. Consistent with the policy which Venice had previously followed and was to follow for centuries, he showed less interest in tribute-paying territories than in control of the seas used by Venetian commerce (...)
> While others used the crusades to acquire territory, the Venetians, as we have seen, used them to gain sea power; and as soon as they had firm control of waters important for their commerce, they applied their naval power so as to make themselves and their city richer. They regulated the flow of trade so as to increase governmental revenue and so as to create more and better business for Venetians: more employment and favorable terms of trade (Lane, 1973:42-43 e 58).

A Quarta Cruzada possibilitou a Veneza consolidar de fato um sistema de bases navais e entrepostos comerciais que se constituíam, conjuntamente com sua esquadra, na égide de seu poder naval e de sua primazia ao longo do século XIII. "Venice established a chain of naval bases that formed the backbone of their naval power from that time forward" (Dotson, 2001). Para Frederic Lane, Veneza construiu um "império de bases navais".

Constantinopla foi naturalmente sua base mais importante: "Constantinople dominated and could control traffic to and from the Black Sea with its rich cargoes of silks, slaves, and agricultural products" (Dotson, 2001). A ilha de Creta, cuja cidade principal era Cândia, também detinha enorme importância estratégica: está situada entre as duas entradas, sudeste e sudoeste, do mar Egeu, além de localizar-se ao centro da rota que liga diretamente o mar Jônico à Síria e ao Egito. Entre a base de Creta e Constantinopla, encontrava-se a principal base veneziana no Egeu, a de *Negroponte*. Mais ao sul no mar Jônico, havia ainda as bases de *Modon* e *Coron*, ambas no cabo de Morea, conhecidas na época como *os dois olhos da república*, pois que todas as embarcações venezianas que vinham do Levante eram obrigadas a parar ali para receber e dar informações sobre "piratas" e comboios. Mais ao norte do Jônico estava a ilha de *Corfu*, que foi substituída por *Ragusa*, cidade mais "leal" à República de Veneza, situada no Adriático. Além desta, no Adriático os venezianos contavam com Zara ao centro da região da Dalmácia (ver figura 4).

Portanto, como conclusão, pode-se dizer que a edificação desse conjunto de bases navais e de entrepostos comerciais combinada aos privilégios restabelecidos e ampliados com a criação do Império Latino de Constantinopla deram à República de Veneza uma verdadeira primazia na porção oriental do Mediterrâneo no início do século XIII.

A "Guerra dos Cem Anos" italiana e os novos rivais do século XV[191]

O período que se estende de meados do século XIII ao fim do século XIV foi marcado por uma intensa disputa entre Gênova e Veneza pelo domínio do Mediterrâneo. Foram quatro guerras diretas entre as duas mais importantes cidades que disputavam o controle das zonas estratégicas do comércio de longa distância com o Oriente.

---

[191] As referências mais importantes utilizadas nesta seção foram: *The Times* (1995); Braudel (1986); Dotson (2001); e principalmente Lane (1973).

Gênova iniciou sua expansão marítima pouco depois de Veneza. Seus primeiros avanços (saques e lucros comerciais) foram na porção ocidental do Mediterrâneo, espaço que disputou desde muito cedo com Pisa. "Rivalry between Genoa and Pisa in the western Mediterranean prevented them from combining against Venice in the East" (Dotson, 2001). As Cruzadas lhe criaram oportunidades para se inserir na Terra Santa, enquanto Veneza concentrava mais sua atenção e suas preocupações na região do Império Bizantino.

Ambas as cidades possuíam um receio comum, os pisanos, que as incomodavam simultaneamente: a Veneza, na Romênia;[192] e a Gênova, no Mediterrâneo Ocidental. Ao mesmo tempo, Pisa desfrutava do apoio dos imperadores germânicos, enquanto Veneza e Gênova alinhavam-se mais diretamente a Roma. A morte de Frederico II, imperador do Sacro Império Romano-Germânico (1220-1250), em 1250, foi decisiva às pretensões de Pisa, que não conseguiu mais seguir disputando com as demais cidades italianas.

A partir de então, os pretendentes de primeira linha a dominar os portos estratégicos no comércio com o Oriente restringiram-se fundamentalmente a Gênova e Veneza, e o conflito direto entre ambas pelas oportunidades de negócios seria uma questão de tempo, uma vez que, a partir da segunda metade do século XIII, houve um relativo fechamento dos circuitos do mar Vermelho e do golfo Pérsico aos europeus, como visto anteriormente. Tiveram, portanto, que disputar intensamente a última "porta" comercial ainda aberta (o circuito da Ásia Central), então muito propícia às trocas devido ao contexto favorável criado pela *Pax Mongolica*.

A figura 5 a seguir ilustra o predomínio e a rivalidade das duas cidades sobre o Mediterrâneo entre os séculos XIII e XV.

---

[192] "(...) meant not only the Greek peninsula and the Aegean islands but all the neighboring lands which had been part of the Byzantine Empire" (Lane, 1973:68).

PODER, RIQUEZA E MOEDA

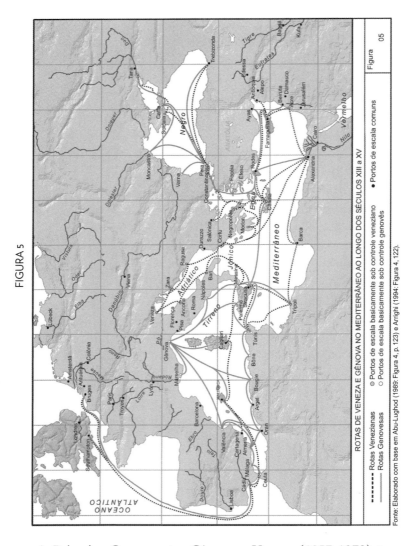

FIGURA 5

A *Primeira Guerra* entre Gênova e Veneza (1257-1270) teve início na região do Levante, na cidade do Acre, mas seus desdobramentos mais importantes ocorreram na Romênia. Apesar de algumas retumbantes vitórias dos venezianos, ela foi marcada por uma grande conquista diplomática de Gênova.

Miguel VIII (1258-1282), imperador do que ainda restava do Império Bizantino, cuja capital fora transferida para a cidade de Niceia depois de 1204 (Império de Niceia), tinha ainda pretensões de reconquistar a antiga capital. Para tanto, firmou uma aliança com Gênova, também ávida pelo fim do Império Latino.[193] Em 1261, as tropas de Miguel VIII tomaram Constantinopla e destruíram o frágil Império Latino. Como a reconquista se mostrou muito fácil, a ajuda de Gênova na prática foi dispensável.[194] Por conta de tal facilidade, Miguel VIII decidiu rever os termos acordados com os genoveses. Com base nos novos termos, estes não puderam se estabelecer na capital, mas, sim, no subúrbio de Pera, perto de Constantinopla. Ademais, não conseguiram assegurar os privilégios de exclusividade de que, anos antes, os venezianos haviam desfrutado. Prova disso foi a readmissão dos venezianos em Constantinopla, em 1268, embora sem as concessões e vantagens de outrora.

Portanto, a despeito da frustração causada pelo não cumprimento de parte dos acordos, Gênova conseguiu acessar uma das zonas mais estratégicas ao comércio de longa distância. Por sua vez, Veneza viu seu domínio exclusivo sobre o Bósforo acabar, tendo que, a partir de então, "compartilhá-lo" com os navios genoveses.[195]

---

[193] "Os genoveses prejudicados com as conquistas venezianas no Oriente desde 1204 ofereceram seu auxílio ao basileu mediante um tratado assinado em Nyphaeum aos 13 de março de 1261. Gênova punha sua tropa à disposição do Império de Niceia para reconquista de Constantinopla, e os bizantinos, em contrapartida, faziam imensas concessões comerciais aos genoveses" (Giordani, 1968:90).

[194] Bastou que o exército de Niceia, composto de 800 homens, marchasse até Constantinopla para que o imperador voltasse a se estabelecer no antigo palácio imperial.

[195] As lutas continuaram, sobretudo na forma de ataques mais pontuais e saques a navios rivais, e a paz entre as duas cidades, uma trégua de 23 anos, foi consagrada em 1270, graças à interferência do rei [São] Luís da França, que exigiu de Gênova o fim dos ataques e saques a navios venezianos, ameaçando prender genoveses em território francês. Como compensação, ofereceu somas elevadas aos genoveses para que disponibilizassem navios a uma nova Cruzada, a Oitava.

Nesse mesmo período, Gênova obteve resultados expressivos no se refere à expansão de seu poder e de sua riqueza: derrotou definitivamente Pisa em Meloria em 1284 e, assim, tornou-se soberana no mar Tirreno; contornou o Estreito de Gibraltar em 1277, estabelecendo ligações diretas e regulares entre os mercados do Levante e a cidade de Bruges e os portos ingleses, a partir de 1297; e expandiu suas posições no mar Negro, depois de "botar os pés" em Pera, estabelecendo-se, por exemplo, em Caffa.

Assim como a anterior, a *Segunda Guerra* (1293-1299) derivou de um acirramento comercial inevitável entre as cidades em razão do estreitamento dos canais de acesso às mercadorias do Oriente. Além do mar Vermelho, que já se encontrava havia tempos sob forte controle dos mamelucos, houve o fechamento do Levante aos mercadores europeus quando da reconquista árabe-mameluca de cidades como Trípoli, Tiro e Acre (1291). O fato produziu uma exacerbação das disputas pela única saída ainda aberta: Constantinopla e a região do mar Negro. Vale lembrar que esse foi o período da *Pax Mongolica* e, a ela associado, do renascimento do circuito da Ásia Central.

Apesar das conquistas e vitórias mais expressivas alcançadas por Gênova no confronto direto com Veneza, ambas as cidades sofreram consideráveis baixas e inúmeras perdas. O resultado final do acordo de paz consagrado em 1299 é bastante revelador do impasse político e da incapacidade de uma das cidades se impor sobre a rival. Na essência, o acordo estabeleceu o reconhecimento recíproco de suas respectivas áreas de dominação e influência. Mais precisamente:

> By these terms, Venice recognized Genoa primacy over all its Riviera and Genoa recognized Venetian lordship over its "Golf" by agreeing that, if there was a war of any kind in the Adriatic, no Genoese ship would enter the Adriatic except to go to Venice. Venice abandoned any support of the Guelfs of Monaco (...) (Lane, 1973:84).

A rivalidade das cidades italianas permaneceu na região dos mares Negro e Egeu. A *Terceira Guerra* (1350-1355) eclodiu como resultado da expansão de Gênova nessa região, sobretudo com o fechamento progressivo do mar Negro aos venezianos. Nesse momento, Gênova detinha uma posição de maior liderança e domínio nessas rotas. A partir de 1324, Veneza passou a manobrar mais intensa e diretamente contra a rival. Ofereceu serviços ao imperador bizantino, pois queria se aproveitar tanto das divergências entre este e os genoveses como da ameaça crescente dos turcos otomanos na região da Anatólia. Articulou outros aliados, como os catalãs (aragoneses), que vinham tendo conflitos com os genoveses no Mediterrâneo Ocidental. O plano era ambicioso e visava: conquistar as posições mais importantes de Gênova no Oriente; devolver Pera e Chios ao Império Bizantino; destruir sua esquadra na sua própria costa; e bloquear a cidade até sua rendição.

As batalhas foram das mais violentas. No Bósforo, em 1352, por exemplo, as perdas foram enormes para os dois lados, com poucos prisioneiros. Nessas batalhas, o decisivo foi o apoio que Gênova acabou recebendo dos otomanos, principalmente na defesa de Pera. Do ponto de vista dos turcos, seus principais inimigos na região eram os bizantinos. Apesar de ambos os lados reivindicarem a vitória, foi Gênova quem conseguiu não somente defender suas posições, como obrigar o imperador bizantino a negociar os termos de paz, uma vez que os barcos dos aliados já haviam deixado a região. Em 1353, as forças venezianas e aragonesas derrotaram seus rivais na Sardenha. Em 1354, foram os genoveses que venceram a batalha naval de Porto Longo, em Modon. Depois de tantas baixas, a paz foi negociada no ano seguinte (1355). Mais uma vez, foi o contexto da geografia política do continente europeu que impôs a paz entre as rivais cidades italianas. Naqueles anos, Gênova era governada pelo visconde de Milão, que, devido aos seus interesses nas disputas no norte da Itália, não desejava se indispor com determinadas autoridades centrais que eram naquele momento aliadas de Veneza. Entre estas incluíam-se não somente príncipes italianos do norte, mas sobretudo Charles IV, rei da Boêmia e imperador do Sacro Império Romano.

A *Quarta Guerra* (1378-1381), também conhecida como Guerra de Chioggia, decerto foi a mais difícil para os venezianos. Começou, novamente, nas proximidades do mar Negro. Veneza ocupou a pequena, embora estratégica, ilha de Tenedos (ver figura 4). Sua localização no mar Egeu, pouco antes da entrada do Estreito de Dardanelos, auxiliava muito o controle da navegação na região. A reação de Gênova foi intensa e ocorreu não no Egeu, mas diretamente no Adriático. Como Veneza já havia perdido a Dalmácia para os húngaros, os genoveses não só perceberam uma grande oportunidade de levar a guerra para próximo das lagunas, como angariaram o apoio dos próprios húngaros na empreitada. Esse apoio evitou que Veneza contasse mais prontamente com apoio do exército do Império Bizantino, além de ameaçar os fluxos de suprimentos à cidade.

A ação genovesa que se seguiu foi devastadora aos venezianos. Em agosto de 1379, Veneza estava completamente cercada. Por mar, após conquistar a cidade de Pola, na região da Istria, espaço vital veneziano, a frota genovesa entrou no centro do poder dos venezianos, as lagunas, e tomou a ilha de Chioggia; pelo norte, estavam os húngaros; e, pelo oeste, as tropas do lorde de Pádua.

> In that year [1379], the city of Venice came nearer to being taken by assault than at any other time in the history of the republic (…) Blocked on all sides, Venice began to run out of food and supplies. The city itself seemed about to be invaded when the Genoese and Paduans joined forces within the lagoons and on August 16, 1379, took Chioggia by storm, a stunning blow. Venice asked for negotiations, but their enemies replied that they would not negotiate until after they had bridled the horses of San Marco, the four famous bronze horses which had been brought from Constantinople in 1204 (…) (Lane, 1973:192).

O que acabou por salvar Veneza foi o fato de ela ter enviado à costa de Gênova uma frota de navios para atacar o inimigo em suas proximidades. Esta frota, comandada por Carlo Zeno, foi muito bem-sucedida em sua missão; destruiu e saqueou inúmeras embarcações genovesas e conseguiu voltar a tempo, em janeiro de 1380, para evitar um desastre maior. Por fim, após muitas batalhas, os venezianos conseguiram isolar os genoveses na ilha de Chioggia até se renderem em junho de 1380.[196]

Com a vitória na ilha, Veneza apresentou os termos de uma nova paz, o Tratado de Turim de 1381, que, na prática, revelava o quanto a cidade estava, naquele momento, desprovida de recursos ou condições militares para assegurar tantas posições simultaneamente, ou seja, desistiu das fortificações de Tenedos, que havia conquistado anteriormente; concordou que nenhum veneziano ou genovês comercializaria em Tana pelos próximos dois anos; reconheceu os direitos de Gênova na ilha de Ceuta; entregou Treviso ao duque da Áustria; e, para assegurar seus direitos sobre o Alto Adriático, pagou uma indenização ao Império Húngaro, além de reconhecer seu domínio sobre a Dalmácia. Em termos gerais, "Judged by the Treaty of Turin, the Fourth Genoese war was defeat for Venetian and was as inconclusive as the three earlier Genoese wars" (Lane, 1973:196).

Em síntese, durante o século XIV, a despeito dos períodos de maior fragilidade, Veneza conseguiu defender e manter sua posição enquanto intermediária do comércio no Mediterrâneo entre o Oriente e o Ocidente. Para tanto, enfrentou uma competição acirrada de outras cidades naval-mercantis italianas, francesas e catalãs. Decerto, Gênova foi sua maior rival, disputando "cabeça a cabeça" cada "palmo" do Mediterrâneo, sobretudo da região do mar Negro, sem conseguir, no entanto, excluir Veneza do comér-

---

[196] "A orgulhosa cidade de São Marcos parecia perdida, mas, numa prodigiosa reação, inverteu a situação: Vettor Pisani, em junho de 1380, retomava Chioggia e destruía a frota genovesa" (Braudel, 1986:102).

cio com o Oriente. Ao final, ambas tiveram que se render a uma situação de coexistência pacífica, um impasse político-militar, pois "o luxo da pequena ou da grande guerra torna-se demasiado dispendioso. Impõe-se a coexistência pacífica, tanto mais que os interesses de Gênova e de Veneza, potências mercantis e coloniais (...) desaconselhava-lhes lutar até a morte de uma ou de outra (...)" (Braudel, 1986:103).

No entanto, ainda segundo Braudel, a Quarta Guerra, apesar de terminada sem um vencedor, significou o início do domínio de Veneza no século XV. "[A] paz, assinada em Turim, não dava a Veneza qualquer vantagem formal. No entanto, foi o princípio do recuo dos genoveses – não voltarão a aparecer no Adriático – e da afirmação, a partir de então indiscutível, da preeminência de Veneza" (Braudel, 1986:102).

Nos anos que se seguiram, apesar de debilitada pelas consideráveis perdas com as guerras contra Gênova, Veneza conseguiu recuperar algumas posições importantes, sobretudo através da diplomacia. O contexto geopolítico a favoreceu consideravelmente. Apesar da união dos reinos da Hungria e de Nápoles, seus sucessores seguiram em disputas internas intermináveis, que, no final, acabaram por viabilizar a retomada veneziana da Dalmácia em 1409. Antes, em 1383, Veneza já tomara a ilha de Corfu. Seu domínio no Baixo Adriático foi ajudado, em parte, pelo enfraquecimento do Império Bizantino, cada vez mais reduzido às áreas no entorno de Constantinopla e de Salônica. De 1405 a 1427, ocupou as cidades de Pádua, Verona, Brescia e Bérgamo, isto é, seu território vizinho, sua *Terra Firme*. Por outro lado, Gênova viu seu poder mercantil e naval atrofiar-se significativamente, sobretudo a partir da Quarta Guerra com Veneza. Para Arrighi:

> As tendências e acontecimentos, na Gênova da segunda metade do século XIV e do século XV, foram profundamente influenciados por essa compressão das redes genovesas de comércio

de longa distância e pela deterioração concomitante da situação de poder da cidade na economia mundial mediterrânea e no sistema das cidades-Estados italianas. O rápido fechamento da rota centro-asiática de Gênova para a China, o ataque do poder otomano, veneziano e catalão-aragonês ao comércio de Gênova no Mediterrâneo, a ascensão de cidades-Estados poderosas em torno de todos os domínios metropolitanos de Gênova, toda essa configuração de circunstâncias deve ter sido realmente desalentadora para os genoveses (Arrighi, 1994:118).

A partir de então, depois de quase sucumbir em reiteradas e violentas lutas contra Gênova, Veneza logrou finalmente sua preeminência no Mediterrâneo: "No final do século XIV, a primazia de Veneza afirma-se sem ambiguidades" (Braudel, 1986:103).

A figura 6 a seguir, como ilustração dessa preeminência, expõe o amplo espectro em que atuavam as Galeras de Mercato venezianas no Mediterrâneo no século XV, inclusive com uma rota (Galeras de Aigues-Mortes) que percorria o espaço vital de sua maior rival, Gênova, as águas do mar Tirreno. O apogeu desse sistema de galeras "situa-se provavelmente por volta de 1460, quando a Signoria cria a curiosa linha das *galere di trafego* que acentua a sua pressão sobre o norte da África e o ouro do Sudão" (Braudel, 1986:111).

O século XV foi marcado, em linhas gerais, por uma importante mudança do ponto de vista da geografia política europeia: a consolidação do processo de concentração do poder em diferentes áreas da Europa e também no entorno do Mediterrâneo (destaque para a formação e consolidação dos reinos de Portugal, da Inglaterra, da França e dos impérios Habsburgo e Otomano).

O interessante a se notar é que, mesmo no norte da Itália, ocorreram claros movimentos nessa direção, embora em proporção distinta. Ali, houve o fortalecimento de algumas cidades mais importantes, a partir da incorporação de outras menores e contíguas. Na mesma época em que Veneza começou a dominar seu entorno, "Milão torna-se Lombardia; Florença impõe-se na Toscana e apodera-se da sua rival, Pisa, em 1405; Gênova consegue estender sua dominação às suas duas 'rivieras', do Levante e do Poente, assoreando o porto de Savona, sua rival" (Braudel, 1986:103).

Nesse contexto, Veneza deparou-se internamente com uma discussão sobre qual deveria ser a linha mestra de sua política ex-

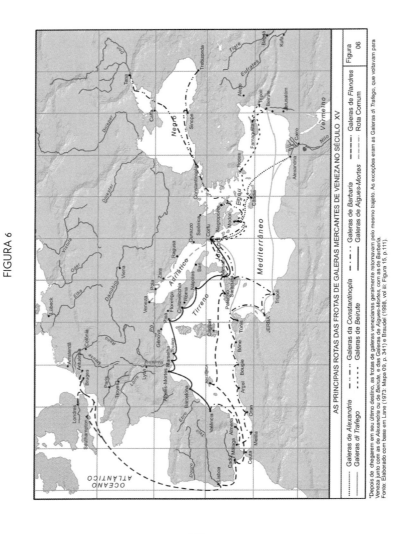

FIGURA 6

terna. Alguns membros da república achavam que a expansão territorial se tornara imprescindível a sua sobrevivência: "Although larger material interest supported Venice's maritime imperialism, a self-interested support was building up for a expansionist policy also in Italy" (Lane, 1973:226).

Não tardou para que as duas maiores forças do norte da Itália, Milão e Veneza, começassem a "se esbarrar". Em 1425, Veneza entrou em guerra contra Filippo Maria Visconti, duque de Milão, e contou com o apoio dos florentinos, interessados em evitar o movimento expansivo milanês e, de fato, uma alteração no equilíbrio de poder do sistema político das cidades italianas. Dois anos depois, conquistou uma importante vitória na batalha de Maclodio, sem, no entanto, obter um acordo de paz. Este veio somente quase 20 anos depois, no dia 9 de abril de 1454, quando foi assinado o Tratado de Lodi, em que se estabeleceram as fronteiras permanentes entre os territórios de Milão e de Veneza no norte da Itália. Além disso, foi redefinido, ou melhor, congelado o equilíbrio das potências italianas, quando Veneza, Milão, Florença, Nápoles e o Estado Papal reconheceram o princípio de não agressão.[197]

Do ponto de vista das questões geopolíticas enfrentadas por Veneza ao longo do século XV, e que se prolongaram ao século XVI, destacam-se as mudanças significativas observadas no tabuleiro europeu e do Mediterrâneo em função da ascensão de novos atores possuidores de consideráveis extensões de terras e com uma enorme capacidade de ação militar – alguns deles desenvolvendo poderosas frotas navais, como foram os casos dos otomanos e do Império Habsburgo.[198]

---
[197] "A guerra acabou sendo encerrada pelo Pacto de Lodi, de 1454, que institucionalizou o equilíbrio de poder da Itália setentrional" (Arrighi, 1994:93).
[198] "Antes mesmo que a Europa se projetasse no mundo na sequência dos Grandes Descobrimentos (1492-1498), todos os Estados territoriais recuperaram seu domínio: há de novo um rei de Aragão perigoso, um rei da França em posição de força, um príncipe dos Países Baixos que tem preferência pelo jogo duro, um imperador alemão, mesmo se tratando do indigente Maximiliano da Áustria, que

Esse processo teve sérias implicações à possibilidade de as cidades italianas seguirem acumulando poder e riqueza com base em estratégias que não se assentavam sobre a conquista de territórios e a incorporação de populações mediante monopolização dos instrumentos de coerção física e de tributação monetária.

So long as Venice had as neighbors many cities competing one with the other, and so long as the claimants to wider powers, such as popes and emperors, had no means of effective local control, it did not much matter to Venice which of the neighboring potentates was gaining and which was losing. But the instruments of estate-building – administrative and judicial bureaucracies *backed by armies and taxation* – were in the fourteenth and fifteenth centuries creating larger and more centralized units [grifo meu] (Lane, 1973:226).

Em Veneza, esse contexto produziu uma divisão entre os nobres acerca da mais adequada estratégia de acumulação de poder e riqueza, pois para alguns estava claro que as possibilidades de sucesso de uma política expansiva fundada essencialmente sobre bases navais haviam se esgotado. Enquanto uns insistiam no "império à fenícia", outros ansiavam por uma expansão territorial a oeste (em direção à Lombardia) e a leste (em direção a Romênia), por uma unidade político-territorial com sede principal em Veneza.[199]

---

alimenta projetos inquietantes. *Está ameaçada a sorte geral das cidades*" [grifo meu] (Braudel, 1986:120).

[199] "Among Venice's ruling nobles, those who favored acquiring more and more territory in Lombardy and in Romagna, the *landward-looking party*, might argue that only establishing a kind of hegemony over tally could Venice command resources equal to those of the giant empires which were developing at the eastern and western extremities of the Mediterranean (…). On the other side, there was a *seaward looking party* which regarded the possessions in Lombardy as just a malignant tumor sucking the maritime vitality that had made Venice great" [grifo meu] (Lane, 1973:248).

Nesse momento, o mais temido dos inimigos eram os turco-otomanos. A conquista de Constantinopla em 1453 e a consolidação de seu poder, numa extensão que abarcava desde o Norte da África até as "portas" de Viena, imputaram um receio comum aos mais importantes príncipes europeus.

Até o início do século XVIII, nessa relação com o maior de seus receios políticos, Veneza seguiu, em determinados momentos, o ditado de que "uma boa paz é condição de bons negócios" (Braudel, 1986:120); em outros períodos, optou pelo enfrentamento direto, como na primeira guerra turco-veneziana (1463-1479); além, é claro, das inúmeras manobras diplomáticas que envolviam aliados mais poderosos e com receios semelhantes, ou seja, alianças com "(...) o Império de Carlos V, a Espanha de Filipe II, o Sacro Império Romano-Germânico, a Rússia de Pedro, o Grande, e de Catarina II, a Áustria do príncipe Eugênio. Até mesmo, temporariamente, por ocasião da guerra de Cândia, a França de Luís XIV" (Braudel, 1986:121).

Por fim, cabe notar que a decadência de Veneza a partir das primeiras décadas do século XVI também esteve relacionada a outro acontecimento, que, combinado a essa alteração do jogo político na Europa, revelou os limites da estratégia de acumulação de poder e riqueza de Veneza entre os séculos XI e XV, a saber: os grandes descobrimentos marítimos, que significaram a abertura de novas rotas de comércio de longa distância para o Oriente, e que não precisavam perpassar os domínios otomanos; e o aparecimento de novas zonas de exploração e de comércio, das quais Veneza sempre esteve fora ao longo de sua história.

Em suma, a história política veneziana, desde sua origem, no século VI, até seu ápice, nos séculos XIII e XV, foi profundamente marcada pela formação e expansão de seu poder naval. Este se assentava sobre uma poderosa esquadra naval e um sistema de bases e entrepostos marítimos que lhe permitiram não somente acessar a atividade mais lucrativa daqueles tempos (principalmente nas Idades Médias Plena e Tardia), mas, em muitas oportunidades, fazê-lo de modo exclusivo, acelerando o processo de concentração e acumulação de riqueza de seus mercadores-banqueiros. Até 1261, quando sucumbe o Império Latino de Constantinopla, a política veneziana foi muito bem-sucedida na formação e expansão de seu poder. A partir de então o que se verificou, até o final do século XIV, foi o acirramento da competição entre as duas mais bem-sucedidas cidades com "vocação expansiva marítima", Gênova e Veneza. Esse contexto se agravou com o "fechamento" dos circuitos do golfo Pérsico e do mar Vermelho, pois concentrou as oportunidades em torno do circuito da Ásia Central, onde, diferentemente, o contexto da geografia política tornara-se bastante favorável devido à *Pax Mongolica*. O resultado, depois de quase um século de conflitos muitas vezes violentos, foi um impasse do ponto de vista político-militar, manifesto numa espécie de coexistência pacífica. Os acontecimentos da virada do século XIV favoreceram sobremaneira a República de Veneza e, de modo contrário, lançaram Gênova para fora do centro do cenário principal da acumulação de poder (marítimo) e riqueza. Foi então que Veneza desfrutou de uma supremacia no que se refere à navegação e ao comércio no Mediterrâneo. No entanto, sua breve existência decorreu basicamente de dois acontecimentos históricos centrais: a consolidação de unidades político-territoriais, com seu aparato militar e tributário monopolizado por sua autoridade central, que vinha se desenvolvendo desde o século XI; e, da perspectiva da acumulação de riqueza com base no comércio de longa distância, os desdobramentos revolucionários e irreversíveis da expansão marítima, mais especificamente, a descoberta de um novo mundo a ser explorado e de novas rotas que permitiam acesso direto ao Oriente, alterando substancialmente a ordem política e econômica do espaço eurasiano.

CAPÍTULO 14

A ACUMULAÇÃO ACELERADA DE RIQUEZA E A INTERNACIONALIZAÇÃO DA MOEDA DE VENEZA

> *Pode-se, pois, considerar que, junto com o aparecimento do "gros", se inicia uma fase nova na história monetária.*
>
> HENRI PIRENNE
> (*História econômica e social da Idade Média*)

O tráfico veneziano

Assim como em outras regiões da Europa Ocidental durante as Idades Médias Plena e Tardia, o enriquecimento de parte dos nobres venezianos esteve consideravelmente associado, direta ou indiretamente, às atividades militares de sua Sereníssima República, sobretudo para o caso dos mercadores que atuavam no comércio de longa distância, os futuros banqueiros. Desde muito cedo, inclusive nos momentos de maior glória, os venezianos se utilizaram amplamente do poder de sua esquadra naval para criar oportunidades para a realização de lucros extraordinários. Para Dotson (2001), a ideia-chave é a de que, para Veneza: "War and trade were very often closely interlinked activities"; ou, de uma perspectiva mais geral, para Janet Abu-Lughod (1989:113), "(...) the success of the Italian merchant fleets depend in the last analysis upon how well fared in the marine war of all against all".

Uma primeira forma de se observar este papel central do *poder* no sucesso dos negócios venezianos diz respeito às ações de saque, pirataria e proteção. A acumulação de riqueza através do comércio longínquo era inimaginável sem o apoio das armas. A pirataria contra qualquer embarcação de bandeira estrangeira era uma prática generalizada, da qual nenhum mercador abria mão, fosse veneziano, genovês, pisano ou da Dalmácia. A navegação mercantil precisava ser acompanhada de perto pela esquadra, do contrário, os riscos da empreitada cresciam sobremaneira.[200]

O uso do poder naval, contudo, não se restringiu apenas à pirataria e à proteção contra saques e assaltos em mares em que praticamente todos eram piratas. "Venetians, too, were often willing to use force to extend the scope of, and gain advantage for, their trade" (Dotson, 2001). O apoio marítimo militar prestado pelos venezianos a outras estruturas de poder, especialmente ao Império Bizantino, foi quase sempre a principal moeda de troca para a conquista de privilégios e vantagens comerciais, como descrito anteriormente. Este foi certamente o aspecto mais característico da atuação do poder veneziano como principal meio para a multiplicação acelerada da riqueza, sobretudo de seus mercadores. Assim, os direitos reivindicados quando das vitórias, na maioria das vezes, não assumiam a forma de ocupação das terras conquistadas, mas, sim, do acesso, de preferência exclusivo, às zonas mais nobres do comércio de produtos do Oriente, apesar de não terem sido os únicos direitos pleiteados.

Seu poder naval foi também amplamente utilizado para afastar ou subjugar potenciais ou efetivos concorrentes, além de defender

---

[200] "Given the endemic war on the high seas, no merchant shipping was very safe without the organization of convoys protected by warships, backed by the full power of the 'state'" (Abu-Lughod, 1989:113). Para Baskin e Miranti (1997:35), "Venice's success derived from its ability to use its substantial naval power to negotiate advantageous concessions for its entrepôt trade from its Asian trading partners".

o interesse de seus mercadores em regiões distantes: "Naval power facilitated Venetians overseas trade by reducing the risk of loss from attacks on its shipping or the exclusion of its merchants from important markets by unfriendly powers" (Baskin e Miranti, 1997:47).

A "aliança entre o poder e a riqueza" pode ser percebida na política da Sereníssima República em relação às suas galeras de mercato. Se, por um lado, estas se constituíam na mais importante embarcação militar durante aqueles séculos, especialmente da esquadra veneziana, por outro, eram postas à disposição dos seus mercadores conterrâneos para a realização de seus negócios. Ou seja: "A locação dos navios do Estado ia todos os anos a leilão. O patrício adjudicatário do *incanto* recebia dos outros mercadores os fretes correspondentes às mercadorias carregadas. O resultado era a utilização pelo 'privado' de instrumentos construídos pelo 'público'" (Braudel, 1986:110).[201]

Outra prática comum das autoridades venezianas foi a utilização ativa e deliberada do poder marítimo para transformar o mercado de Rialto e seu porto no centro de confluência dos fluxos mercantis: do golfo de Veneza; das águas do rio Pó; do Adriático; e, até mesmo, como utopia maior, do tráfico entre Ocidente e Oriente. Quanto mais mercadorias convergissem à Veneza, maiores seriam as possibilidades de negócios e de lucros extraordinários, além, é claro, dos tributos cobrados pela República. As palavras de Lane são explícitas a esse respeito, mostrando inclusive que se tratava de um desejo não apenas de Veneza, mas das cidades medievais de modo geral:

> Each medieval city strove to be what was called the staple. This meant that it imposed, on as large an area as feasible, staple rights which required the wares being exchanged between different parts of the region to be brought to the staple city,

---

[201] "The city's large fleet of gallerys [was] useful in both war and commerce (...)" (Baskin e Miranti, 1997:35).

unloaded there to pay taxes, and offered there for sale (Lane, 1973:62).

Para que fossem bem-sucedidas, eram decisivos o patrulhamento das águas e a capacidade de impor aos demais mercadores das regiões próximas onde deveriam negociar seus produtos. Alguns autores afirmaram inclusive que as relações entre venezianos e germânicos, no que se refere ao acesso à prata na Europa Central, pautou-se em imposições dessa natureza. Se, por um lado, estes tinham que ir a Veneza "apanhar" a seda, as especiarias e o algodão vindos do Oriente, por outro, levavam não somente linho, mas principalmente prata, conforme o estabelecido pelos venezianos.[202]

Decerto, em diversos casos, as autoridades de Veneza não conseguiam subjugar os germânicos, sobretudo os que circulavam mais afastados do golfo de Veneza, onde o patrulhamento não era tão efetivo. No entanto, ainda assim, havia o peso econômico dos seus mercados: negociar em Rialto muitas vezes era mais interessante do que fazê-lo em outra praça do Adriático.[203]

Grosso modo, Veneza teve mais sucesso nesse tipo de política justamente na região do estuário do rio Pó e em torno do golfo de Veneza. Essa outra denominação para o Alto Adriático é, aliás,

---

[202] "In order to assure the merchants of Venice a sufficient quantity of gold and silver for their eastern purchases, foreign suppliers, chiefly German, were obliged to sell their bullion and spice exclusively to Venetians at the 'little bell' of the Rialto, or directly to the mint, and they were forbidden to re-export it by sea on their own account" (Day, 1999:32). Cabe lembrar que importantes minas de prata haviam sido descobertas no centro do espaço germânico no século XII (Lane, 1973:61).

[203] Um caso bastante ilustrativo desse tipo de política veneziana é descrito a seguir: "Direct trade between Dalmatia on the one side and Apulia and the Marches on the other was permitted. In spite of efforts, Venice never succeeded in including Ancona in the territory for which Venice was the staple. After a series of expeditions, commercial wars, and blockades, Venice forced Ancona in 1264 to recognize the Venetian system of staple in regard to its trade to the north. A treaty limited to specified quotas Ancona's direct shipments of wine and oil to Ferrara and Bologna but left relatively free its trade with Dalmatia and Apulia" (Lane, 1973:63).

bastante apropriada quando se refere àquele período da história, pois, como afirmou Lane:

> The whole of the Adriatic Sea was indeed the Gulf of Venice, and the Venetians undertook to police all of it, to exclude war to fleets except by their permission, and to inspect all merchantmen within its waters to see whether their trade was in accordance with Venetian navigation laws and treaties. However, this did not mean that Venice insisted on being the staple for whole area. Only in regard to the lands around what called the Gulf of Venice and the mouth of the Po was Venice able, after the middle of the thirteenth century, to channel all trade through its own market place (Lane, 1973:65).

A política que visava ao estabelecimento de *staple rights* não implicava a exclusão dos comerciantes estrangeiros dos mercados de Veneza, sobretudo de Rialto. Ao contrário, exceto em tempos de guerras, os estrangeiros e seus barcos eram bem-vindos e pagavam os mesmos tributos que os locais. Isto, por exemplo, significava que os mercadores de Zara (Dalmácia), com as especiarias que conseguiam do Oriente, podiam transacionar com os florentinos os tecidos por estes manufaturados, mas, para tanto, deveriam todos se encontrar nos mercados e feiras de Rialto, "where Venetians could be the *middlemen* and would have a chance *to make a profit on both* cloth and spice" [grifo meu] (Lane, 1973:63).[204]

---

[204] Em termos mais gerais, "Venetian merchants calculated profits on it twice, once on their imports and again when they exported or sold to such visiting merchants as the Germans. Interruptions of trade were frequent but temporary, making prices jumpy. Whether prices were high or low, the Venetians, being like brokers the men in the middle, took their commissions or found other ways to profit." Lane (1973:200). Para Braudel, "Não há dúvidas de que se trata de uma política consciente de Veneza, uma vez que a *impõe* a todas as cidades que lhe estão mais ou menos submetidas. Todos os tráficos provenientes de Terra Firme ou destinados a ela, todas as exportações das suas ilhas do Levante e das cidades do Adriático (mesmo que se trate de mercadorias destinadas, por exemplo, à Si-

Por outro lado, contava também o fato de Veneza ter uma população relativamente grande e uma vida comercial pujante, o que a tornava um polo naturalmente atrativo a qualquer mercador interessado em fazer negócios. Uma vez tendo se constituído numa grande cidade medieval, Veneza se transformou num mercado importante aos produtores de grande parte da própria Europa e numa fonte de sofisticados produtos manufaturados vindos de lugares distantes.

Por tudo isso, o mais comum era o deslocamento dos mercadores europeus a Rialto, onde podiam adquirir as tão desejadas mercadorias do Oriente. Fazia parte da política da Sereníssima recebê-los bem, manter as portas abertas aos negócios. Seus clientes preferidos, os germânicos, inclusive se estabeleciam na cidade; "(...) é importante notar que os homens de negócios venezianos não vão estabelecer-se na Alemanha, país de seus melhores clientes" (Giordiani, 1997:226).[205]

A despeito de sua permissão para circularem pelas feiras de Champagne, os venezianos não se dirigiam muito ao interior da Europa, como outros mercadores italianos do norte faziam mais ativamente.[206] Isso não significa, no entanto, que não o fizessem.

Até o século XIII, sal e grãos foram as mais importantes mercadorias no comércio de Veneza com as regiões vizinhas. No caso do sal, sua produção concentrava-se na região da ilha de Chioggia.

---

cília ou à Inglaterra) devem *obrigatoriamente* passar pelo porto veneziano." [grifo meu] (Braudel, 1986:110).

[205] "Veneza criou até, para os mercadores alemães, um ponto obrigatório de reunião e de segregação, o Fondaco dei Tedeschi, em frente à ponte de Rialto, no seu centro de negócios. Era lá que todos os mercadores alemães tinham de depositar suas mercadorias, morar num dos quartos previstos para esse fim, vender sob controle rigoroso dos agentes da Signoria e reutilizar o dinheiro das suas vendas em mercadorias venezianas (...). Como resistir às tentações de uma cidade situada no centro de uma economia-mundo?" (Braudel, 1986:109).

[206] "Venetians were one of the twelve groups of Italian merchants with recognized status at the Champagne fairs, though merchant from northwestern Italy [genoveses e milaneses] were naturally the most prominent, especially in the early thirteenth century when the most used route over the Alps left the Po at Pavia and went northwestward over the Great Saint Bernard Pass" (Lane, 1973:60).

Para sua gestão, foi criada a *Camera del Sal*, que regulava de modo monopolista os processos de produção e comercialização. Nela era depositada toda a produção, e as autoridades emitiam autorizações aos exportadores em que ficavam definidos para quem, quando, quanto e a que preço deveria ser vendido. Grande parte das receitas do governo provinha da produção e da comercialização do sal.

Além de garantir "poder de mercado" sobre regiões que demandavam sal, Veneza estabelecia o preço que pagava pelo sal em outras regiões produtoras. Quando surgia alguma concorrência, por exemplo, das cidades de Ravena e Cervia (esta localizada um pouco mais ao sul de Ravena e muito próxima a ela), "Venice could use against them not only its naval power but its leverage as potentially their best customer" (Lane, 1973:58). Do ponto de vista da demanda, seu principal comprador era Milão, que geralmente precisava de mais sal do que Veneza era capaz de produzir.

Assim, com base na força de suas armas e no "tamanho" de seu mercado, Veneza lucrava duplamente com o sal, na compra e na venda; suas margens de lucro, juntando ambas as operações, tornavam-se consideráveis. Em síntese, "By thus tying up the consumers on the one hand and the producers on the others, Venice controlled a complete cartelization of salt" (Lane, 1973:58).

A política no caso dos grãos era semelhante. Os venezianos se esforçavam em trazer a produção das regiões próximas do golfo de Veneza para seu mercado, utilizando-se do poder de coerção de sua frota naval, embora nem sempre conseguisse impô-lo. De qualquer forma, sua atuação era por demais ostensiva, ou seja:

> In the thirteenth century, there were thirteen control points around the lagoons. At each, a half dozen men with two or three vessels inspected all passers to make sure that their cargoes were covered by permits to go where headed. The coast between Grado and Istria was patrolled by a gallery armed at Capodistria, which in 1180 was the main Venetian stronghold in Istria (Lane, 1973:59-60).

As relações comerciais de Veneza com o Oriente, principalmente durante os séculos XII e XIII, já não ocorriam mais com base no comércio de escravos, cujo principal centro de oferta passaria a ser o mar Negro, nem com base na exportação de madeira, que havia se tornado menos importante do que a lã, por exemplo. Vale lembrar que os mais importantes espaços de troca eram a Românía (Império Bizantino), o Levante (Palestina) e o Norte da África (estuário do Nilo).

A essência de sua atividade mercantil em lugares mais distantes constituía-se numa navegação de cabotagem, em que as rotas eram definidas de modo a se aproveitar ao máximo as oportunidades de negócios nos mais diferentes territórios. O comércio por vezes chamado de triangular, que, no entanto, na maioria dos casos, percorria mais do que três portos, cada qual com suas respectivas demandas e ofertas, foi bastante típico na história de Veneza, como também na de Gênova. Janet Abu-Lughod fez uma descrição detalhada desse tipo de "cabotagem" praticada pelos genoveses, e, em relação aos venezianos, afirmou o seguinte:

> Had we followed Venetian rather than Genoese traders we would have been led on a similarly circuitous route, *dropping off cargo in one place and picking it up for sale elsewhere*, although the stop in Egypt would have probably been preceded by a northern pick-up of slaves from Caucasus, since it was the Italian's ability to replenish the ranks of the Mamluks that essentially gave them their bargaining power vis-à-vis the Egyptian rulers. To command such supplies, the latter had to ensure a steady and expending volume of spices, as well as locally manufactured cotton and linen cloth and, as their position deteriorated, raw cotton as well (Abu-Lughod, 1989:124).[207]

---

[207] As figuras 5 e, em especial, a 6 ilustram essa navegação de "cabotagem" praticada por Veneza.

Nas transações com a região do *Império Bizantino*, o comércio se desenvolveu com base nos privilégios conquistados, descritos anteriormente. Nesse contexto, os lucros foram consideráveis, já que, desde 1082, com a *Golden Bull*, os venezianos estiveram isentos das taxas que os próprios mercadores bizantinos eram obrigados a pagar, sendo o preço das mercadorias fixado com base nos custos dos mercadores locais.

Além disso, os venezianos introduziram-se no comércio interno do próprio Império, intermediando as relações entre diferentes regiões da România. "They settled at Corinth, for example, to trade in the products going from the Peloponnesus, which the Venetians called Morea, to other parts of Greece" (Lane, 1973:69). Atender às demandas da capital do império com diversos produtos ocidentais constituía-se numa das melhores oportunidades de negócios aos venezianos. Mesmo depois do massacre de 1204, Constantinopla permaneceu sendo uma grande cidade para os padrões da Europa medieval, com uma população numerosa e uma manufatura desenvolvida.

Dos principais produtos adquiridos na Romênia e levados a Veneza para serem distribuídos ao resto da Europa, destacam-se: seda crua ou "trabalhada", alume, cera, mel, algodão, trigo, peles (do mar Negro), escravos (apanhados no Cáucaso) e vinho (das ilhas gregas).

Na região do Levante, a cidade do Acre era o centro mais importante, principalmente após a retomada de Jerusalém por Saladino, em 1187, quando se tornou a capital do que restou do Império de Jerusalém e dos demais domínios europeus no Levante (muito embora tenha sido retomada pelos mulçumanos em 1291). Ali, os principais produtos procurados pelos europeus eram pimenta, canela, cravo, noz-moscada e gengibre. Alguns vinham direto da região do Levante, outros das Índias ou do Extremo Oriente. Por sua vez, em contrapartida, os europeus entregavam prata, bronze ou tecidos de lã.

Na cidade do Acre, pelos serviços prestados nas Cruzadas, os venezianos tiveram ao seu dispor todo um quarteirão. O mesmo aconteceu em Tiro, onde possuíam Igreja própria, consulado ou sede de governo, armazéns, saunas, casas de banho e matadouro. Suas casas eram tão grandes que comportavam não apenas seus familiares, como também alugavam parte das dependências aos mercadores com os quais negociavam e trabalhavam.

No porto de Alexandria, os venezianos encontravam mais do que especiarias. No século XII, esta foi a principal fonte de alume, açúcar e trigo, além de importante mercado para madeira, metais e escravos. Todavia, a região do estuário do Nilo apresentava duas desvantagens consideráveis em relação às duas outras saídas para o comércio com o Oriente. Em primeiro lugar, todos os mercadores estavam submetidos a um forte controle do sultão.[208] Em segundo, havia uma desvantagem técnica, em razão dos ventos que dificultavam a navegação, sobretudo em determinadas estações do ano.[209]

Esse contexto geral nas três regiões mais nobres do tráfico de longa distância se manteve relativamente estável desde o século XI, no período do início da recuperação econômica europeia, até a segunda metade do século XIII, momento em que houve um fechamento maior dos circuitos do golfo Pérsico e do mar Vermelho, o que ocasionou a concentração das possibilidades de negócios na região da Romênia e, com isso, o acirramento das relações entre Veneza e Gênova. Para os séculos subsequentes, a despeito desse novo panorama da geopolítica, a essência da política mercantil

---

[208] Esta foi uma região caracterizada pela presença quase que constante de estruturas de poder concentrado, com suas autoridades centrais fortalecidas, com destaque para os Fatímidas (909-1171), Aiúbidas (1169-1252) e os Mamelucos (1250-1517). Os dois últimos efetuavam políticas bastante ativas em relação aos assuntos econômicos, mais especificamente sobre o comércio.

[209] Em suma, "The Venetians capitalized on their privileged status partly by exporting basic commodities including salt, meats, grains, wine, silver, metals, wool and lumber, which they exchange for spices (particulary pepper), silk and precious jewels. Eventually, the imports were disributed throughout Europe either by Venetians or by German merchants who maintained a large *fondaco*, or warehouse, in the island community for commercial transacting" (Baskin e Miranti, 1997:36).

praticada por Veneza não se alterou. Com base no poder de sua esquadra, seus lucros continuaram pautados pela busca do domínio das rotas e dos entrepostos comerciais e na exclusão de seus rivais, isto é, nos alicerces de um império de bases navais.[210]

Por fim, cabe registrar que alguns autores deram destaque às práticas e às inovações comerciais e financeiras desenvolvidas por Veneza. Mais especificamente, Baskin e Miranti observaram que "Given this position [de um grande poder naval], it is understandable why developments in finance and business organization in Venice should have been so sensivite to the imperatives of maritime trade" (Baskin e Miranti, 1997:48). Por conta disso, os venezianos se destacaram no desenvolvimento de formas de organização empresarial (a *fraterna*, a *colleganza* e as *commission agencies*); seguros marítimos; e instrumentos de financiamento do comércio marítimo.[211]

A geografia monetária e a moeda veneziana

Com base na geografia monetária anteriormente apresentada, as transações comerciais praticadas pelos mercadores da cidade de São Marcos eram liquidadas de modos distintos, dependendo do espaço em que ocorressem, isto é: se dentro da fronteira político-territorial de origem de circulação da moeda *cartal* veneziana; se no circuito de compensação de crédito e débito que se desenvolveu na Europa Ocidental desde as feiras de Champagne (o mosaico intraeuropeu); ou ainda se nas zonas estratégicas do comércio de longa distância, vale dizer, na interface do circuito do Mediterrâneo com os da Ásia Central, do golfo Pérsico e do mar Vermelho.

---

[210] Detalhes sobre o comércio de Veneza com as regiões da Romênia, do Levante e do Norte da África, ver Lane (1973, capítulo VII).
[211] Para outras informações, ver Braudel (1986:111-116); Lane (1973, capítulo XI); Day (1999:28-30); ou Baskin e Miranti (1997:47-51).

Nas trocas *para além do mosaico monetário europeu*, prevaleceu a lógica mercantil-monetária do tráfico de cabotagem, intermediada pelas moedas locais de onde ocorriam geograficamente as trocas. Os metais entregues como contrapartida das cobiçadas mercadorias vindas do Oriente não possuíam nenhum valor nominal (*cartal*), portanto, não eram moedas. Assim, Veneza teve que se empenhar em oferecer bens que fossem do interesse dos "povos distantes" para adquirir a seda, as especiarias e demais produtos desejados. Como dito, não havia um centro ou comunidade de pagamentos em que obrigações emitidas por europeus e não europeus pudessem ser compensadas, como se desenvolveu no centro da Europa Ocidental, mais precisamente dentro do espaço cristão ligado a Roma.

Os autores Lopez e Raymond organizaram e traduziram uma vasta documentação sobre o comércio no Mediterrâneo no período medieval (*Medieval Trade in the Mediterranean World: ilustrative documents*). Disponibilizaram, por exemplo, fragmentos de um manual de práticas comerciais, compilado por um veneziano desconhecido por volta de 1345, onde se aborda, entre outras coisas, a questão das diferentes unidades (de peso, tamanho e valor) utilizadas em diversos mercados exteriores (inclusive não cristãos) e suas respectivas correspondências quando havia. É bastante ilustrativo o caso descrito das mercadorias negociadas por venezianos na região do Baixo Volga, norte do mar Cáspio, em Astracã e Sarai Batu (ver figura 3), então capital do Canato de Horda Dourada (Kipchak).[212] De acordo com o manual, "(...) payments are made in silver *tamgha* [moeda de conta Kipchak], which is their coinage. And for one *sumo*, 120 *tamgha* are counted [*sumo* é equivalente monetário da *tamgha*, da mesma forma que o *real* são dos *centavos*]" (Lopez & Raymond, 1955:153). O manual ilustra com alguns casos: papel em resma era vendido e pago em *sumi*, e peles de ca-

---

[212] "Horda Dourada, 1226-1502: Sul da Rússia, Estado Sucessor dos Conquistadores Mongóis" (*The Times*, 1995:133).

valo tinham o pedaço negociado em *tamgha* (Lopez e Raymond, 1955:153).

Ou seja, o que o manual de práticas comerciais venezianas revela é que, para comprar e/ou vender na região da foz do Volga no mar Cáspio, portanto fora tanto do espaço *cartal* veneziano quanto do mosaico monetário europeu, os mercadores da cidade de São Marcos eram obrigados a negociar na moeda de conta local (*tamgha*), onde ocorria a troca. No caso, não há registros de escambo, tampouco de circulação de letras de câmbio ou da moeda veneziana, tanto pelas informações disponíveis no manual de práticas comerciais de mercadores venezianos do século XIV quanto pelos documentos históricos encontrados no Cairo entre os séculos X e XIII. *Portanto, na interface do circuito de comércio de longa distância do Mediterrâneo com os do mar Vermelho e da Ásia Central, o que aparecia como forma de liquida*ção de uma transação mercantil era a lógica mercantil-monetária do tráfico de cabotagem.

Em alguns casos mais específicos, como, por exemplo, nas relações entre venezianos e bizantinos, estas se deram com base na moeda cartal de Bizâncio, já que alguns mercadores venezianos residiam em Constantinopla e pagavam tributos ao imperador, além de Veneza ter sido formalmente parte do império durante séculos.[213]

No que se refere às transações que ocorriam no *espaço intraeuropeu*, apesar de não atuarem tão intensamente quanto seus rivais genoveses e florentinos nas principais feiras e praças financeiras europeias, os mercadores venezianos também participaram do jogo da *exchange per arte* (que se desenvolveu ao longo das Idades Médias Plena e Tardia, mas cuja plenitude foi alcançada somente no século XVI). Veneza era a praça principal para aqueles que an-

---

[213] "Venetians and Genoese merchants, up until the second half of the thirteenth century, employed the gold coins of Constantinople and Egypt rather than striking their own (...)" (Abu-Lughod, 1989:67).

siavam por realizar transferências de recursos (créditos) relacionados ao comércio com o Oriente.

Compared to other cities of the time, Venice had relatively good banking facilities and this, combined with its long-established commercial connections, made *Venice one of Europe's most important financial centers, especially for the transfer of funds internationally through bill of exchange* (...) Venice was the favorite clearing house of settling accounts between northern trade centers and Italian cities [grifo meu] (Lane, 1973:146-147).

A cidade de Ragusa, por exemplo, se utilizava dos serviços de banqueiros venezianos para realizar pagamentos aos seus embaixadores em Nápoles, assim como a cúria papal recorreu aos banqueiros da Sereníssima República para transferir os recursos necessários para a vinda de seus inúmeros embaixadores, espalhados por toda a Europa, para participarem do Concílio de Trento (Lane, 1973:330).

Ainda de acordo com Lane, as oportunidades de ganhos com a circulação das letras de câmbio em Veneza não se limitavam aos serviços de transferência de fundos, "but also from the interest charges reflected in the prices of Bill of exchange" (Lane, 1973:330). Havia os tradicionais empréstimos por meio da emissão de letras de câmbio (Lane, 1973:146-147). Relacionados a estas formas de ganhos financeiros, estava a *exchange per art*.

Veneza, desde muito cedo, no século XII, dispôs de um sistema de liquidação de créditos e débitos organizado em torno de um banco de giro. Tal atividade é central a uma cidade que, além de deliberadamente se esforçar para receber mercadores de todas as partes indiscriminadamente, especializou-se, sobretudo, no comércio de longa distância. Essa característica moldou inclusive a história bancária de Veneza, que tendeu não para a realização de operações de empréstimos, mas para efetivar o jogo de compensação dos créditos e débitos inerentes a todo grande centro de comércio.[214]

Esse tipo de operação bancária era denominada *banche di scritta*, ou *de giro*, pois sua função principal era efetuar transferências e, com efeito, girar créditos de uma conta para a outra de acordo com os comandos dos mercadores.[215]

No que se refere ao *seu espaço monetário cartal*, assim como ocorreu de modo geral para o restante da Europa Ocidental ao longo das Idades Médias Plena e Tardia, a moeda veneziana também foi uma construção do poder político, no caso, da Sereníssima República de Veneza. Sua experiência particular, enquanto um *império de bases navais*, não alterou em nada o fato de que todo padrão monetário depende de uma vontade soberana em declarar a moeda de conta válida no alcance de seus instrumentos de tributação ou, em outras palavras, no espaço em que exerce algum tipo de poder e dominação, impondo, assim, a condição de devedor aos demais, de modo a definir a forma de liquidação de tais posições passivas. A moeda da Sereníssima República também se constituiu

---

[214] "He [mercador veneziano] was happy to receive payment by being process credit on the books of a well known banker. He could use that credit to pay for his next purchase. These credits were not transferred by writing checks, as is done today, but depend on the person who was making a payment appearing in person before the banker, who sat behind a bench under the portico of a church at Rialto, with his big journal spread out in front of him. The payor orally instructed the banker to make a transfer to the account of the person being paid. The banker wrote as directly in his book, which was an official notarial record, so that there was no need of receipts" (Lane, 1973:147).

[215] As palavras de Fernand Braudel resumem a ideia geral do grau de desenvolvimento da atividade mercantil e bancária na Veneza entre os séculos XII e XIV. "Desde o fim do século XII e princípio do século XIII, a fortiori no século XIV, a vida econômica veneziana já dispõe de todos os seus instrumentos: os mercados, as lojas, os armazéns, as feiras da Sensa, a Zecca (casa da moeda), o palácio dos doges, o Arsenal, a Dogana... E já todas as manhãs, no Rialto, em frente aos cambistas banqueiros instalados diante da minúscula igreja de San Giacometto, realiza-se a reunião dos grandes mercadores venezianos e estrangeiros vindos da Terra Firme, da Itália ou de além dos Alpes. Lá está o banqueiro, pena e papel na mão, pronto para inscrever as transferências de uma conta para outra" (Braudel, 1986:112).

numa moeda *cartal*. Dentro do espaço político de Veneza, as relações comerciais podiam ser liquidadas a partir de um sistema de pagamentos em cuja base estava a unidade de conta declarada pela autoridade central, mesmo que, em determinado momento de sua história, essa declaração fosse ou na direção da moeda de conta de outra autoridade central, ou baseada no conteúdo metálico de alguma moeda cunhada. O relevante é que os débitos e créditos eram criados e se compensavam tendo como referência esse sistema de pagamentos arbitrado pela autoridade central de Veneza.

A história monetária de Veneza ajuda a evidenciar o caráter *cartal* de sua moeda e o seu precoce processo de internacionalização já no século XIII e, de forma ainda mais expressiva, no século XV. O sucesso da estratégia da Sereníssima República no jogo da acumulação de poder característico daqueles tempos teve implicações sobre o alcance e a natureza *expansiva* de sua moeda. Sua história permite desconstruir alguns mitos (metalistas) e a elucidar os fundamentos das *moedas expansivas* e dos processos de formação de territórios monetários. Nessa perspectiva, o momento decisivo foi durante o governo do famoso doge Henrique Dandolo (1192-1205), que, num de seus primeiros atos, realizou uma reforma monetária das mais importantes:

> No fim do século XII, a desordem monetária chegara a tal ponto que se impunha uma reforma. É significativo o fato de Veneza, a praça do comércio mais importante daquele tempo, haver tomado a iniciativa. Em 1192, o doge Henrique Dandolo mandou emitir na referida cidade uma moeda de tipo novo, o gros ou matapan, que pesava pouco mais de dois gramas de prata e valia 12 denários antigos (Pirenne, 1963:116).

Porque os valores das moedas de *grossus* não eram adequados às trocas mais comuns da vida cotidiana (transações de varejo), o doge Henrique Dandolo criou também uma segunda moeda de conta, o *piccolo*, e estabeleceu sua taxa de conversão em relação ao *grossus*: "A second money of account was formed by calling 240 small pennies a *lira di piccolo* and 12 small pennies a *soldo di piccolo*" (Lane, 1973:148). A relação entre as duas moedas de conta alterou-se ao longo do tempo: inicialmente, um *grosso* valia 26 *piccoli*; em outro momento, 1 *grosso* passou a valer a 32 *piccoli*.

O doge veneziano escreveu seu dicionário usando como referência o soldo carolíngio, pois manteve a repartição monetária da moeda de conta de Carlos Magno, "com a única exceção de que agora o transformava em um valor metálico doze vezes maior" (Pirenne, 1963:117).

No caso, como sugerido por Knapp, a decisão relevante é a denominação de débitos da autoridade central (moeda) com base na unidade de conta criada por ele, aceitos para liquidação das posições passivas (tributárias) dos súditos. A reforma monetária veneziana não foi diferente. Apesar de interpretar os fatos histórico-monetários a partir de um ponto de vista distinto (metalista-monetarista), as palavras de Frederic Lane corroboram essas pistas na seguinte passagem: "Government obligations and international transactions were recorded in a money of account based on the grosso. *A lira di grossi* meant 240 of those big silver coins" (Lane, 1973:148).

Chama-se atenção a esse ponto: a denominação de suas obrigações com a moeda de conta criada por ele (doge) obrigava todos os venezianos e aqueles que operavam em seus espaços de dominação a operar com base em *grossus*. Tal aspecto também valia aos que fossem a Rialto ou aos que fossem tributados ao longo do circuito mercantil dominado pela esquadra da Sereníssima República.

O ponto é que Henrique Dandolo assumiu o governo quando a cidade acabara de ser excluída dos mercados do Império Bizantino, sobretudo da rica capital Constantinopla (nos anos 1070 e 1080). Por esta razão, o doge se empenhou para que as frotas de Veneza e as demais forças da Quarta Cruzada se dirigissem em 1204 para a capital do Império Bizantino.

Não é por coincidência que a expressiva vitória militar-diplomática do doge Henrique Dandolo e das demais forças cruzadas, nada menos do que tomar uma das cidades mais ricas da Idade Média e ali criar inúmeras vantagens aos mercadores venezianos em termos de monopólios comerciais, excluindo seus rivais pisanos e genoveses, tenha sido seguida da ampla difusão e do uso de sua moeda de conta, o *grossus*, como a de referência em grande parte das transações praticadas pelos mercadores ocidentais que desejassem acessar os produtos do Oriente.

Desconsiderando, mais uma vez, a interpretação de Frederic Lane sobre assuntos monetários e observando apenas suas contribuições históricas, pode-se notar que a moeda cunhada pelo doge Dandolo para financiar os gastos venezianos com a Quarta Cruzada foi a que justamente "(...) gained wide currency throughout the eastern Mediterranean. Venetians paid for eastern imports by sending out bags of grossi and silver bars refined to the same degree of fineness and so stamped by the mint" (Lane, 1973:148).[216]

Enquanto fato histórico, as palavras de Pirenne apontam para a mesma direção. "O *gros* veneziano correspondia tão bem ao desejo dos mercadores que foi logo imitado nas cidades da Lombardia e da Toscana" (Pirenne, 1989:117).

Portanto, a ruptura com Constantinopla no final do século XII levou à proclamação de uma nova moeda em Veneza, e o sucesso da República em seus movimentos político-militares no início no século XIII acarretou a expansão do espaço de circulação e de validade de sua nova moeda, a ponto de torná-la a de referência para os europeus no Mediterrâneo e na própria Europa.

---

[216] Para o historiador, diferentemente do que é aqui argumentado, o sucesso da moeda veneziana nas relações internacionais com o Oriente não ocorreu porque os venezianos monopolizaram uma das zonas mais importantes do comércio com o Oriente depois da Quarta Cruzada, criando assim uma comunidade de pagamentos fechada em sua moeda de conta, mas, sim, "Because it [a sua moeda] was kept at uniform weight and fineness (...)" (Lane, 1973:148).

A ACUMULAÇÃO ACELERADA DE RIQUEZA

Em 1284, Veneza passou a cunhar moedas de ouro. Os historiadores geralmente atribuem enorme importância a esse fato, considerando-o como um avanço em relação à cunhagem da prata, iniciada com o doge Henrique Dandolo na Reforma Monetária de 1192. É certo que, do ponto de vista do comércio de longa distância, os europeus sempre foram reféns da oferta de metais para permitir a sua troca com os produtos do Oriente, pois estes eram amplamente demandados pelos orientais. Portanto, a oferta de metais, tanto a prata proveniente do centro da Europa quanto o ouro adquirido no norte da África, era imprescindível aos europeus. No entanto, estas pertenciam a uma lógica mercantil-monetária de cabotagem em que os metais fluíam em forma de lingotes, sem qualquer relação com a moeda de conta de origem. As transações ocorriam, na verdade, com referência à moeda local.

Para Braudel, o fato de Veneza ter tardado a cunhar moedas de ouro é um sinal claro de seu atraso em relação às suas rivais, Gênova e Florença. "Muito frequentemente até, não foi Veneza que esteve nas origens das verdadeiras inovações (...). Não é ela a primeira a cunhar moeda de ouro, mas Gênova, no princípio do século XIII, depois Florença, em 1250 (o ducado, em breve chamado *cequim*, só aparece em 1284)" (Braudel, 1986:112).

Segundo Pirenne, não foi Gênova, Florença nem Veneza a primeira cidade italiana a cunhar moedas de ouro.

Em 1231, Frederico II mandou cunhar no reino da Sicília as admiráveis 'Augustais' de ouro, que são a obra-prima da numismática medieval, cuja difusão, porém, *não* conseguiu ultrapassar as fronteiras da Itália do Sul. A emissão por Florença dos primeiros florins (fiorino d'ouro) (...) abriu resolutamente, em 1252, o caminho à expansão do numerário de ouro no Ocidente. Gênova veio logo depois, e, em 1284, Veneza proporcionou, com o seu ducado ou zecchino, uma réplica do florim [grifo meu] (Pirenne, 1963:118).

O mais revelador das passagens de Pirenne e Braudel não são suas interpretações históricas inconsistentes sobre a internacionalização da moeda veneziana, mas a indicação de que, na prática, não bastava "inovar" no que se refere a assuntos monetários para garantir que uma moeda fosse a de referência nos circuitos de comércio internacional e/ou nas praças e feiras medievais. Em assuntos monetários, existe algo que está além da dimensão econômica, da propensão do homem à barganha e à troca, de um ímpeto aventureiro em busca de negócios, de inovações técnicas e organizacionais, de "reputação" e "credibilidade". O rei da Sicília não dominava nem o "jogo" de compensação das mais importantes feiras medievais, na época as feiras de Champagne, como fizeram Florença e Gênova, tampouco as zonas estratégicas do comércio de longa distância, Levante, Constantinopla e Alexandria, como fizeram Gênova e, em especial, Veneza. Portanto, sua inovação monetária de nada lhe serviu do ponto de vista da ascensão de sua moeda de conta como de referência nos circuitos do Mediterrâneo e da Europa Ocidental.

Florença, como observado anteriormente, detinha enorme importância no "jogo" de compensação e de empréstimos dentro do espaço europeu. Seu privilégio em operar as finanças do papado lhe permitiu tal centralidade. No caso de Veneza e Gênova, a força de suas moedas decorria de seus domínios militares das rotas do comércio com o Oriente.

A importância do ouro e, com efeito, o desejo de entesourá-lo advinha de seu elevado valor enquanto mercadoria e de sua aceitação pelos mercados do Oriente. Cunhar ouro em detrimento de outros metais para ser utilizado no tráfico de longa distância significava tão somente oferecer uma mercadoria com maior valor, o que permitia, por conseguinte, trocá-la por uma quantidade maior de produtos orientais por intermédio das moedas proclamadas pelas autoridades locais. Dessa forma, não representava uma inovação monetária, como interpretam alguns autores.

Foi o sucesso militar veneziano nos séculos XIII e XV que permitiu a ascensão de sua moeda de conta nas relações dos europeus com o Oriente. E, assim como se sucedeu depois da conquista de Constantinopla, em 1204, a passagem do século XIV ao XV assistiu a desdobramentos semelhantes: da conquista militar à dominação mercantil e, por conseguinte, a transformação de sua moeda como a de referência no circuito do Mediterrâneo Oriental. Mais uma vez, repetia-se a sequência lógica dos acontecimentos.

Essa posição de destaque da moeda veneziana tinha relevância apenas aos mercadores europeus, que, para participar das trocas com o Oriente, deviam se submeter ao sistema de tributação estabelecido pela República sobre as mais importantes rotas e entrepostos mercantis. No caso dos não europeus do outro lado da zona estratégica, os instrumentos de tributação venezianos não os alcançavam em razão dos próprios limites do poder naval da República.[217]

No que se refere ao domínio do *ducado veneziano* no século XV, pode-se dizer que, mais uma vez, posteriormente à supremacia naval de Veneza no Mediterrâneo, ilustrada pelo amplo predomínio de suas frotas de galeras (ver figura 6), seguiu-se o sucesso comercial de seus mercadores. A partir de então, ou seja, estabelecido seu domínio militar no Mediterrâneo e sua preeminência mercantil, qualquer outro grupo de mercadores europeus que desejasse participar das trocas com o Oriente pelo Mediterrâneo era obrigado a operar com base na moeda veneziana. Partiu-se da vitória na guerra ao topo da hierarquia monetária, passando, com efeito, pelo domínio mercantil. Apesar de o referencial teórico monetário utilizado por Braudel distinguir-se do desenvolvido por Knapp, suas palavras atestam o domínio da moeda veneziana ao longo da Idade Média, no exato momento de seu sucesso nos conflitos político-militares.

---

[217] O termo "zona estratégica" para a região em consideração pode até ser adequado aos europeus, já que o comércio com o Oriente permitia a eles uma acumulação acelerada de riqueza; no entanto, na perspectiva dos orientais, não necessariamente, pois a Europa, durante muito tempo, constituía-se apenas numa região periférica do circuito eurasiano como um todo.

E toda a economia monetária vitoriosa não tende a substituir a moeda dos outros pela sua própria moeda – decerto que uma espécie de tendência natural, sem que haja nisso uma manobra intencional da sua parte? Assim é que, já no século XV, o ducado veneziano (então moeda real) substituiu os dinares de ouro egípcios, e o Levante logo se enche de moedas brancas da Zecca de Veneza enquanto não chega, com as últimas décadas do século XVI, a inundação das moedas de oito espanholas, batizadas depois de piastras, que são, à distância, as armas da economia europeia diante do Extremo-Oriente (Braudel, 1986:170).

Segundo um manual escrito em 1442 pelo florentino Giovanni di Antonio da Uzzano, denominado *La pratica della mercatura*, o uso da moeda veneziana havia se difundido amplamente naqueles tempos pela Europa, ultrapassando suas fronteiras políticas de origem.

Exchange on Barcelona are quoted in [so many] shillings Barcelonese per [Venetian] ducat; on Bruges, in so many [Flemish] groats per [Venetian] ducat; on London, in so many sterlings per [Venetian] ducat; on Paris, in so many Venetian groats against franc; on Florence, in so many Venetian pounds, shillings, and deniers [groats] per [Florence] pounds groat a fiorini; on Bologna, in so many [units] per hundred [Venetian units]. Similarly, exchanges on many other places are quoted in so much [foreign currency] per [Venetian] ducat or so much per [Venetian] pound, or in much [Venetian currency] per silver of the standard [of the place] where the payment is made (Lopez e Raymond, 1955:149).

De acordo com Lopez e Raymond (1955:147), a equivalência que caracterizava o sistema monetário veneziano não fora utilizado por completo por nenhuma cidade ou estado. No entanto, seus fragmentos o eram, ou seja: "the Venetian ducat was used in letters of exchange drawn on Barcelona, Bruges, and London, but the Venetian pound groat was used in letters drawn on Paris and Florence".

Em suma, parte da tributação cobrada sobre o fluxo comercial que circulava pelas bases e entrepostos navais venezianos era tributada ou em mercadorias ou na moeda veneziana (*grossus*). Esse fato, combinado ao domínio de algumas das mais importantes zonas de comércio com o Oriente, foi o responsável pela ascensão da moeda veneziana a uma posição de destaque naqueles tempos. Quem desejasse participar do jogo mercantil naquele espaço era obrigado a acumular créditos na moeda veneziana, pois teria que pagar tributos com base nela ou se encaminhar aos domínios e posições privilegiadas venezianas, em especial para Rialto, onde as mercadorias eram cotadas em sua moeda de conta.

Uma análise sobre as finanças da República torna-se necessária, em especial acerca de sua estrutura tributária e dos instrumentos de financiamento das guerras, já que moeda é, por definição, uma contrapartida de instrumentos tributários.

O sistema tributário veneziano concentrava-se, sobretudo, em impostos indiretos. Somente em meados do século XV foram cobrados, pela primeira vez, tributos diretos como forma de lidar com os desafios daqueles tempos. Essa centralidade da tributação indireta do séculos XI ao XV não é muito surpreendente para uma República cuja riqueza fundava-se sobre sua atividade mercantil. "Até metade do século XV as principais rendas da república consistiam de taxas (*datias*) de consumo e em direitos alfandegários" (Giordani, 1981:189). Lane descreveu um exemplo bem ilustrativo: "One important indirect tax was collected at the Rialto and at the Fondaco dei Tedeschi on every whosale transaction. Althought it was less than 1 percent, the flow of goods through Venice made its yields large" (Lane, 1973:15). Alguns impostos importantes recaíam sobre a circulação de produtos como vinho, sal, carne, óleo, entre outros. Frederic Lane expôs uma simplificação das principais fontes de receitas e despesas da Sereníssima República em 1500, reproduzida na tabela 2 abaixo.

TABELA 2
AS FINANÇAS DA REPÚBLICA DE VENEZA EM 1500*

RECEBIMENTOS	VALOR (ducados)	DESPESAS	VALOR (ducados)
Impostos sobre consumo e circulação	230.000	Salários	26.000
Impostos diretos	160.000	Juros de títulos do governo	155.000
Comércio de sal	100.000	Camera di Sal e outros	59.000
Cidades do interior	330.000	Cidades do interior	90.000
Domínios no exterior	200.000	Domínios no exterior	200.000
Diversos	130.000		
Subtotal	1.150.000	Subtotal	530.000
		Disponível para despesas extraordinárias (guerras)	620.000
Total	1.150.000	Total	1.150.000

Fonte: Lane (1973:237).
* Omissões: Receitas e despesas provenientes do Chipre e das então recém-conquistadas Polesine, Cervia, Cremona e cidades na região da Apúlia, sul da Itália.

Com base na tabela é possível perceber, pelo lado das receitas, o papel importante dos impostos sobre circulação e consumo, até porque, como o próprio autor afirmou, "Two of the largest items of receipts had been absent a century or two earlier: the payments from the mainland cities and the direct taxes collected in Venice. Perhaps income from domains overseas had at some time been larger (...)" (Lane, 1973:237). Portanto, as indicações históricas sugerem que, num primeiro momento, a arrecadação concentrava-se na tributação (indireta) sobre a circulação mercantil e contava, em especial, com o apoio das receitas provenientes dos domínios no exterior. Num segundo momento, sobretudo depois das conquistas de alguns territórios no norte da Itália e em outras regiões, processo característico do final do século XIV e do XV, a tributação na forma "clássica" aparece com alguma importância como fonte de receitas, além dos impostos diretos que passaram a ser cobrados a partir de meados do século XIV. Essa mudança foi importante para a república, pois, antes, caso as despesas tivessem que aumentar em razão de conflitos bélicos, "the costs would probaly have exceeded the income at most any period. After the acquisition of the mainland domains, revenues from that source helped support the cost of overseas empire" (Lane, 1973:237-238).

Além dos mecanismos tributários, Veneza teve que desenvolver outros instrumentos para o financiamento de suas atividades de defesa e conquista durante o século XII, visto que sua base de arrecadação impunha limites óbvios à sua capacidade de obter os recursos necessários à guerra. Dessa forma, "Both Genoa and Venice used the institution of the public debt, in lieu of taxation, to fund investment in infrastructure and defense at home and on the high seas" (Abu-Lughod, 1989:114).[218]

As primeiras evidências de títulos de dívida de longo prazo emitidos pela República de Veneza datam de 1164.[219] No caso, "lenders gave the state a fixed amount of funds against a stream of uncertain but predictable future cash flows supported by a tax or income-generating property" (Fratianni e Spinelli, 2005).[220]

No século XII, o endividamento da república era feito com base em elevadas taxas de 20% ao ano: "they collected 20 percent on well-secured loans called it [juros] 'old Venetian custom'" (Lane,

---

[218] "Like other government of the time, Venice financed wars by borrowing and depended on indirect taxes to cover peace-time expenditures and interest loans" (Lane, 1973:150).

[219] "The earliest evidence of long-term urban debts dates back to 1149 for Genoa and 1164 for Venice (Fratianni e Spinelli, 2005).

[220] "Even before 1200, the Italian city-states had developed the institution of the 'public debt', by which citizens voluntarily lent money to the commune. In return they were granted 'shares of stock' that paid a regular if variable interest and could be redeemed any time funds were plentiful" (Abu-Lughod, 1989:114).

1973:146). A perda do Império latino de Constantinopla em 1261 e seus efeitos significativos sobre as finanças da república compeliram suas autoridades a uma reforma pioneira três anos depois, em 1264, que conseguiu alterar consideravelmente os limites de gastos e sua capacidade de defesa e conquista.

Basicamente, as dívidas foram consolidadas com base numa estrutura tributária mais adequada, que incluía empréstimos compulsórios cobrados de nobres venezianos com algum patrimônio acumulado. As dívidas pendentes foram estruturadas com base na emissão de novos títulos, conhecidos como *Monte Vecchio*. Isto permitiu uma redução significativa dos encargos financeiros pagos pela República, que antes rondavam a casa dos 20% ao ano. "The permanent debt, *Monte*, consisted of accumulated war loans at annual interest rate of 5 per cent (...)" (Day, 1999:40).[221] Abu-Lughod explicitou a motivação principal dessa reforma nas finanças da República de Veneza, a saber: "During the course of the thirteenth century, however, a system of forced loans came to prevail in Venice and Florence, particularly to finance merchant-military campaigns" (Abu-Lughod, 1989:114).

Ademais, com a criação, na primeira metade daquele século, dos monopólios sobre o comércio de sal e de grãos, a base de arrecadação foi ampliada. "O tesouro da república é também alimentado por determinados monopólios entre os quais deve ser mencionado o monopólio do sal, produto chave da economia veneziana" (Giordani, 1981:189). O monopólio de grãos viria inclusive assumir, no século XIV, uma função bastante ativa no que se refere ao financiamento das despesas da República. "The Grain Office, created in the early part of the 13th century, was like a bank, accepting

---

[221] "Debt consolidation in Venice took place with the establishment of the *Monti*. The oldest was the *Monte Vecchio*, dating back to the middle of the 13th century. Loans were compulsory and their sizes were based on ability to pay. A loan office kept the books, collected taxes and paid interest twice a year. As early as 1262, the Venetians public debt became perpetuity (Mueller, 459)" (Fratianni e Spinelli, 2005).

deposits, as early as 1316, from individuals and institutions and lending to government, business for importing grain and sustaining strategic sectors and individuals" (Fratianni e Spinelli, 2005). De qualquer forma, esses empréstimos de curto prazo tomados de outros "órgãos" da república acabavam sendo liquidados com base em impostos indiretos e empréstimos compulsórios.[222]

O mais importante a se depreender é que, por um lado, Veneza representou a primeira experiência europeia de consolidação de dívidas de longo prazo emitidas por uma autoridade central. Isso lhe permitiu alavancar sua capacidade de gasto, uma vez que contava com encargos financeiros muito menos onerosos do que os praticados no restante da Europa. A perda do Império Latino e o progressivo acirramento das relações com os genoveses impuseram-lhe um desafio, cuja resposta foi bem-sucedida no que diz respeito ao financiamento de suas guerras. Por outro lado, o desenvolvimento de novos instrumentos de dívida do governo veneziano e o caráter compulsório dos empréstimos reforçavam a posição central da moeda *valuta* de Veneza. Isso porque, através desses instrumentos de dívida, o governo criou uma nova possibilidade de valorização da riqueza patrimonial das classes mais abastadas, que para tanto deveriam referir seu patrimônio com base na moeda de conta criada pela autoridade central.[223] Ampliava-se, de fato, a comunidade de pagamentos que operava com base em tal moeda.

---

[222] "Short-term loans were made from time to time through the banks and such government bureaus as the Mint, the Grain Office, and the Salt Office; but these were later liquidated by receipts from taxes or by new forced loans added to the Monte Vecchio" (Lane, 1973:150).

[223] "The institution of the public debt (...) shaped a peculiar relationship between city government and merchant wealth. With the state seen as yet another outlet for profitable capital investment, it was natural that merchant would be eager to participate in (that is, control) state decision making. Indeed, in describing the relationship between political power and merchant wealth in Venice and Genoa, Le Goff points out that in fourteenth- and fifteenth-century Genoa and Venice, speculations on true 'value' of shares in the public debt 'constituted... a larger and larger part of the affairs of the big merchant'" (Abu-Lughod, 1989:114-115).

Essa estrutura das finanças da cidade de São Marcos perdurou até a Quarta Guerra contra Gênova, quando houve a necessidade do primeiro recenseamento (1379-1380) com intuitos fiscais (Braudel, 1986:113). No entanto, foi somente durante a crise de 1453, ano da tomada turco-otomana de Constantinopla e às vésperas da Paz de Lodi (1454), que Veneza reformou novamente as finanças, sendo o ponto mais importante o estabelecimento de tributos sobre a renda como forma de consolidar os novos títulos de dívidas do governo, os *Monti Nuovo*.[224] Mais uma vez o contexto das guerras foi o responsável pelo desenvolvimento das mais importantes práticas e técnicas monetário-financeiras. O caráter compulsório dos empréstimos, presente na consolidação da dívida pública veneziana, foi abolido em 1528.[225]

Por fim, cabem algumas observações a respeito dos instrumentos monetário-financeiros utilizados pelos mercadores-banqueiros venezianos. Entre estes, outras formas de endividamento difundiram-se amplamente, como, por exemplo, os empréstimos comerciais conhecidos como *local collenganza* (desde o século XII) e, um pouco mais tarde (século XIII), os empréstimos com base na emissão de letras de câmbio.[226]

Como conclusão, pode-se dizer que, assim como no caso clássico, foi decisivo aos processos característicos de acumulação de poder e riqueza em Veneza o mecanismo de tributação monetária de seu espaço de dominação, dentro do qual estavam suas posições

---

[224] "Beginning in 1453, in the face of threats against the 'life and liberty' of Venice after the fall of Constantinople to the Turks and the coronation of the condottiere Francesco Sforza duke of Milan, the Senate took a series of emergency fiscal measures: the salaries of agents of the state were suspended for a year; public revenues without exception were to be used to hire mercenaries; taxes were lived on houses and shops and a special tribute on the Jews; half the revenues of Venetian properties on Terra Ferma were seized; finally, and above all, the government imposed a new tax on income, the decima, which became permanent ten years late" (Day, 1999:40).
[225] Para maiores detalhes, ver Fratianni e Spinelli (2005); e Lane (1973:324-327).
[226] Para detalhes, ver Braudel (1998, v. iii: 113-114); Lane (1973:146-147).

no além-mar. Sua estratégia de acumulação de poder esteve ancorada na capacidade de absorver a riqueza proveniente da inserção privilegiada no comércio de longa distância, da mesma forma que o enriquecimento acelerado e concentrado dos mercadores venezianos teve como fundamento principal a força da esquadra de sua Seríssima República e do sistema de bases navais e entrepostos comerciais por ela edificado. Ao centro de ambos os processos esteve a moeda cartal emitida pela autoridade de Veneza e por ela arbitrada, que: i) pelo "lado" do poder, permitiu principalmente a captação dos recursos necessários à guerra, mediante a organização de um sistema de pagamentos e tributação imposto sobre aqueles que se utilizavam das rotas e entrepostos em que exercia dominação (nesse ponto a moeda revela sua face enquanto instrumento de poder); e ii) pelo "lado" da riqueza, esteve na base dos processos de enriquecimento mercantil, especulativo e financeiro que se desenvolveram ativamente na história de Veneza, uma vez que passou a ser a própria expressão da riqueza daqueles que desejassem operar no espaço de dominação veneziano.

Ascensão de sua moeda (*gros*) a uma posição de destaque no "mundo dos negócios" europeu ocidental durante as Idades Médias Plena e Tardia assentou-se, sobretudo, no poder de sua esquadra naval em construir uma rede de bases e entrepostos marítimos, égide do seu sistema de pagamentos. Primeiro vieram as vitórias naval-militares; em seguida, os espólios assumiram, na maior parte das vezes, a forma de privilégios comerciais (sempre na direção do monopólio); por fim, edificou-se um sistema tributário (com efeito, de pagamentos) sobre a circulação de mercadorias no conjunto de bases e entrepostos comerciais veneziano, que estabeleceu a moeda de conta (*gros*) com a qual os mercadores deveriam operar.

A história de Veneza também ajuda a mapear a geografia monetária característica das Idades Médias Plena e Tardia. As evidências encontradas apontam para três "espaços" distintos do ponto de vista da circulação monetária, ou seja, para três diferentes formas de liquidação das transações econômicas.

CONCLUSÃO

O passo inicial para se depreender a relação *constitutiva* entre a moeda e o poder político soberano é assumir que a noção mais elementar de qualquer moeda encontra-se no conceito de unidade de conta, meio através do qual os débitos são mensurados, assim como o poder de compra e os preços são expressos. Do ponto de vista lógico, a moeda de conta antecede o meio de troca, visto que o meio precisa se expressar em termos de moeda para que seja capaz de liquidar, quando de sua entrega, contratos de dívidas e de preços, além de se constituir na forma pela qual se pode assegurar poder de compra. De modo inverso, a unidade de conta não depende do meio de troca, pois permite a realização de transações com base exclusivamente em registros de débitos e créditos, isto é, no reconhecimento comum das dívidas assumidas e sua compensação a partir de uma comunidade de pagamentos.

Por outro lado, as transações baseiam-se, fundamentalmente, em evidências de dívidas, no sentido de que representam a troca de uma mercadoria (ou serviço) por um crédito, e não a permuta de uma mercadoria (ou serviço) por um meio de troca. As moedas são, em essência, créditos, vale dizer, evidências de dívidas. A liquidação monetária de qualquer transação requer única e exclusivamente poder de compra, qualidade e atributo de todo crédito, e

CONCLUSÃO

não implica necessariamente a presença física de uma moeda metálica, por exemplo.

O segundo passo é o reconhecimento de que a moeda de conta é uma obra exclusiva do poder, de uma vontade soberana, assentada sobre o domínio dos instrumentos de *violência física*, que a escreve e, de tempos em tempos, reescreve, conforme lhe é conveniente. Ademais, constitui-se numa prerrogativa da autoridade central a determinação das formas e dos sinais do meio de troca que permitem seu reconhecimento social, assim como a proclamação de seu valor em termos da unidade de conta por ele criada. Esta é a essência da moeda *cartal*.

Tais prerrogativas da autoridade central decorrem de sua capacidade de declarar a condição de devedor ao conjunto da coletividade sobre a qual exerce poder e dominação. Ao impor tal condição, a autoridade central resguarda para si a faculdade de estabelecer a forma como são liquidadas essas posições passivas de seus súditos, assim como o poder de escrever e de arbitrar a unidade de conta, conceito mais importante e elementar a qualquer moeda.

Dessa maneira, a autoridade central constrói a mais importante comunidade de pagamentos válida no território em que exerce poder e dominação e, ao centro desta, estabelece a sua moeda de conta. Nenhum outro agente que opere nesse espaço dispõe de meios que se sobreponham à violência das armas para edificar feito semelhante. Por outro lado, a validade de toda moeda está amarrada à extensão do poder que a criou, a princípio, no alcance dos seus instrumentos de tributação. Naturalmente, outros instrumentos podem ser desenvolvidos para estender o espaço de circulação e de validade de uma moeda de conta, como, por exemplo, "acordos" (imposições) comerciais e de financiamento entre diferentes soberanos, de modo a hierarquizar a relação entre eles e de suas moedas.

Se qualquer moeda é uma evidência de dívida, o contrário não pode ser considerado, pois moedas são dívidas emitidas pela autoridade central e aceitas por ela para liquidação das posições passivas impostas e continuamente recriadas para a coletividade sobre a qual exerce poder e dominação. Portanto, moedas são créditos, mas nem todo crédito constitui-se numa moeda.

Depreende-se que, de um ponto de vista lógico, *não* foram os mercados, através de processos contínuos de redução dos custos transacionais, os responsáveis pelo reconhecimento social do meio de troca e pela criação da unidade de conta. As moedas são, na prática, construções arbitrárias e abstratas e, portanto, não se configuram num bem público erigido pelo mercado consensual e espontaneamente à disposição de qualquer agente que deseje utilizá-lo como instrumento de troca, unidade de conta ou reserva de valor. Trata-se, fundamentalmente, de um instrumento de poder capaz de hierarquizar e organizar espaços em proveito daquela unidade político-territorial que a criou.

Os processos de fortalecimento da autoridade central e de concentração de poder são a chave para se entender a ascensão da moeda a uma posição de destaque na vida política e econômica da Europa Ocidental a partir da Idade Média Plena, posição esta anteriormente ocupada pela terra.

A monopolização dos instrumentos de violência física e dos instrumentos de tributação na direção dos mecanismos monetários formou a espinhal dorsal do processo de concentração de poder, manifesto pela consolidação de unidades político-territoriais maiores, circunscritas, contíguas e, sobretudo, com maior poder de arbítrio no território em que exerce dominação.

Ao centro desse processo estiveram os desafios impostos pelas guerras, em razão do dilema de segurança característico daquele período, em que a segurança da autoridade central e de sua coletividade dependia da sua capacidade de defesa em relação ao poder do seu vizinho. Nessas circunstâncias, a melhor estratégia de defesa era a conquista e a dominação daqueles que o circundavam. Nesse processo, as moedas cumpriram papel decisivo. Entendidas como contrapartidas dos mecanismos de tributação, permitiram que

CONCLUSÃO

as conquistas territoriais fossem mantidas sob o controle de uma única autoridade central, pois os pagamentos dos serviços militares passaram a ser feitos em moeda e não mais com base na entrega das terras recém-conquistadas. Além disso, a tributação monetária era um instrumento eficiente de extorsão dos recursos necessários à guerra, o que ampliava as possibilidades de sucesso militar, como, por exemplo, através da contratação de exércitos mercenários, prática comum naquele período.

Do ponto de vista da acumulação de riqueza, formou-se, em razão das características das moedas *cartais*, cujas fronteiras de validade acompanhavam exatamente os limites políticos e de dominação da autoridade central, uma geografia monetária composta por três diferentes níveis de circulação das moedas. No primeiro, encontram-se as ilhas monetárias *cartais*, espaço em que a autoridade central monetizou sua riqueza, mediante os instrumentos de tributação monetária, assim como a de toda coletividade que passou a operar com base em sua moeda, pondo-a, desse modo, ao centro do processo de acumulação de riqueza, posição antes ocupada pela terra. Com efeito, difundiram-se outras oportunidades (estratégias) de enriquecimento acelerado, com base na valorização fictícia da riqueza mobiliária.

No segundo nível, a circulação ocorria dentro do espaço intraeuropeu, isto é, entre diferentes moedas de conta, onde a transferência de créditos entre negociantes implicava a conversão monetária. Neste, foram desenvolvidos instrumentos, destaque para a letra de câmbio, que permitiam a transferência de saldos credores entre distintas ilhas *cartais*. Do ponto de vista da acumulação de riqueza, esse nível da geografia abriu espaço para a prática da *exchange per arte*, uma atividade marcada pela arbitragem, especulação e prestação de serviços financeiros, caracterizando-se também numa estratégia de valorização abstrata (fictícia) da riqueza.

Por fim, havia o circuito monetário ligado ao comércio de longa distância, um espaço marcado pela ausência de uma comunidade de pagamentos ou de uma rede de circulação de instrumentos e serviços financeiros que viabilizassem a transferência e a compensação dos créditos emitidos. Neste contexto imperava a *lógica mercantil-monetária do tráfico de cabotagem de longa distância.*

A história de Veneza ao longo da Idade Média ajuda a ilustrar e a esclarecer as ideias principais em questão, uma vez que esteve ao centro do processo de acumulação acelerada de riqueza com base no comércio de longa distância, como também desenvolveu uma estratégia própria no que se refere aos desafios militares característicos da época. Diferentemente do que se verificou em grande parte da Europa Ocidental, onde a acumulação de poder assumiu a forma da conquista territorial e da incorporação de populações, para Veneza, seu sistema de bases navais e entrepostos comerciais espalhados no Mediterrâneo, sobretudo em sua porção Oriental, ancorado à força de sua esquadra naval, foi o pilar de sua política de defesa, conquista e enriquecimento.

Com base na força de sua esquadra, garantiu para si posições privilegiadas, muitas vezes monopolistas, no comércio de longa distância, o que permitiu lucros extraordinários aos seus mercadores, além de recursos indispensáveis às suas atividades militares, através do estabelecimento de um sistema de tributação sobre os fluxos mercantis nas rotas e entrepostos dos quais detinha o controle.

Como contrapartida de seu poder de tributação sobre algumas das principais rotas mercantis do Mediterrâneo ao longo da Idade Média, a Sereníssima República de Veneza consolidou sua moeda de conta, o *gros*, como a de referência para grande parte daqueles que atuavam nos circuitos comerciais europeus e do Mediterrâneo. As vitórias navais possibilitavam o estabelecimento de posições privilegiadas no comércio; estas, por sua vez, obrigavam aos demais a operar sob seu sistema de tributação e com base em sua moeda de conta.

Portanto, a experiência veneziana explicita a ideia que a moeda é um instrumento do poder, com o propósito de consolidar a dominação política e extorquir os recursos necessários à guerra, e, no que se refere ao enriquecimento, evidenciou os diferentes níveis da geografia monetária decorrentes da natureza *cartal* das moedas e do contexto político europeu. A moeda veneziana não se tratava de um bem público surgido do aprimoramento das trocas em razão do desenvolvimento dos mercados, pois apenas sua autoridade central era capaz de arbitrar seu valor e de geri-la de acordo com suas conveniências. Em suma, qualquer moeda é uma obra e um instrumento de determinado poder e, enquanto tal, estará submetida aos seus interesses, à sua lógica e aos seus desafios.

Talvez a forma como sejam feitas as perguntas sobre os temas monetários é que tenha gerado respostas tão distintas e contraditórias. Debater o que é moeda, sua natureza mais particular, se um bem público erigido pelo mercado ou um instrumento de poder e violência cujas "pistas" devam ser encontradas em conjunto com a ciência política; todas são questões que dependem não só das premissas escolhidas, mas também das intenções em escolhê-las, sendo que estas só podem ser entendidas a partir do conhecimento de quem as faz.

Vale lembrar uma passagem do livro "Intermitências da morte", do escritor português José Saramago. Após se pronunciar oficialmente sobre a situação peculiar por que passava o país, onde ninguém mais morria, o primeiro-ministro recebeu severas e orientadoras advertências do cardeal da Igreja sobre como se deve abordar temas que envolvem relações de poder e instrumentos de dominação.

(...) ao contrário do que se julga, não são tanto as respostas que me importam, (...) mas as perguntas [que formulamos], (...) observe como elas costumam ter, ao mesmo tempo um objectivo à vista e uma intenção que vai escondida atrás, se as fazemos não é apenas para que nos respondam o que nesse momento necessitamos que os interpelados escutem da sua própria boca, é também para que se vá preparando o caminho às futuras respostas (...) (Saramago, 2005:19).

BIBLIOGRAFIA

ABU-LUGHOD, Janet L. *Before European hegemony*: the world system A.D. 1250-1350. Nova York: Oxford University Press, 1989.
ARISTÓTELES. *Política*. Brasília: Universidade de Brasília, 1997.
ARRIGHI, Giovanni. *O longo século XX*. Rio de Janeiro: Contraponto/Unesp, 1994.
BALARD, Michel; GENÊT, Jean-Philippe; ROUCHE, Michael. *A Idade Média no Ocidente:* dos bárbaros ao Renascimento. Lisboa: Publicações Dom Quixote, 1994.
BASKIN, Jonathan Barron; MIRANTI Jr., Paul J. *A history of corporate finance*. Nova York: Cambridge University Press, 1997.
BATISTA NETO, Jônatas. *História da Baixa Idade Média:* 1066-1453. São Paulo: Ática, 1989.
BELL, Stephanie. Do taxes and bonds finance government spending? *Journal of Economics Issues*, v. XXXIV, n. 3, p. 603-620, set. 2000.
_____. The role of the state and the hierarchy of money. *Cambridge Journal of Economics*, n. 25, p. 149-163, 2001.
_____; HENRY, John F.; WRAY, Randall. A chartalist critique of John Locke's Theory of property, accumulation and money: or is it moral to trade your nuts for gold. *Review of Social Economic*, v. 62, n. 1, mar. 2004.
BELLUZZO, L. G.; ALMEIDA, J. G. de. *Depois da queda:* a economia brasileira da crise da dívida aos impasses do real. Rio de Janeiro: Civilização Brasileira, 2002.
BERSTEIN, Peter L. *O poder do ouro:* a história de uma obsessão. Rio de Janeiro: Campus, 2001.

BOYER-XAMBEAU, Marie-Thérèse et al. *Private money and public currencies*: the 16th century challenge. Nova York: M. E. Sharpe, 1994.

BRAUDEL, Fernand. *Out of Italy:* 1450-1650. [1949]. Paris: Flammariom, 1991.

_____. *Civilização material, economia e capitalismo:* séculos XV-XVIII. [1979a]. São Paulo: Martins Fontes, 1997. v. 1. Estruturas do cotidiano.

_____. *Civilização material, economia e capitalismo* – séculos XV-XVIII. [1979b] São Paulo: Martins Fontes, 1998a. v. 2. Os jogos das trocas.

_____. *Civilização material, economia e capitalismo* – séculos XV-XVIII. [1986]. São Paulo: Martins Fontes, 1998b. v. 3. O tempo do mundo.

_____. *The mediterranean and the mediterranean world in the age of Philip II.* Londres: The Folio Society, 2000. v. 2.

_____. Carlos V, testemunha de seu tempo. In: *Reflexões sobre a história.* [1990]. São Paulo: Martins Fontes, 2002.

CAVALLO, Guglielmo (Org.). *O homem bizantino.* Lisboa: Presença, 1998.

CHOWN, J. *A history of money:* from AD 800. Routledge: Londres, 1996.

COHEN, B. J. *The geography of money.* Ithaca: Cornell University Press, 1998.

DAVIES, G. *A history of money:* from ancient times to the present day. [1994]. Cardiff: University of Wales Press, 1997.

DAY, John. *Money and finance in the age of merchant capitalism.* Oxford: Blackwell Publishers Ltd., 1999.

DOTSON, John E. Foundations of Venetian naval strategy from Pietro II Orseolo to the Battle of Zonchi: 1000-1500. In: *Viator:* Medieval and Renaissance Studies. Califórnia, Center for Medieval and Renaissance Studies: University of California, 2001, v. 32.

DRÈGE, Jean-Pierre. *Marco Polo e a rota da seda.* Rio de Janeiro: Objetiva, 2002.

DUBY, Georges. *Economia rural e vida no campo no Ocidente medieval.* Lisboa: Edições 70, 1988.

EICHENGREEN, Barry. *A globalização do capital*: uma história do sistema monetário internacional. [1996]. São Paulo: Editora 34, 2000.

_____. *Exorbitant privilege*: the rise and fall of the dollar and the future of the international monetary system. Nova York: Oxford University Press, 2011.

ELLIS, Howard S. German monetary theory, 1905-1933. *Harvard Economics Studies*, Massachusetts, Harvard University Press, v. XLIV, 1934.

ELIAS, Norbert. *O processo civilizador.* [1939]. Rio de Janeiro: Jorge Zahar Editor, 1993. v. 2. Formação do Estado e Civilização.

FERGUSON, Niall. *The cash nexus*: money and power in the modern world, 1700-2000. Nova York: Basic Books, 2001.
_____. The first "eurobonds". In: GOETZMANN, W. N.; ROUWENHORST, K. G. (Eds.). *The origins of value*. Nova York: Oxford University Press, 2005.
FERREIRA FILHO, Valter Duarte. Dinheiro: realidade e representação. *Revista Internacional de Estudos Políticos*, Rio de Janeiro, v. 1, p. 37-65, 1999.
FIORI, José L. da C. (Org.). *Estados e moedas no desenvolvimento das nações*. Petrópolis: Vozes, 1999.
_____. Depois da retomada da hegemonia. In: FIORI, José L. da C.; MEDEIROS, Carlos (Orgs.). *Polarização mundial e crescimento*. Petrópolis: Vozes, 2001.
_____. Formação, expansão e limites do poder global. In: FIORI, José L. da C. (Org.). *O poder americano*. Petrópolis: Vozes, 2004.
_____. *O poder global e a nova geopolítica das nações*. São Paulo: Boitempo Editorial, 2007.
FORSTATER, Mathew. *Taxation*: a secret of colonial capitalist (so-called) primitive accumulation? Kansas City, Center for Full Employment and Price Stability: University of Missouri, 2003. (Working Paper, n. 35).
_____. *Tax-driven money*: additional evidence from the history of thought, economic history, and economic policy. Kansas City, Center for Full Employment and Price Stability: University of Missouri, ago. 2004. (Working Paper, n. 35).
FOURQUIN, Guy. *Senhorio e feudalidade na Idade Média*. Lisboa: Edições 70, 1978.
FRANCO JR., Hilário. *Feudalismo*: uma sociedade religiosa, guerreira e camponesa. [1986]. São Paulo: Moderna, 2010.
FRATIANNI, Michele; SPINELLI, Franco. Did Genoa and Venice kick a financial revolution in the Quattrocento? In: Conference on International Financial Integration: The Role of Intermediaries, Proceedings... Viena, 30 set./1 out. 2005.
GALIANI, Ferdinando. *Da moeda*. [1751]. São Paulo: Musa e Segesta Editoras, 2000. v. 7.
GARDINER, Geoffrey W. The primacy of trade debts in the development of money. In: WRAY, Randall (Ed.). *Credit and state theories of money*: the contributions of A. Mitchell Innes. Cheltenham: Edward Elenar, 2004.
GARLAN, Yvon. *Guerra e economia na Grécia antiga*. Campinas: Papirus, 1991.

GARRET, Mattingly. *Renaissance diplomacy*. Boston: Houghton Mifflin Company, 1971.

GERMER, C. The commodity nature of money in Marx's theory. In: MOSELEY, F. *Marx's theory of money:* modern appraisals. Nova York: Palgrave Macmillan, 2005.

GIORDANI, Mário Curtis. *História do império bizantino*. Petrópolis: Vozes, 2001.

_____. *História do mundo feudal II/1*. Petrópolis: Vozes, 1997.

GOITEIN, S. D. A *Mediterranean society:* the Jewish communities of the world as portrayed in the documents of the Cairo Geniza, [1967]. Los Angeles: University of California Press, 1999 (V. I: Economic Foundations).

GOODHART, Charles A. E. The two concepts of money? Implications for the analysis of optimal currency areas. *European Journal of Political Economy*, v. 14, p. 407-432, 1998.

GUIMARÃES, A. B. da Silva. *A Companhia das Índias Orientais e a conquista britânica da Índia*: terra, tributo, comércio e moeda 1765-1835. Tese (Doutorado em Economia) – Instituto de Economia, Universidade Federal do Rio de Janeiro, Rio de Janeiro, 2010.

HEERS, Jaques. *História medieval*. São Paulo: Difel, 1981.

HELLEINER, E. *States and the reemergence of global finance*: from Bretton Woods to the 1990s. Ithaca: Cornell University Press, 1994.

HELLEINER, E.; KIRSHNER, J. (Eds.). *The future of the dollar*. Ithaca and London: Cornell University Press, 2009.

HENRY, John F. The social origins of money: the case of Egypt. In: WRAY, Randall (Ed.). *Credit and state theories of money*: the contributions of A. Mitchell Innes. Cheltenham: Edward Elenar, 2004.

HICKS, J. *A Market theory of money*. Oxford, 1989.

HUDSON, Michael. The archaeology of money: debt versus barter theories of money's origins. In: WRAY, Randall (Ed.). *Credit and state theories of money*: the contributions of A. Mitchell Innes. Cheltenham: Edward Elenar, 2004.

HUNT, Edwin S.; MURRAY, James M. *A history of business in Medieval Europe, 1200-1550*. Nova York: Cambridge University Press, 1999.

INGHAM, Geoffrey. Money is a social relation. *Review of Social Economy*, v. 54, n. 4, p. 507-523, 1996.

_____. The emergence of capitalist credit money. In: WRAY, Randall (Ed.). *Credit and state theories of money*: the contributions of A. Mitchell Innes. Cheltenham: Edward Elenar, 2004.

INNES, Alfred Mitchell. What is money? Banking Law Journal, p. 377-408, maio 1913. In: WRAY, Randall (Ed.). *Credit and state theories of money*: the contributions of A. Mitchell Innes. [1913]. Cheltenham: Edward Elenar, 2004.

_____. The credit theory of money. *Banking Law Journal*, v. 31, p. 151-168, dez./jan, 1914. In: WRAY, Randall (Ed.). *Credit and state theories of money*: the contributions of A. Mitchell Innes. [1914].Cheltenham, Edward Elenar, 2004.

KENNEDY, Paul. *Ascensão e queda das grandes potências*. Rio de janeiro: Campus, 1989.

KEYNES, John Maynard. *A treatise on money*. [1930]. Collected Writings of John Maynard Keynes (CWJMK). V. 1. Cambridge: Cambridge University Press, 1979. v. V.

_____. *Economic articles and correspondence academic*. [1914]. CWJMK, v. XI. Cambridge: Cambridge University Press, 1983.

_____. *The general theory of employment, interest, and money*. [1936]. Nova York: Prometheus Books, 1997.

KINDLEBERGER, Charles P. *A financial history of Western Europe*. Nova York: Oxford University Press, 1993.

KNAPP, Georg Friedrich. *The state theory of money*. [1905]. San Diego: Simon Publications, 2003.

LANE, Frederic. C. *Venice*: a maritime republic. Londres: The Johns Hopkins University Press, 1973.

LARIVAILLE, Paul. *Itália no tempo de Maquiavel*: Florença e Roma. São Paulo: Companhia das Letras, 2001.

LE GOFF, Jaques. *Mercadores y banqueros de la Edad Media*. [2000]. Madri: Alianza Editorial S. A., 2004.

_____. *Em busca da Idade Média*. [2003]. Rio de Janeiro: Civilização Brasileira, 2005.

LERNER, Abba. Money as a creature of the state. *American Economic Review*, v. 37, n. 2, p. 312-317, maio 1947.

LOPEZ, R.; RAYMOND, I. *Medieval trade on the Mediterranean world*: illustrative documents. [1955]. Nova York: Columbia University Press, 2001.

MACLACHLAN, Fiona. Max Weber and the state theory of money. Mimeo. Disponível em: <http://home.manhattan.edu/~fiona.maclachlan//maclachlan26july03.htm>. Acesso em: 30 jun. 2007.

MAQUIAVEL, Nicolau. *History of Florence and the affairs of Italy from the earliest times to the death of Lorenzo the Magnificent*. 1520-25. Disponível em: <http://etext.library.adelaide.edu.au/m/machiavelli/niccolo/m149h/chapter4.html>. Acesso em: 6 abr. 2007.

MARX, K. *O Capital*: crítica da economia política. [1890]. Livro 1, v. I e II. Rio de Janeiro: Bertrand Brasil, 1994.

MEC – MINISTÉRIO DA EDUCAÇÃO E CULTURA. *Atlas Histórico Escolar*. Fundação de Material Escolar – Fename, Rio de Janeiro, 1977.

MENGER, Carl. On the origins of money. [1892]. *Economic Journal*, v. 2, p. 239-255, 1892. Disponível em: <http://socserv.mcmaster.ca/econ/ugcm/3113/menger/money.txt>. Acesso em: 20 maio 2006.

METRI, Mauricio. *Hierarquia e competição entre estados nacionais no atual sistema monetário internacional*. Dissertação (Mestrado em Economia) – Instituto de Economia, Universidade Federal do Rio de Janeiro, Rio de Janeiro, 2003.

_____. A formação dos estados territoriais, o mosaico monetário e a acumulação financeira na Europa Ocidental na passagem da Idade Média para a Moderna. In: SOIHET, E.; MARTINS, M. *Encontros entre economia e história*. Rio de Janeiro: Multifoco, 2011.

_____. Acumulação de poder, sistemas e territórios monetários: uma análise teórica sobre a natureza da moeda e sua relação com a autoridade central. *Ensaios FEE* (Impresso), v. 33, p. 397-422, 2012a.

_____. A primazia mercantil e monetária da Sereníssima República de Veneza na Europa nos séculos XIII e XV. *Oikos*, Rio de Janeiro, v. 11, p. 143, 2012b.

MINSKY, H. Financial integration and national economic policy. Ciclo de Seminários, 25 anos de economia na Unicamp, Campinas, ago./out. de 1993.

MOSELEY, F. *Marx's theory of money*: modern appraisals. Nova York: Palgrave Macmillan, 2005.

NELSON, Anita. *Marx's concept of money*: the god of commodities. Londres: Routledge, 1999.

PEREIRA, Antonio Celso Alves. Estado e soberania na Idade Média. In: SILVA, F. C. da et al. (Orgs.). *Impérios na história*. Rio de Janeiro: Campus/Elsevier, 2009.

_____. A Idade Média: o período da Europa Feudal, do Islã e da Ásia Mongólica (séculos XI e XIII). In: CROUZET, Maurice (Org.). *História geral das civilizações*. [1953a]. Rio de janeiro: Bertrand Brasil, 1994. v. 7.

PERROY, Édouard. A Idade Média: os tempos difíceis (fim). In: CROUZET, Maurice (Org.). *História geral das civilizações*. [1953b]. Rio de janeiro: Bertrand Brasil, 1994. v. 8.

PETTY, William. *Tratado dos impostos e contribuições*. [1662]. São Paulo: Nova Cultural, 1996.

PIRENNE, Henri. *História econômica e social da Idade Média*. [1963]. Lisboa: Mestre Jou, 1982.

PRATES, D.; CINTRA, M. *Keynes e a hierarquia de moedas*: possíveis lições para o Brasil. Campinas: Unicamp, out. 2007. (Texto para Discussão, n. 137).

SARAMAGO, José. *As intermitências da morte*. São Paulo: Companhia das Letras, 2005.

SCHACHT, Hjalmar. *Setenta e seis anos de minha vida*. [1953]. São Paulo: Editora 34, 1999.

SCHUMPETER, Joseph Alois. *History of economic analysis*. Nova York: Oxford University Press, 1954.

SMITH, Adam. *A riqueza das nações*. [1776]. São Paulo: Martins Fontes, 2003. v. 1 e 2.

SPUFFORD, Peter. *Money and its use in Medieval Times*. Cambridge: Cambridge University Press, 1989.

TAVARES, Maria da C. A retomada da hegemonia norte-americana. In: TAVARES, M. C.; FIORI, J. L. (Orgs.). *Poder e dinheiro*: uma economia política da globalização. [1985]. Petrópolis: Vozes, 1997.

_____; MELIN, Luís E. Pós-escrito 1997: a reafirmação da hegemonia norte-americana. In: TAVARES, M. C.; FIORI, J. L. (Org.). *Poder e dinheiro*: uma economia política da globalização. Petrópolis: Vozes, 1997.

THE TIMES. *Atlas da história do mundo*. São Paulo: Empresa Folha da Manhã S.A., 1995.

TILLY, Charles. *Coerção, capital e estados europeus*. São Paulo: Universidade de São Paulo, 1996.

VILAR, Pierre. *Ouro e moeda na história, 1450-1920*. Rio de Janeiro: Paz e Terra, 1980.

WEBER, Max. *Economia e sociedade*. [1920]. São Paulo: Editora UnB/Imprensa Oficial, 2004. v. 1 e 2.

WEBER, Max. *Historia económica general*. [1923]. México: Fundo de Cultura Económica, 2001.

WOLFF, Philippe. *Outono da Idade Média ou primavera dos novos tempos?* Lisboa: Edições 70, 1986.

WRAY, Randall. *Trabalho e moeda hoje*. [1998]. Rio de Janeiro: UFRJ Contraponto, 2003.

_____. The credit money and state money approaches. In: WRAY, Randall (Ed.). *Credit and state theories of money*: the contributions of A. Mitchell Innes. Cheltenham: Edward Elenar, 2004.

Esta obra foi produzida nas
oficinas da Imos Gráfica e Editora na
cidade do Rio de Janeiro